本书基于2017年南昌航空大学第三批创新创业教育课程培育项目——课程名称《大学英语》（项目编号：KCPY1671）；2021年南昌航空大学校级教改课题"基于探究式教学理念的大学英语教学设计研究"（项目编号：JY21048）

编译文库

教育

吴玉玲 著

光影里的叙事记录：
大学英语教学实践与思考

Narrative Records across Time:
Practice and Reflection on College English Teaching

图书在版编目（CIP）数据

光影里的叙事记录：大学英语教学实践与思考 / 吴玉玲著. -- 北京：中央编译出版社，2022.12（2025.5重印）
ISBN 978-7-5117-4332-9

Ⅰ.①光… Ⅱ.①吴… Ⅲ.①英语—教学研究—高等学校 Ⅳ.①H319.3

中国版本图书馆 CIP 数据核字（2022）第 244005 号

光影里的叙事记录：大学英语教学实践与思考

责任编辑：赵可佳　孙百迎
责任印制：李　颖
出版发行：中央编译出版社
地　　址：北京海淀区北四环西路 69 号（100080）
网　　址：www.cctpcm.com
电　　话：（010）55627392（总编室）　（010）55627362（编辑室）
　　　　　（010）55627320（发行部）　（010）55627377（新技术部）
经　　销：全国新华书店
印　　刷：三河市华东印刷有限公司
开　　本：710 毫米×1000 毫米　1/16
字　　数：209 千字
印　　张：14.5
版　　次：2022 年 12 月第 1 版
印　　次：2025 年 5 月第 2 次印刷
定　　价：95.00 元

新浪微博：@中央编译出版社　　　微　信：中央编译出版社（ID：cctphome）
淘宝店铺：中央编译出版社直销店（http://shop108367160.taobao.com）（010）55627331

本社常年法律顾问：北京市吴栾赵阎律师事务所律师　闫军　　梁勤
凡有印装质量问题，本社负责调换，电话：（010）55627320

前　言

什么时候都不太晚

教育是什么？雅斯贝尔斯（1977）在《什么是教育》一书中指出"教育意味着一棵树摇动另一棵树，一朵云推动另一朵云"。而《成功无捷径：第56号教室的奇迹》的作者雷夫·艾斯奎斯（Rafe Esquith）曾经说过："我的工作不是拯救孩子的灵魂，而是提供机会让他们拯救自己的灵魂。"在我看来，教育的本质就是教师的理念先行、认知先行，使用创新教学手段和方法，让学生在课堂内外发现自我、发展自我和提升自我。从这个角度来说，教师是推手，是助跑器；教师用智慧和耐心点燃学生的学习热情，从而让课堂充满生气。在友好、自然的互动和交流中，师生畅享知识的美好，从而构建起学生未来生活的美好蓝图。因此，在大学英语教学方面，我认为教师应该紧跟时代，切忌墨守成规，与学生一起进步、发展和突破，从而增强学生在学业成绩、自我表现以及心理发展上的获得感，最终达到提高课堂教学成效的目的。尤其是在信息化时代，教学相长更为重要，它会使教师与学生一起学习和成长。

我2006年参加工作，担任大学英语教师，至今已经过去十几个年头了。回顾担任大学英语教师的这些年，我颇为感慨。在这些年的教学中，有开心、有快乐、有困惑、有烦恼，五味杂陈，渗透在生活中。我曾经为自己深陷教学困惑不能自拔而痛苦，也曾经为从"只见树木，不见森林"的微观教学中脱离出来而兴奋不已。如今回味这一切，回看曾经的教学记录与反思，各种滋味在心头。但是，令我倍感欣喜的是，在深受教学和科研困扰的那些时光里，我没有选择放弃，而是一路坚持了下来。一篇篇教学日志和反思如叙事教学的影子一般，让我在教学中反复钻研教学过程、教学设计、教学方法以及教学手段，从而一步步走向智慧教学。其实，智慧教学这个目标并没有那么容易实现。但是，随着时间的推移，我发现自己在一步步迈向这个目标。与此同时，我开始注意到教师专业发展的各种路径和渠道，所以，这个过程包含了专业发展的叙事教学。这是之前的我不曾料想到的，同时它也是我不断进行教学记录和反思的结果。客观地说，当教师开始站在宏观的角度，以旁观者的眼光看待曾经的教学经历，她/他就已经在进步的路上了。身为一名大学英语教师要与时俱进，跟上时代的发展，体验不同的角色，这是新时代对教师的要求，也是教师对自我的要求。不满足于现状，紧跟时代，不断发展和提升自己，也是必需的。在此，我要感谢中央编译出版社，使我能在以往的教学记录中表达自己。同时，这些教学记录也是以往教学和科研的灵感和材料。事实上，有些教学记录完全可以转化为科研的一部分。所以，在凝练和总结的基础上，它们是科研的宝贵素材。因此，教学与科研是密不可分的。当它们相互发生作用，教师的教学与科研才会相互促进和共同发展。客观地说，这么多年，正是由于进行教学反思，我才不断突破思维的局限，进而尝试各种教学方法和申报各种课题。因此，它们并非毫无来源，而是建立在以问题为导向的教学困惑基础之上的。为此，从另一个角度来说，除了叙事教学，我还想称之为行动教学。所以，在叙事教学基础上的教学反思，给我提供了教师发展、科研发展以及行动研究的机会，使得我一步步靠近教师发展的方向，并为之不懈努力。希望上述这些努力，在以学生为中心的基础上，能更贴近学生的内心，关注学生的学习过程以及学习是否发生，学习是否有获得感。创造有温度的课堂，充分发挥学生的潜力和动力，并使课堂教学充满快乐和收获，这才是叙事教学的结果。

  教无止境。希望在今后的教学中，我能继续反思教学的不足，并最终成为一名有智慧，有方法，有爱心的教师，从而让课堂生彩，让学生发光。

  感谢"南昌航空大学学术专著出版资助基金"对本书的出版资助。

吴玉玲

目 录
CONTENTS

第一章 大学英语教学实训 1
  关注学生的思想变化 1
  教学反思 4
  大二教学日记（一） 5
  大二教学日记（二） 7
  与辜老师的交流 8
  与赵老师的对话 10
  为师体会 12

第二章 大学英语教学实践与反思 16
  岗前培训叙事记录 16
  岗前培训心得体会 18
  传授知识与培养能力二者关系思考 19
  大学新生心理健康教育思考 21
  教学的意义 22
  担任评委 23
  做个简单、快乐的人 24
  德语班大学英语教学与思考 25
  做老师的"痛苦" 26
  听力教学记 28
  大学英语教学的困惑与思考 30

大学英语1作业反馈与深思 ································ 32
学生作业教学总结 ·· 38
大学英语2课堂教学设计实录及反思 ···················· 39
大学英语2在线教学模式反思 ····························· 40
大学英语2在线教学周记反思 ····························· 44
大学英语视听说在线教学反思 ···························· 45
大学英语2读写译线上和线下教学探索 ················ 48

第三章 大学英语教学师生交流 ························· 50
与外籍教师Eva的合作 ····································· 50
英语学习访谈 ··· 51
艺术系英语教学师生交流 ································· 54
与艺术系学生的谈话 ·· 58
导师和班主任工作总结 ···································· 61
导师制师生交流日志 ·· 63
中期教学总结 ··· 79
与学生们的期末谈话 ·· 80
我的教学经历分享（一） ································· 82
我的教学经历分享（二） ································· 84
我的教学经历分享（三） ································· 86
我的教学经历分享（四） ································· 87

第四章 大学英语教学与科研思考 ···················· 90
关注教师的精神世界 ·· 90
青年教师教学汇报总结 ···································· 91
教学是一门艺术 ·· 94
杂谈教学 ··· 96
我的教学科研之路 ··· 99
对于教学的一点感悟 ······································ 102
关于教师信息素养的一些思考 ························· 104

成功无捷径 · 106
　　以学生为本，让学习发生 · 108

第五章　大学英语教师专业成长 · 111
　　为什么参加博士研究生考试 · 111
　　与林老师的对话 · 113
　　高校英语教学理论与实践专题讲座心得体会 · · · · · · · · · · · · · 115
　　高级英语课程培训心得体会 · 118
　　江西省高校第七届"外教社杯"英语教学大赛启示 · · · · · · 122
　　选题挖掘与研究设计研修班教学反思 · · · · · · · · · · · · · · · · · · · 126
　　大学英语3学习通教学体会 · 127
　　学习通教学经验分享 · 129
　　学习通移动教学和教学设计反思 · 133
　　省级教改课题结题反思 · 134
　　个性化教学反思实录——对教育的思考与反思 · · · · · · · · · · 136
　　省级教育规划课题结题反思 · 138
　　大学英语课程创新创业建设课题结题反思 · · · · · · · · · · · · · · · 139
　　信息化教学能力提升在线学习总结和思考 · · · · · · · · · · · · · · · 141
　　第二届南昌航空大学教学创新大赛参赛思考 · · · · · · · · · · · · · 146
　　大学英语2教学与科研总结与反思 · 148
　　省社科规划课题申报教学与科研反思 · · · · · · · · · · · · · · · · · · · 150
　　大学英语教学形成性评价课题申报启发 · · · · · · · · · · · · · · · · · 152
　　与吴老师的科研论文讨论 · 154
　　关于文献的反思——对文献的新认识和新理解 · · · · · · · · · · 155
　　大学英语论文修改反思与启发（一）· · · · · · · · · · · · · · · · · · · 155
　　大学英语论文修改反思与启发（二）· · · · · · · · · · · · · · · · · · · 157
　　大学英语论文修改反思与启发（三）· · · · · · · · · · · · · · · · · · · 158
　　大学英语论文修改反思与启发（四）· · · · · · · · · · · · · · · · · · · 160
　　大学英语论文修改反思与启发（五）· · · · · · · · · · · · · · · · · · · 161
　　大学英语论文修改反思与启发（六）· · · · · · · · · · · · · · · · · · · 162

历年大学英语思政教学探究总结 ……………………… 169
基于个性化教学的大学英语帮扶措施实践与思考 ……… 174
大学英语阅读教学及反思 …………………………… 180
教学专著写作修改与启发 …………………………… 181

第六章　在阅读中探寻成长的意义 …………………… 184
寒假生活 ……………………………………………… 184
春游 …………………………………………………… 186
阅读·成长 …………………………………………… 187
"悦读"改变人生 …………………………………… 190
精神的远游——读《文学：八个关键词》有感 ……… 192
大爱无边　精神永恒 ………………………………… 194
成长·感恩 …………………………………………… 196
人民满意的教育之我见 ……………………………… 199
毕业季——青春不散场 ……………………………… 209
南昌之秋 ……………………………………………… 214
南昌的天气和生活 …………………………………… 215

后　记 …………………………………………………… 217
参考文献 ………………………………………………… 220

第一章　大学英语教学实训

关注学生的思想变化

2004年9月9日，我的人生开始了一段从师的体验。只是，我从来没有意识到，我的教学及教学思想从此迈上了一个新的台阶。

9月9日开学，虽然答应了负责英语教学，但实际上我心里很慌，不知道该怎样面对那些已经成年的学生，担心自己无法很好地实现角色转换。我还是告诉自己不要害怕，要勇敢一些。

开始上课，学生们见到我这个新老师，似乎都很兴奋。我感觉我的担心是多余的。学生们都很可爱，也很讨人喜欢。而且，他们看上去也不像是所谓的已经成年的学生，这多少让我放松了一点。看着讲台下的学生们，我突然感到很庆幸。我喜欢与学生相处、交流，因为学生能让我感受到为师的快乐，我也可以实实在在地教给他们一些英语知识。其实，人生的快乐不在于极力地索取，付出才是一种极致的幸福。

师生彼此认识之后，按照惯例我要求学生写一份自我介绍。我试图通过学生的自我介绍来了解他们内心深处我不曾了解的东西。9月10日，正好是教师节。上课的时候，有学生在下面小声地说："老师，节日快乐。"我虽然表面上没有说什么，但心里还是很高兴的，因为上课才两天，这代表了学生对我的认可。其实，做老师蕴含着一种简单的幸福。当听到学生喊我老师的时候，心里会有一种特别的满足。学生的自我介绍交上来了，我在宿舍里很认真地阅读了起来。看着看着，我忽然有一种莫名的感动。这些学生多数是初中毕业未考上高中的学生，在他们内心一直都希望得到一份来自他人的肯定。美国心理学家威廉·詹姆斯曾经说过："一个没有受过激励的人，仅能发挥其能力的20%~

30%；而当他受到激励时，其能力可以发挥80%～90%。"从这个意义上来说，老师对学生学习和心理的情感鼓励和支持是非常重要的。

　　学生们的介绍都很朴实，他们把真实的内心原原本本地展现在我的面前。他们在自我介绍中并没有做任何掩饰，甚至还写到了自己的一些不良习惯。对此，我很赞同。做人就应该有这种积极认识自我的勇气，知不足而后进。虽然大多数学生的英语成绩都不太好，但是他们都下决心要好好努力，所以他们跟我说的最多的就是希望老师多点耐心。同时，我发现有些学生的文笔很好。在介绍自己时，他们并没有采用那种很俗套的开头，如他们先向我介绍他们的家乡、个性、爱好等，最后才介绍自己的名字，并且请老师务必记住。对这种新颖的介绍，我很是喜欢。有些学生介绍性的话语并不多，但是他们会别出心裁地在纸上写上自己的大名，以此来引起我的关注。此外，也有学生在介绍中对我说"老师节日快乐""老师很漂亮"之类的话。还有一位学生在自我介绍的纸上贴了一张卡通动物贴，这也让我感觉很有趣。我边看边笑，当然不是取笑学生，而是为他们内心存留的童真而开心。当我看完所有学生的自我介绍时，一个声音在耳边响起：一定要教好他们。我把学生的自我介绍全部整理了一遍，打在了电脑上，记录他们的真实思想状况，以期对今后的教学有用。正如前面所说，我希望能够了解学生的真实想法，关注学生的思想变化，从而促进学生的发展和进步。每一个人都期望得到来自外界的关注，所以对学生来说，被人关注有助于自我成长和发展。对于这一点，美国心理学家威廉·詹姆斯曾说："人类本性上最深的企图之一，是期望被赞美、钦佩、尊重。"

　　接下来的几天，学生们对英语课表现出了较大的兴趣。只是由于课程刚开始要学习音标，课堂显得有点枯燥。几次课下来，学生们似乎没有了信心，他们也变得烦躁起来。而我则开始考虑如何激发学生的学习兴趣。也许是因为基础太差，即使音标已念过几遍，有些学生还是记不住。作为老师，我自然不能对学生的表现失去信心。所以，上课的时候，我会走下讲台来，耐心地询问学生读会了没有，然后重新带领学生朗读和学习。本来这一做法的目的是让学生通过这样的方式强化记忆，从而巩固学生的语音基础。因为记住音标是学习英语的关键，所以应该有个好的开端。但枯燥的强化记忆会让人失去兴趣，而兴趣则是最好的老师。我原本一心想帮助学生打好语音基础，反而忽视了最重要的东西——兴趣。事实证明，并非所有的事情坚持就一定能成功，兴趣同样很重要。在做事情的过程中，可能会无数次受挫，但当你有兴趣支撑的时候，坚持才会相对容易，你才能把这件事做好。所以，枯燥的强化记忆和烦琐的语法从一开始就夺走了学生学习英语的兴趣，使学生在英语面前无奈地选择了放弃。有学生主动跑到讲台上来对我说："老师，你的声音有点小。你上课老是讲音标，能不能讲快一点？讲了几节课怎么还在讲音标呢？我们都没有多少兴趣了。"我突然意识到，我应该倾听一下学生对我的教学的反馈意见。面对这种情况，我尝试改变教学策略并调整课堂内容。

也许是我对学生要求不严格，慢慢地有学生开始在课堂上吵闹，他们开始不听讲、说话、嬉笑、睡觉。我试图制止他们，但是收效不大。为此，我有些沮丧，但我还是努力说服自己要对学生保持一定的耐心和信心。有女学生在下面小声地说："老师，你太温柔了，我们都不怕你的。"我一直反对教师严厉对待学生，而应该从人性出发，关心和关怀学生。但是，如果老师对学生太温和，也会造成学生胆大和不听话。因此，如何把握好这个度，是我在教学中需要去反思的。

渐渐地，有学生会和我提出一些关于课堂的意见，这让我有点恐慌的同时也很欣慰。身为老师，多听点学生的意见，更有利于自身的进步和课堂的完善。

上课之前我复印了几十份关于英语学习方法的资料准备上课时给学生，结果我刚一走进教室，就听到了学生的埋怨："老师，作业你都没有改！"的确，这几天我一直很忙，所以实在抽不出时间来批改作业。对此，我很是抱歉。记得一位老师曾对我说过："不管你在教学中遇到怎样的不公，但是一站到讲台上，谁也无法拒绝来自内心深处的良心，那就是好好教每一个学生。"所以，不管我怎样抱怨学生上课不好好学习，但是回到宿舍，我还是很认真地备课，试图使课堂效果更好一些。

因此，面对台下学生"不满"的神情，我转念一想：这节课还是好好地教育一下学生，思想纠正好了，学习上的进步才会更明显一些。于是，我故作生气地对他们说："这节课我们不学新课了，我们先上一节思想教育课。"也许是我愤怒的表情和严厉的声音起了作用，学生安静下来，并且很认真地看起资料来。另外，我要求学生写一份对老师的意见书，不管是好的，还是坏的，下课后一律交上来。说这话的时候，我忽然想起古人所说的"教学相长"四个字，于是我把这四个字写在了黑板上，并且很郑重地对学生说："老师不是万能的，老师可以教会你们很多知识，同时老师也会从你们身上学到许多东西。"

下课后，我迫不及待地查看了那些意见。学生的意见很实在，不管是好的还是坏的，他们都表达得很真诚。从中，我也更好地积累了经验，汲取了有用的意见，以便日后更好地教他们。课间，班长跑到讲台上对我说："老师，我代表全班同学向你道歉。有些同学确实有点不听话，请你原谅。"当时，我正在与另一位学生进行交流。说实话，班长的一席话让我出乎意料却又感动万分。在那个瞬间，一种为人师的幸福感突然包围了我。

更让我意想不到的是，由于每个班都有负责做老师上课记录的学生，当我在上课记录上填写自己名字的时候，我看到授课内容一栏上，学生清清楚楚地写着"教学相长"。我没有想过，学生会如此重视这节课。因此，在感动之余，我心中更加坚定了自己的任务和使命：不管怎样，今后我都要努力做一名好老师。唯有如此，才对得起自己的良心。

2004 年 9 月 9 日

教学反思

一个月的时间飞速而过，我与学生的交流也逐渐明朗起来。我慢慢意识到，一个月之前我还在很努力地关注学生的思想情况，但是现在我却在教学中无意识地忽略了学生内心的真实感受，与学生的交谈似乎也少了一些。我突然发现，我并没有用那么多时间和精力来了解学生真实的自我。我也理解了老师在面对那么多的学生时，精力有限的无奈。在人生的道路上，我一直对老师对我的忽视耿耿于怀。我曾经那么渴望得到来自老师的一份赞许和鼓励，可是由于自己内向、不善言谈的性格，在我的求学生涯中，我与老师之间的交流很少。我多半是远远地看着老师，羡慕那些性格开朗、与老师在一起毫不拘束的同学。因此，那时的我常常在心里发誓：如果未来我成为一名老师，我一定要多多关注那些成绩不算突出、性格又非常内向的学生，做一名关心学生的好老师。现在看来，我并没有成为自己想象中的好老师。每每看到那些不太擅长与别人交流的学生，以及那些认为英语学习没有希望的学生颓然和沮丧的眼睛时，我发现自己是那么无力。也许我还没有学会怎样与学生交流，从而开启他们的心灵之窗，我只是本能地感受到一种老师与学生交流的必要。虽然任课老师不是班主任，但是作为一名老师，关注学生的思想情况，掌握一些与学生进行深入交流的办法，对于提高学生的英语学习水平，无疑是有很大帮助的。可惜，虽然我有这种意识，但由于外界条件的限制，在关注学生思想，以及学习状态的变化上，很难完全做到一对一的指导和帮助。

在教学上我不敢有丝毫懈怠。但是，对于如何全面了解学生的思想情况以及随时随地关注学生的思想变化，从而使学生的不良学习习惯和学习方法得到及时纠正，对我来说还是一个难题。人们常说："每个人的思想就像一口很深的井，你永远也猜不透里面装了些什么。"所以，对每一位致力于教学的老师来说，这都是一个值得探究的问题。

有人曾经说过："授课不是为了钱，更多的是为了责任和热爱，为了课堂，为了对得起前来求学的学生，让学生在人生、学业、生活上都有所学，有所感悟。这，才是老师。"教学还在继续。对于教学的研究，永远没有具体和确切的答案，仍需不断探索。

2004 年 10 月 19 日

大二教学日记（一）

刚开始教授大二的课程时，我感到颇有压力。我拼命弥补自己的知识缺陷，从各方面不断调整自己的教学。一个成功的老师，不仅需要把知识春风化雨般地教给学生，还要考虑学生的接受水平和能力。原本以为非常简单的教学，在真切地体会之后，才知并非易事。因此，我终于理解站在三尺讲台上的老师以及他们在教学中混杂着的喜怒哀乐了。看来，人有时真的需要换位思考。

天气晴朗，又是周末，心情非常愉悦。回到宿舍，想到还有很多事情要做，便静下心来，老老实实地总结了这一段时期的工作和心情。

在经历了最初的买教材、拷贝教案，以及调课等一系列事情之后，终于进入了教学阶段。几节课下来，我开始意识到自己的不足。我是一个认真且追求完美的人，所以从心里觉得很对不起学生。但他们很宽容，接受了一个年轻老师的教学经验不足和不完美。这给了我很大的鼓舞。同时，总有一个声音不断提醒我："一定要努力，不只为了自己，更是为了学生这份十足的信任。"当然，在课堂上，我尽量做到充分鼓励学生，给予学生英语学习上的情感支持。在我看来，无论怎样，老师都应该在课堂上适时地鼓励学生，因为这将极大地促进学生今后的成长。有空的时候，我会到教室里聆听其他老师讲课，努力汲取他们教学上的优点，仔细回味他们的课堂给我的教学带来的启发。

有一天，在教室听课时，我碰到了一个大二的学生，他很健谈也很坦诚，我们谈了很多关于老师上课和学生听课的话题。他说的最让我吃惊的一句话是："本来我英语成绩还挺好的，但现在学了一年多英语，成绩没有提高，反而兴趣也没有了。"这不禁让我开始反思：到底是谁破坏了学生的英语学习兴趣？当然，教学的失败，责任也不完全在老师。有时学生上课不配合，在某种程度上，会让老师失去对学生的信心。正如这位学生所说的："客观地说，我们也有责任。"后来他告诉我，本来老师刚开始对他们还是充满信心的，只是过了一段时间，经历了他们的种种不配合，比如不完成作业、上课懒散、偶尔旷课，再加上从高中到大学教材难度加大，他们多少有点不适应，所以，上课时学生的反应很差，老师的教学效果也微乎其微，因此老师的信心也受到了打击。从另一方面来说，学生认为英语成绩反正都已经这样了，就不愿再做努力了。如此循环下来，师生间的交流慢慢减少，课堂重新恢复到高中的状态，变成了老师的独角戏，课堂氛围变得压抑、沉闷。因此，课堂对老师和学生的进步丝毫起不到作用。这已经不是所谓的"教学相长"了。这样的教学情况，我相信是极少数，但它确实需要引起老师和学生的重视。同时，我意识到我也应该注意这个问题。目前的教学从某种程度上来说，似乎也有这样的倾向。只是此时学生对我这位新老师还存留一点新奇和好感，等这仅有的新奇和好感淡化，结果又会如何呢？事实上，我一直很在乎学生上课的反应，所以我把电子邮件信箱告诉学生，希望他们能把教学意见及时反馈给我，督促我不断改进。然而很遗憾，在邮箱中我并没有看到学生的反馈信息。其实，在学习和教学上，我喜欢倾听不同的声音和意见。

一天早上，正在上课的时候，教室里忽然走进来两名英语专业的学生。他们跟我说，要来观摩我的课。我立刻对他们说欢迎，因为刚刚开始教学，所以我也并没有所谓的教学经验可谈。我心里很不安，害怕他们对我的教学失望。一节课之后，他们有礼貌地跟我说再见。那一刻我意识到他们对我的课堂并不感兴趣，心里隐约有些不安。但同时我又开始安慰自己："没什么，尽快把这件事忘掉，不要让它影响你的情绪，你现在不是正在慢慢摸索教好学生的方法吗？"对我而言，我不需要在脑海中储存太多的负面想法，我相信自己能行。

　　有一天早上，研究生的课暂时取消了。我思考了一会儿，打算去聆听和观摩一下其他老师的课堂，从而提升自己的教学。来到一间教室，我看到了之前来听课的那两名学生，他们并没有认出我。我悄悄地坐到教室后面，开始认真听课。老师讲得很好，下课了，我在一旁等着想和老师聊聊。这时那两名学生中的一名学生走到老师面前说："我们听了两个班的课，其中一个班大部分学生对课堂缺乏兴趣，只有前面几个人在认真听课。"我意识到这是在评价我的课堂。老师又接着给出了评价："这恐怕是最糟糕的课堂了。"难过是不可避免的，但我并没有气馁，等他们与老师交流过后，我开始就英语教学问题请教老师。虽然目前我的课堂教学并不理想，但我会努力，而且我已经走在通往进步的路上了。

2004 年 11 月 10 日

大二教学日记（二）

　　开学之后，我发现班里的气氛有些不对，但又不清楚是哪里不对。我在课堂上观察到，大多数学生坐到教室后面去了。师生之间产生了距离，有一种疏离感。当我坐在宿舍里总结这一段时间的教学效果时，我突然意识到上个学期学生并不是这个状态，至少很大一部分学生是坐在教室前面的。学习知识和传授知识是有差别的，课堂上除了教学技巧和方法，还需要师生间的密切配合。有时课前精心准备的东西，在课堂上讲起来很是吃力，导致我根本不能如期完成最初的教学计划。另外，学生不太配合更让我泄气。但是，我耳边也响起了许多老师和学生对我说的话："刚开始上课的时候，大家都是一样的。"任何事情都有一个过程，我已经努力去做了，只是自身还需要不断提高。

除此之外，我学会了坦然面对一切。面对学生的"疏远"，我会换一个角度进行解读。在我发生改变的时候，学生也在发生改变，我们都在一起进步。每个人身上都有很多不足，关键要有正确的心态来面对它们。我希望我的学生也一样，即使他们在英语方面能力稍有欠缺，但只要努力，总会有新的收获。对我而言，若干年之后，当我能够很淡定地教好学生的时候，我相信我仍然会记得这些学生。因为，是他们真正使我成长和进步，而且他们对我付出了足够的耐心和信心，我从心底感谢他们！

2005 年 3 月 31 日

与辜老师的交流

尊敬的辜老师：

您好！

首先很感谢您给我们这样一个展示自己的机会，让您更多地了解我们，从而促进师生间的互动和交流。我听过几节您的课，受益匪浅，所以我非常希望前来学习。也许是最近这段时间的真实教学体验使然，我发现当学生强烈地希望从老师那里学习知识时，学生才会有更大的学习兴趣。简单地说，一个成功的老师，就是要不断采用各种手段，使学生产生学习兴趣。可惜，这段时间我并没有做到，因此一直很有压力。但也正是因为有了这种思考，在听课时，我会专门观察每一位老师的举止言谈，仔细探究不同老师的上课风格，以及他们吸引学生注意力的魅力所在。

现在的我，也在进行英语教学实践。由于刚刚开始，再加上不熟悉课堂教学，所以我有时会感到很尴尬且失望。学生的学习动机特别强烈，但我似乎满足不了他们对知识的渴望。除了自身知识水平的不足，还与自己的教学方法有关。坦白地说，我的教学方法存在诸多问题，如我精心准备了很多上课的材料和内容，可站在讲台上时才发现我竟然没有多少内容可讲。有时我想引起学生的学习兴趣，也因此花费了不少心思，但是效果并不理想。由于学生的学习兴趣没有调动起来，课堂气氛沉闷。看着学生从最开始对我满怀期望的目光变成了一种不信任的目光，我觉得很失败。有时我也严重怀疑自己到底适不适合当老师。然而，性格内向不应成为我做不好的理由。思来想去，我觉得也许是因为自己缺乏一定的教学经验。为此，我经常去听课，观察和学习其他老师教学的优点。在此过程中，我获益不浅。我开始认真思考如何做才能更好地教学生。在听课的过程中，我遇到了两位老师，他们都给我很多的教学建议。其中一位老师很认真地对我说：“你什么时候有课，我来听一下你的课，看看你的课堂哪里出了问题。”这让我很感动，有了这样的鼓励，还有什么可担心和犹豫的呢？所以我坚持对自己说：“不要灰心，一定会慢慢好起来的。”

此外，我发现我对学生要求不严格。因为要求宽松，所以学生很容易陷入一种对老师的要求可做可不做的状态，从而很难保证教学的顺利进行。从另一方面来看，这对学生的成长也极为不利。说实话，当初我选您的课其中一个原因是听说您对学生要求很严格，可后来听课时，我发现您并没有我想象中那么严格。上课内容新颖，而且您也很幽默，所以您的课很能吸引学生。

因为忙于自己的教学，所以读书和学习的时间就少了。我很清醒地知道自己的不足，有时甚至想放弃自己的教学实践，但我发现教学还是有不少收获可言的。其实，在尝试了解学生的过程中，我不仅发现了自身的不足，并且向学生学到了很多，因而我获得了不少的乐趣。我的英语写作不是太好，问题就在于自己头脑中的消极想法，不知老师是否能回信告诉我，我应该怎么做。词汇太多，积极词汇太少，这是我的大学四年很失败的地方，我埋头记忆的单词很多，但只是消极的输入，没有积极的输出，这导致我现在的英语写作不太好。所以，我必须多加努力，毕竟是英语专业的研究生，应该有基本的专业素养。提高自己的专业水平，汲取更多知识，从而更好地教育学生。这点我应该向老师您多学习。

写了这么多，希望辜老师多多给予批评和指导，帮助我做一个更加完美的学生。

此致
敬礼

吴玉玲
2004年11月19日

与赵老师的对话

一、英语教学经验分享与总结

2004年9月,我在一所职业技术学院担任两个班的英语老师。尽管时间已经过去很久了,但是我仍然记得那段教学时光,我也很愿意与我的学生们一起分享教学的经验和体会。

我的学生们都非常可爱和友好。坦白地说,他们的英语水平不高。换句话说,他们的英语基础普遍不扎实,他们的英语水平不足以应对现阶段的学习。但是,学生们还是竭尽所能地弥补英语学习方面的不足。因此,我被学生们的好学精神深深打动了。

作为一名新教师,我发现我很难让学生瞬间或者在短时间内接受我和我的教学。但是,学生们还是普遍表达了对我的教学的理解和认可。在对教学方法和我本人的一份调查问卷中,学生们毫无抱怨之心地鼓励着我。我又一次被学生们的真诚打动了,我决心努力工作,教好他们英语,不辜负他们对我的期望。

客观地说,每一个学生都有不同的特点。在教英语的过程中,我注意到有些学生的英语学习兴趣很低,有些则对未来如何提高英语水平倍感焦虑,只有少数学生掌握了英语学习的方法,并且在课堂上表现突出。在这样的情境下,如何引起学生的兴趣,并且使学生在现有的水平之上努力去学习英语,对老师来说是一份很重要的工作和责任。其中,两个男孩的故事让我印象较为深刻。其中一个男孩,看起来对学好英语充满了渴望之情,但是他的英语基础不太好。当我在课堂上提问他的时候,他总是低下头,不敢直视我。换言之,在同学和老师面前,他总是很害羞。基于上述原因,我总是在课堂上鼓励他,并且试图给他提供一些学习建议。对此,他总是一边点头,一边对我说:"老师,我很羡慕你的英语水平。但是,对我来说,学好英语似乎是不可能的事情。"话虽如此,但他在英语学习上是很努力的。有很多次,他从我这里借走课文录音磁带,并且尝试把课文听力录制下来,以便更好地听懂课文和理解课文。在我看来,他在英语学习方面缺乏一定的自信心。与此同时,他不确定还要花费多长时间才能真正学好英语。因此,从这个角度来说,他特别渴望在英语学习方面获得成功。

另一个男孩与他相比,英语基础要好很多。但是,他仍然有很多亟须解决的学习问题。他的问题在于:他想成为一名大学生,但是受家庭条件的限制,他继续提升的机会并不多。另一方面,他的头痛症状经常干扰他的正常学习,导致他无法集中注意力。因此,他似乎陷入了一个怪圈、一个泥潭,尽管他很想把自己从中抽离出来。面对他的困境,我努力说服他不要过多考虑以后学习的事情。此外,他应该用一种正确的态度对待他的头痛症状,因为生活就是顺其自然的事情,不要勉强自己,从而给自己造成很多困扰。对此,他很真诚地对我说:"吴老师,我知道这样对我来说不好。但是,当我情绪不好的时候,我总是会忍不住想起这些事情。"听到他的这些话,我感到很无力,也很为他担忧。

类似的问题不时会出现在我的教学中,这在一定程度上影响了我对自己未来教学的判断和期望。但是,幸运的是,我很快调整自己,让自己从中脱离出来,迈入正常的生活,并对未来充满希望。因此,从这个角度来说,一名好老师不仅要关注学生的学业水平,还要关注学生的心理健康,给学生提供及时、有效的指导和帮助,使学生对未来生活充满信心和勇气。

赵老师,上周您在课堂上告诉我:"一名好老师要善于对不同的学生提出不同的问题,这样学生才能在课堂上产生学习的渴望和兴趣。"因此,学生才有可能在被激发的状态下与老师和同学在课堂上积极交流并参与小组合作活动。所以,不管我们怎么论述有关课堂师生互动和小组合作的问题,课堂都不应成为以教师为主导的课堂。此外,如何成为一名好老师,除了老师自身的专业水准,对学生的关注也是极为重要的因素之一。美国历史学家亨利·亚当斯曾经说过:"教师的影响是永恒的,无法估计他的影响会有多深远。"因此,老师对学生的影响不可小觑,在一定程度上,它直接或间接地关系到学生未来的发展。

二、对英语教学的思考

在我看来,教和学是双向互动的动态过程。好的老师可以在课堂上教好书,但这并不意味着老师能在所有的课堂上教好书。有时，许多其他因素的制约会影响老师的教学，以至于老师不能很好地在课堂上将教学发挥到极致。但是，好的老师首先要关注知识的传授过程和课堂的学习主体——学生。当学生在课堂上对学习不感兴趣时，老师应及时发现学生的这种倾向，并且采取不同的措施，不断激发学生的学习兴趣，从而使学生在课堂上摆脱乏味感。

　　总之，教学研究是一个长期的过程。如果老师在课堂上掌握了一定的教学方法，那么，老师的教和学生的学就会变得更有吸引力且更有趣。从另一方面来看，老师的教学方法在课堂上也不是静止不变的，老师应在课堂上合理利用不同的教学方法，从而提高课堂教学效果。总之，老师应尽可能地使学生在课堂上积极参与和互动。只有这样，课堂才会更吸引人且更加成功。

三、一些困惑

　　在写这篇文章的过程中，我发现自己很难清楚地梳理一些有关教学法的认识。因为思维总是很跳跃，也不系统。在中、英文写作过程中，我一直对此很苦恼。另一个困难则来自阅读的障碍。当我阅读完一篇语言学的纯理论文章时，我常常对文章讲述的内容感到困惑。另外，在平时的写作中，有些英文字句的表达，我很难将它们有机地组织在一起，因此有中式英语表达的倾向。对于上述这些困惑，还请赵老师多多给予建设性的意见，从而帮助我提高大学英语教学水平。

　　非常感谢！

2004 年 12 月 10 日

为师体会

　　"师者，所以传道受业解惑也。"在一个学期的英语教学体会中，我对这句话有了更深刻的领悟。在感叹古人智慧的同时，我不由得感到做一个老师，尤其是好的老师并非易事。除了教学的艰辛，它还包含着如何教授给学生智慧、方法和思考。而这些智慧、方法和思考的获得过程，对任何一个有意教好学生的老师来说，总是充满了煎熬和挣扎。因为教学活动是双向的，包含着老师和学生之间的互动，所以老师不可能单凭一个人的力量让课堂生动、精彩和成功，它还需要学生的课堂参与、互动和体验。

　　写到这里，我的思绪飘回了那段难忘的时期。进入重庆工程职业技术学院工作之时，我充满了恐慌。尽管以往有过毕业实习的经历，但站在系主任面前，我还是很忐忑，心里一直想着该怎样回答他的问题。没想到，一句简单的问候之后，系主任微笑着对我说："可以了，你去上课吧。"事情超乎寻常地顺利，这让我大为吃惊。我暗自欢喜，因为系主任的话对我来说是一种无形的鼓励和信任。在前往教室的路上，我忽然信心大增。

　　来到教室，看到一双双充满了好奇和真诚的眼睛，我感到一丝莫名的喜悦。这一情景很像我小时候渴望见到新老师的激动和新鲜感。我开始自我介绍，但介绍到一半时，我发现自己的嘴唇开始颤抖。我紧张起来，思绪也变得混乱。于是，我只好匆匆地结束自我介绍。后来有学生问了一个至今都让我觉得很羞愧的问题："老师，你以前是学日语的啊？"天哪，我的"二外"何时变成了我的专业！我拍拍自己的脑门儿，有点懊恼。没办法，我只好再次跟学生澄清一下。实际上，学生是很宽容的，他们对我的紧张状态没有半点埋怨。对于这一点，在以后的教学中，我的体会更加深刻。

　　不用说，在慌乱中的讲课并不会很优秀。但是，学生的理解和宽容给了我很大的勇气和信心。客观地说，师生之间的这种相互理解和宽容的精神尤其重要。有了它们，再枯燥的课也会变得生动起来。因为包含了人与人之间美好感情的东西更容易被人接受，这也许就是人们常说的："师生之间的教学活动是人类之间情感交流的过程。"总之，这一启发，是我不曾体会到的。

　　过了一两个星期之后，我对学生们进行了一次问卷调查，让他们谈谈对我的教学的看法。学生们很真诚，他们用心地给我提了一些宝贵的意见和建议。看着那些真诚的字眼，我心中充满了无限的感动。我决心要好好地调整教学模式和方法并完善备课中的不如意，尽量使枯燥的课堂变得生动起来。

　　在后来的教学中，我的课堂有了一定程度的改善。但是我并不是很满意，觉得自己对不起这群善良又宽容的孩子。直到今天，当我不再教他们，也不再去他们学校上课时，我的心里依旧会有一丝内疚。特别是当我一抬眼，看到书桌前那个裱了一束玫瑰花的大大的相框时，这种感觉尤为强烈。也许孩子们早已在时间的流逝中忘了我这个代过他们英语课的小老师，可是与他们相处的每一个时刻都历历在目，督促着我在今后的人生中要努力去做一名好老师。

写到这里，令我印象深刻的那两个男孩又浮上我的心头。

基础较差但努力学习的害羞男孩，使我不由得想起我在高中学物理时的样子，我怎么也不懂那些所谓的物理现象或原理。所以学了半天，我发现自己还是停留在表面。因此那时我最大的心愿就是拥有同爱因斯坦一样的大脑，拥有像他那样的智慧。其实在那时，我的自尊被一层层地剥离，精神也变得萎靡不振。事实上，他的情况比我当年的情况要好很多。但是，我发现他仍然缺乏自信。因为我个人的高中学习体验，所以我对他的学习状况更能感同身受。慢慢地我发现，每当我上课开始提问的时候，他总是很快地低下头。为了避免让他紧张，我很少在课堂上提问他。这一幕像极了曾经我在课堂上被老师提问的场景。当老师在课堂上提问时，我常常紧张地把头深深埋下，并且在心里默念：老师千万不要看到我，权当我这个人不存在。但由此带来的思想凝滞、紧张和焦虑，往往使我很难开心和轻松地上完一节课。对我而言，能让我轻松下来的课堂学习，效果反而更好。但是，既然人生活在群体之中，老师总要考虑大多数学生的感受。有些学生反而喜欢被老师提问，因而他们的思维更容易被激发。那么，如何处理这个看似矛盾的问题呢？导师的话给了我很大的启发。那就是针对不同个性的学生，老师在课堂上提出不同的问题，从而使弱者的自信心增强，强者的参与感得以实现。那么问题来了，在目前的大学英语大班教学中，这种方法似乎很难实现。因为老师上课的精力有限，所以很难对每一位学生的性格和学习特点进行彻底而全面的了解，从而对学生进行细致入微的关怀，进而在课堂上有针对性地进行提问。但是，作为一名老师，无论学生的回答多么糟糕，适时的鼓励和表扬总是必要的。不过，对小班教学来说，它应该不难实现，但同样需要广大老师的用心和努力。

后来，当我在火车上碰到这个男孩时，他硬塞给我一大堆吃的，这让我非常感动。在那一刻我猛然觉得，无论在今后的教学中遇到怎样的困难，我都会坚持下去努力工作的。

另外一位英语基础较好的男孩也有许多困惑。高考的失利或多或少给他带来了一些影响。他太需要成功了，他想升本但又犹豫，除了家庭条件的限制，还有高考失利给他带来的不自信。他怀疑自己的能力，但又不忍心放弃自己的梦想，所以在实现梦想的路上他不断徘徊。对此，我非常理解他的矛盾心理，安慰他、鼓励他。再后来他告诉我，他可能要放弃升本的机会了。我并没有为他难过，因为人生路总是要慢慢走的，在人生的旅途中，心态的调整才是最重要的。在某种程度上讲，它远远胜过一个本科学历的意义。所以，我只有默默地祝福他，希望他能以一种平和而快乐的心态面对未来。其实，无论遇到怎样的不如意，好的心态都是战胜一切困难的法宝。但是另一方面，我不能不提及他对我的巨大帮助。他说："老师，你上课老是低着头，好像害怕我们似的。你应该更加自信一点。你是老师，这样学生才会更加信服你。"

在与他们接触的过程中，我发现了他们身上存在的一些问题，这也使我不断反省，努力提升作为一名合格老师的素质。课堂教学永远是值得不断探讨的问题，但无论怎样，了解学生的学习需求和心理状态是最基本的前提，也是教师对学生实行人文关怀，提高课堂质量的有效途径。

另外，课堂教学永远是多变的，因为教学对象和教学条件不同，老师很难在任何时间、任何地点都教好他/她的课，并使学生产生极大的学习兴趣。我听过斯有和老师的演讲，那可谓是一种美妙的享受。全场座无虚席，即使是在提问阶段也没有人提前离开。按理说，这样的老师在课堂教学方面应该算是很成功了。可是在后来的交谈中他却坦言，在他平时的教学中，也会遇到学生对他的课堂不感兴趣的情况。每当这时候，他就会及时调整自己的教学方法，从而重新抓回学生的兴趣，进而有效地"控制"课堂。

课堂教学的探索永无止境。这段教学经历告诉我，课堂教学的方法是可以探索的。愿更多的老师都能热爱教学并将自己的教学体会嵌入教学方法中，这样学生才会被课堂吸引，从而开开心心、快快乐乐地学习。最后，让我再一次表达对我的学生的感谢。我这个代课老师从他们身上学到了不少知识和美德，我衷心地祝福他们快快乐乐地成长，而我也在他们身后，与他们一起奋力成长。

这段从师的记忆在我的生命中已然成为一种永恒。因为它不仅带给我教学的快乐，而且带给我宝贵的教学思考和启发。而上述这些是生活里的其他快乐和成功永远无法比拟的。

2004 年 5 月 16 日

第二章 大学英语教学实践与反思

岗前培训叙事记录

对于岗前培训，我一直充满期待。有些课程的具体内容我已经记不太清了，但当时主讲老师的课，我至今都印象深刻。老师的幽默风趣和渊博学识让我觉得上课是一种巨大的幸福。总之，老师上课的影响深刻而持久。有位名人曾经说过，去掉知识，留在脑海里的东西才是最珍贵的。确实，岗前培训让我懂得如何做一名合格的老师，如何通过认真的教学使学生获取知识和力量，以及如何受到学生的尊重。

2006 年 8 月 21 日培训第一天

带着些许兴奋，我来到培训的地方——卧龙阁（这名字是在培训第二天才看到的）。首先，校长向我们简要地介绍了南昌航空大学（简称昌航）的历史渊源及其发展现状。其次，他指出，来到昌航，教师应该以创业者的心态来对待自己今后在昌航的发展，同时在教书育人的过程中要坚持创新的思维和做法。最后，校长对青年教师提出了四点希望：进一步提高教师的理论水平、增强对校情的了解、加强对教育事业的责任感，以及增进教师之间的情感交流。随后书记给我们介绍了今年新引进教师的情况，以及 2003—2006 年这四年间学校关于人才引进的情况，并且强调了学校对教师的重视程度。书记还给我们做了一场生动精彩的讲座，讲座主要包括以下四方面内容：昌航和江西其他高校的情况、昌航的历史和精神、昌航未来的发展前景和奋斗目标，以及如何努力成为一名合格的昌航教师。同时，书记提出了六种昌航精神：航空报国的无私奉献精神，不计名利、团结协作的集体主义精神，公开、透明的民主精神，一丝不苟、精益求精的科学精神，追求真理、追求科学的执着精神，以及廉洁自律、廉洁奉公的精神。最后，书记强调学校未来的发展目标是成为一所多学科的教学研究型航空大学。因此，作为昌航的一分子，应尽快熟悉和了解昌航，并且以育人为天职，无论过去的水平如何，应在新的征程上规划好个人的未来发展目标。

2006年8月22日培训第二天

培训第二天的课程主要涉及如何备课、讲课和如何掌握好电子信息技术，以便为未来的教学服务。我认真听讲，觉得老师们的讲座对我都很有启发和借鉴意义。同时，我发现自己这段时间要做的事情很多，因此，充实自己是目前来说最重要的事情。虽然思想压力有点大，但初上讲台的心理恐惧在培训过程中得到一定缓解。因为通过培训，我知道接下来该如何有效应对教学中的问题。与此同时，我感觉到自己知识的浅薄和欠缺。

培训期间，老师们并没有太多机会进行深入交流。老师们唯有在吃饭的间隙才能得到片刻的放松，但总体来说，同事之间还是拘谨的，没有完全放开。毕竟大家都是职场人了，不像在校学生会肆意地释放青春的激情和生命的色彩。但是，不管怎样，拘谨的背后还存在着对别人的好奇和渴望互相了解的心态。同事们聚在一起是缘分，也是幸福。我们134名老师的梦想和愿望将会在昌航这个平台上绽放光彩。

2006年8月25日培训第五天

马上要考试了，我还没有好好看书。回到宿舍没有看书，甚至禁不住诱惑地打开了电视。本想着看一会儿电视放松一下就去看书，但是看电视的时候心里却惦记着看书。最终利用广告时间看书学习，还完整地看了超级女声的比赛，对于比赛结果我只想说，人生就是充满了戏剧性和变数，谁也无法把握自己的下一刻，唯有珍惜现在。

一个朋友曾经对我说，旧的烦恼去了，新的烦恼还会来。确实如此，原来以为大学和研究生读完了，以后的生活会相对轻松些。但工作后才发现，还有很多课等着我去备，还有许多知识需要在新的工作岗位中去学习和实践。烦恼还是会有，关键要有好的心态。在遇到压力和困难时，学会如何化解自己的心理压力，这是下午教育心理学的课程内容之一。以前要靠老师来疏导，现在要靠自己来缓解。

岗前培训心得体会

  从毕业到新的工作岗位——在南昌航空大学担任外语教师，对我来说，首要的任务是实现角色转换——从学生到教师的角色转换。这一点，自培训以来，从耳边听到最多的称呼"老师"就可以得到证明。尽管我在心理上还没有完全接受这个称呼，每天的培训学习也像当初的校园生活一样，但是从学生到教师的角色转换是必然的过程。因为无论是培训内容还是备课教案都在不断提醒着我，我的职业生涯即将在昌航这个美丽的校园拉开序幕，这也在一定程度上昭示着我的个人职业发展和学校发展的新前景。

  培训生活虽然紧张而忙碌，但是很充实。大脑就像吸水的海绵，每天都在尽情地吸收授课老师讲授的知识。因刚参加工作而产生的恐慌和焦虑感正在慢慢消失，取而代之的是内心的充盈和满足。校长充满激情的开班动员和书记关于学校发展史与前景的翔实介绍，使我们这些新教师了解了昌航的过去、现在，以及昌航承载的校园文化和精神。在正式培训阶段，培训老师对新教师们开展了教师荣辱观教育并且详细地介绍了师德师风及校园文化。此外，教学基础知识和课堂教学评估、现代教育技术、教学规章制度、人事规章制度、科研规章制度、高等教育学基础知识、高等教育心理学基础知识、高等教育法规基础知识、高等教育师德基础知识等构成了培训的主要内容。培训老师丰富的学识、精彩生动的讲解，以及清楚明确的 PPT 展示，给新教师们提供了提高自我的好机会，那些以往看似枯燥的理论知识也变得生动起来。

  一所学校代表一种文化。培训的过程让我第一次真切地感受到了昌航的文化所在。严谨的学习和工作作风是昌航一直以来的传统，这一点从整个井然有序且条理清晰的培训过程中就可以看出来。由于培训的内容涉及很多方面，所以人事处的老师事先准备了详细的内容清单，整个培训工作有条不紊地进行着。

这让我心生感动，同时也使我看到了学校的希望所在——无论什么事情，人本主义的关心对于学校人才的聚拢和发展是非常重要的。而昌航的老师们，用他们的实际行动向我这个新教师证明了这一点，也印证了我当初工作选择的正确性，从而增强了我做好本职工作的信心。

对于参加培训的新教师，大家是友好的、真诚的。尽管彼此间还存在着这样或那样的拘谨，但每次就餐时彼此间的谈话、交流，以及迎新晚会上呈现出来的热烈和激情，无不体现出大家已经做好要在昌航好好工作的准备，并对未来充满了信心和勇气。

短短七天的培训，我收获颇丰。无论是从知识上还是从精神上，我都获得了极大的满足。总之，学校为新教师提供了一个施展本领的巨大舞台，我将和大多数新教师一样，对即将开始的教师职业生涯有充分的信心，这也预示着昌航未来广阔的发展前景和硬核的实力。

2006 年 8 月 26 日

传授知识与培养能力二者关系思考

知识的积累与能力的发展存在着密切的联系。所谓能力是在知识融会贯通的基础上形成的，丰富的知识"养料"为培养创造性思维提供必要的条件。作为一名教师，在教学过程中仅仅传授知识给学生是远远不够的，还应注意对学生综合素质的培养。作为一名大学教师，授课对象是大学生，而大学生是一个思维比较活跃的群体，相比于高中生，他们的未来更需要知识的积累与能力的发展相结合。因此，在授课过程中，教师要注重培养学生知识的积累与能力的发展相结合，其意义非常重大。

要使学生做到知识的积累与能力的发展两方面的相互促进，我认为教师应该注意以下几方面内容：

第一，在教学中要注意积极调动学生的认知能力，促使学生的注意力、观察力、记忆力、想象力等都处于积极状态。学生的认知能力对于知识的积累和能力的发展有着非常重要的影响，因此在平时的教学中，教师应充分调动学生的认知能力,注意课堂教学的有效性。一堂具有知识性、趣味性的课远比一堂呆板沉闷的课对学生的吸引力更大。因此,教师备课时应尽量细致,结合所讲内容的特点,用一些有效的教学手段,如视频、音频、图片、资料等,从而达到调动学生学习积极性的目的。在提升学生的思维能力的同时,知识传授与能力培养的目标也会实现。

第二,在教学中,教师要充分挖掘知识的智力因素,培养学生的创造性思维能力。思维是知识火花产生的源泉。在传授知识的过程中,教师应结合知识对学生加以引导和启发。这种在知识传授的基础上产生的引导和启发,对学生创造性思维的发展意义重大。学生不再是被动的知识接受者,而是在教师引导下的知识建构者。在学习过程中,有了这种思维能力的培养,学生更容易产生知识和思维的碰撞,因此创造性更能得到体现、发展和提高。

第三,经常组织学生在自学的基础上展开讨论,从而促进学生独立获得知识的能力的发展,帮助学生逐步形成科学评价他人的能力。教师的教与学生的学是一个双向互动的过程,因此,教师的教不是"注入式",而是"启发式"的教学。在课堂上,教师组织学生对自学的知识展开讨论,不仅使学生更深刻地了解所学内容,而且使学生在思维碰撞的基础上获得知识能力的发展。同时,学生之间的相互讨论和交流,也培养了学生对同伴进行科学评价的能力。

第四,结合目前的考试,在试卷的设计方面,特别是考试内容设计,应兼顾科学性与合理性。换言之,教师要注意考查学生独立分析问题和解决问题的能力,也要兼顾学生自学、动手等各方面能力的发展。客观地说,一份设计科学的试卷,不仅可以检测出学生各方面知识的掌握情况,还可以检测出学生知识之外的其他能力。因此,在设计试卷时,教师应注意兼顾试卷对学生的知识和能力两方面情况的反映,而不单单是对所教内容的简单考查。

总而言之,教学过程非常重要,它兼顾教师的教与学生的学。因此,无论是在教师的形象化教学、启发式教学,以及教学实践方面,还是在完善考试环节方面,教师都要引导学生从死记硬背中脱离出来,灵活学习,从而培养学生各方面的能力。总之,根据教学经验和体验,教师在教学过程中应努力做到传授知识与培养能力的统一,从而达到教学的有效性。

2006 年 8 月 26 日

大学新生心理健康教育思考

　　大学新生处在高等教育的起始阶段，他们有自身的特点，主要体现在以下几个方面：（一）踌躇满志，但缺乏远大的理想；（二）新的思维方式正在形成，但没有完全脱离中学时代的习惯和意识；（三）思想单纯，可塑性较强；（四）渴求知识，但基础不牢固；（五）渴望温暖和友谊；（六）要求自由和民主，但缺乏自治和自立能力。

　　对于大学新生，他们的心理适应问题主要体现在五个方面：第一，自豪和自卑的内心冲突；第二，渴望交往和自我封闭的矛盾；第三，独立和依赖的矛盾；第四，理想和现实的矛盾；第五，富于思考与认识偏激的矛盾。鉴于大学新生的特点和心理适应问题，教师要有针对性地对大学新生开展心理健康教育，这也是新生从中学生向大学生转变，适应大学生活的一个必经阶段。

　　所以，教师要及时了解大学新生的心理健康特点。为此，教师在平时的工作和生活中应做到多观察和了解学生，特别是了解某一阶段学生的具体心理健康情况，这一点无论是对教师的指导工作还是对学生的心理健康发展都起着至关重要的作用。首先，对于大学新生存在的心理问题，教师应本着疏导的方针，多与学生交谈，从而了解学生产生心理问题背后的原因，并有针对性地采取积极的措施。其次，大学新生存在的心理问题，有共性也有差异。对于个别学生的心理问题，教师应灵活处理，不可歧视和漠视学生。马斯洛认为人的基本需要有五种，它们分别是生理需要、安全需要、归属和爱的需要、尊重需要，以及自我实现需要。对于出现了心理问题的学生，在安全需要、归属和爱的需要和尊重需要方面，教师要尤其重视。因此，在开展大学新生心理健康教育时，教师应采取人本主义的做法，努力满足学生的以上三种需要。只有学生感受到了来自老师的爱和尊重时，学生才能更积极地与老师沟通并解决自己的心理问题。如此，教师的工作才能顺利地展开。再次，采取多种途径解决学生的心理健康问题，比如，定期开展心理健康教育讲座，给学生讲授心理问题出现的原因和解决办法。同时，教师要有针对性地向学生介绍解决心理问题的书籍和心理咨询机构,这对那些不愿意向老师倾吐心中秘密的学生来说尤为有效。其实,学生选择向陌生人求助或者查询书本来解决自己的心理问题是他们的一种权利,也是学生走向心理健康的途径,老师不必强求。最后,作为老师,在解决大学新生存在的心理问题时,也需要不断学习,多了解和掌握心理健康的知识,从而更加有效地指导和管理学生。

曾经作为一名大一新生,我也在大学生活中遇到过一些心理问题。对于如何调适和管理自己的心理状态,我尝试了多种途径。其中,向心理咨询老师咨询是最主要的途径之一。在此过程中,针对存在的问题和困惑,心理咨询老师给予了我及时而有效的指导,从而使我的心理状态逐步健康起来,我开始走向正常的学习生活。从这个角度来说,学生本人对于自身出现的心理问题,需要积极主动地寻求解决办法,而不能只靠老师来发现和解决。因此,在心理健康方面,教师和学生之间是双向互动的过程。同时,教师应及时了解新生的心理特点,预料可能出现的问题,从而加强师生间的互动,有效地解决学生的心理问题。

总之,大学新生的心理健康问题,教师和学生都应引起足够的注意。只有身心健康的大学生,才能更好地学习自己的专业知识,从而达到身心和谐与健康发展。在这个过程中,教师需要提供有针对性的策略和方法。只有这样,教和学的活动才能顺利开展和实施。

2006 年 8 月 26 日

教学的意义

关于备课,有时候我觉得它是一件很快乐的事情,有时候我又觉得它是那么折磨人。可是,在抱怨的时候,我又觉得比起那些每天为生活奔波的人,我已经幸福很多了。但烦恼依然围绕着我。我一直对自己要求很高,做事也要求尽善尽美,因此给了自己很大的压力。更重要的是,我认为从学校出来的毕业生代表着学校的形象,所以我得为学校的荣誉而努力。无论从哪方面来讲,我都得好好努力。

作为大一新生班的任课教师，我很关注大一新生的思想状况。我常常担心他们是否会在某些方面不适应，从而对大学生活不适应。事实上，他们写给我的小纸条也证明，无论是学习、生活还是思想，在刚踏入学校的这一段时间里，他们确实存在不少问题。对此，我时刻在思考如何帮助学生解决这些困惑，使学生顺利、健康地成长。恰逢学校正在举办一个心理健康调节讲座，学生可以借此机会解决心理困惑。正好有位学生来找我聊天，我顺便问了她讲座如何。没想到她却说差点就睡着了。我不由得喟叹：有时候，老师努力给学生提供学习的机会，而学生却未必理解老师的良苦用心。这不禁使我反思：只有一个人意识到自己的问题时，他/她才会真正用心去处理和解决问题。否则，外界再多的努力也很可能是无用的。正如我们的父母，他们满心欢喜地以为我们会沿着他们所指引的方向前行，实际上，只有在我们四处碰壁之后，才会回想起父母曾经的良言。

做老师的幸福感，可以从学生那里得到一些满足。但在我看来，它更应该属于老师自己的内心。人总是矛盾的集合体，辩证统一地存在于世界之中。不管怎样，既然做了老师，我就应该努力做好本职工作。没有最好，只有更好。因此，对老师来说，以平常心去面对一些事情才是最重要的。

生活的闲暇，记录下以上文字，聊以慰藉。作为大学青年教师的我，在职业生涯的前几年里，常常过着一种紧张的生活。当然，紧张还是放松，取决于我自己。但是，从另一个角度来讲，紧张的教学状态未尝不是一种对自我的锤炼。锤炼的日子里凝聚着成长，对此，我始终深信不疑。

2006 年 9 月 18 日

担任评委

有同事打电话给我，邀请我代他担任戏剧演出的评委。我爽快地答应了。第二天晚上到现场一看，原来是外国语学院 2007 年外语文化节——"戏剧之夜"演出活动。在场的有很多我的学生，他们先是很热情地跟我打招呼，然后就又忙着准备自己班的戏剧演出活动了。现场的氛围十分热烈。演出开始前，我们欣赏了学校乐队的音乐表演。紧接着,演出开始了。首先上场的是我带过的班,他们非常认真,台词功底老练娴熟,犹如专业演员。作为他们曾经的老师,我为他们精彩的演出而自豪。事后我才知道,他们是预赛第一名的团队,实力果然不俗。一个个节目看下来,我顿生很多感慨。激扬的青春,丰富的想象力,流畅的动作,转换的场景,不禁让我心生敬佩,他们的热情和努力也深深感染着我。

在学生表演结束后,我的脑海中产生了一个想法:成就感。人生,有时候是很平凡的。可是,在平凡的生活中,每个人都有自己的代表作,这个代表作就是成就感。如果每个人都能在平凡的生活中拿出戏剧演出的精神和力量,那么每个人每一天都能成就自己的生命,创作出自己的代表作。

2007 年 5 月 18 日

做个简单、快乐的人

冬日下午,阳光柔暖,冷风略带了些许寒意。在从学院回宿舍的路上,好多种情绪向我涌来。走出校园走上工作岗位,我的身份发生了很大的转变,而生活的压力也突然间向我袭来。谋生、生存、发展……我曾经无数次告诉自己,不要急,慢慢来。

但是走在人来人往的校园里,看着老师和学生或生动或青春的脸,我忽然发现:生活一直都是美好的。想到这里,我不由得加快了脚步。见到熟悉的学生,看着他们的脸上洋溢着笑容,我发现自己很快就融入了他们的快乐氛围中。对于英语学习,我给学生们提出了几点要求:要学会自学,明确自己的奋斗目标,同时提高口语和写作的水平。学生们听得都很认真,看得出他们在很用心地对待自己的学习。因此,我相信也真诚地期盼若干年后的他们都能成为很优秀的人。

在与学生聊天的过程中,虽然大部分时间是我一个人在讲,但我意识到了做老师的快乐。也许快乐就是这样,简单而纯粹。身为老师,能把自己的知识传递给学生是一件多么快乐的事情。生活本已不易,又何必再给自己增添多余的负担呢？这样想着，我决定回去平静地面对那些需要处理的杂事。

快乐地生活，简单地生活，做个快乐的人。

2006年12月29日

德语班大学英语教学与思考

开学已经有两周了，课也上了两周，但对于教学效果我并不是很满意。客观地说，开学这段时间，我的精力还处在恢复状态，备课也称不上很充分。上课的时候，我有时会忘记"台词"，不得不看着教案讲，这让我有些不安。还好学生比较宽容，他们并没有表现出任何不满的情绪，这让我很感动。其实对于课堂效果，除了老师的作用，学生也在无形中起着一定作用。师生的精神状态在相互作用和相互影响着。也许因为刚开学，老师和学生都需要一段恢复期，从假期的悠闲状态恢复到上课的紧张状态。今天，我让德语班的学生写了有关英语学习的问题。看完之后，除了了解到学生自身的问题，我还从中看到了自己教学的不足。对于课堂重难点的把握，对于语法的讲解，个别学生出乎意料地给我提出了好多意见。

总之，德语专业大学英语教学并没有想象中那么顺利。它不像第一学期的英语专业教学，学生的英语学习动机和学习欲望比较强。因此，针对这两类学生对待英语学习不同的态度和不同的需求，如何教好他们是我目前亟须解决的问题，但这并非易事。总之，在现实的教学中，我还需要做到耐心、细致和认真。更重要的是，老师要学会采取不同的方法和手段，从而灵活应对不同水平和需求的学生。显然，那个时候的我还没有达到现在这样的境界，还停留在知识传授的层面。但这些思考，犹如一颗颗珠子，串起了我曾经的教学和现在的教学。在工作困顿的日子里，我的生活也并非完全没有亮点。应同事之邀担任戏剧演出评委的经历，让我体验了许久不曾有过的青春、热烈和激情，这让我重新燃起了面对工作和生活的勇气。

因此，对一名青年教师来说，这一系列的教学过程是一个逐步摸索和实践的过程，其间充斥着欢笑和泪水。但是，我逐渐积累了一定的工作经验，如针对不同水平、不同层次和不同需求的教学对象,如何更好地调整教学方法和策略,从而对症下药,激发学生的学习热情和动机。同时,我也在努力地观察、记录和思考学生的言语和行为,试图帮助他们找到学习问题的症结所在,并给予他们及时而有效的帮助。"教学相长"流传至今是有其道理的。在与学生进行课堂讨论和探究的教学过程中,我受益匪浅,并且真真切切地体会到了双方不同程度的成长。

2007年3月16日

做老师的"痛苦"

晚上走在校园里,一片寂静,校园褪去了白日的喧嚣,我只能听到自己的脚步声,在宁静的灯火中享受属于自己的安宁。

在春日的习习暖风中,宁静的傍晚最适合思考。参加工作半年以来,困惑多多。教书之余,我常常会碰到内心充满困惑的学生。每每此时,我总是耐心回答,尽我所能地帮助他们解答成长道路上的困惑。虽然个人的力量很微小,但看着学生舒展的眉头,我就会开心无比。在某种程度上,他们让我看到了从前的自己:困惑、痛苦乃至痛哭的时候,不知道该怎么办。在人生路上,正因为有些老师适时地帮助了我,扶持了我,我才能顺利地走上工作岗位。因此,在我内心有一份感激是无法言说的。所以,我希望把这份感激传递给我的学生,使他们如我一样,在老师的精心指导下,健康快乐地成长。

其实,在成长的过程中,在享受着老师给予的关心和帮助时,我不曾想到老师也有自己的苦恼。如今,当我做了老师看着学生快乐的样子,为他们感到开心的同时,我也会想:我心中的困惑,该怎么来解决呢?毕业以来,在忙碌的工作之余,我偶尔也会考虑一下个人的职业发展。如果说研究生毕业,毕业论文是最有成就感的东西,那么工作之后,所谓的成就感就变得很少。对我来说,没有了明确的目标,我就像无头苍蝇到处乱撞。擦掉以前专业书籍上的灰尘,忽然有些落寞。曾经我也在心里对自己说,起码一学期或者一学年写一篇专业论文。看似简单的想法和简单的计划,一旦实施起来竟如此之难。忙碌的生活，浮躁的心灵，怎么能锤炼出好的文章？想到这些，越发觉得自己离学术梦想越来越远了。虽然我没有创作专业内容的文章，但是我开始慢慢学着记录生活，写日常类的小作文。我依然清晰地记得，在青春的日子里，发表一篇文章带给我的欢欣。至今那仍旧是一种骄傲。

还是学生的时候，每当我心情烦躁时就会坐在城市的公交车上，静静地思考一些问题。那时候，城市的车水马龙是不在"心里"的。我抛开了它们，心情会随着思绪游走很远。一些困惑，就在这样的思考中得以缓解。现在的我，在面临困惑的时候，也会做出同样的思考。只是角色已变，做出的思考也比以前更加成熟。

以前有一个朋友把毕业后的这种困惑，解释为没有了"信仰"。其实朋友所谓的"信仰"，在我看来就是"目标"。当我是学生的时候目标是很明确的，读好书，找好工作。工作之后，目标同样明确，那就是教好书。但是，仅仅教好书还不足以达到慰藉心灵的目的。个人的职业发展，对于心灵的安抚同样重要。客观地说，教好书和个人的职业发展是息息相关的。然而，面对工作和职业的发展，除了一颗平常心，还需要个人精心的计划和明确的目标。

有时候面对困惑，我会求助老师或朋友。只是，在日复一日的成长中，我已经学会了自主解决疑问和困惑。就像今天，在这宁静的夜里，在享受夜的安静的同时，我也在用文字阐释着自我的心灵之惑。在成长的道路上，如我一样的朋友也许还有许多。我希望，在每天过去之后，他们会如我一样，学会自主解压和解惑。

毕业以来，每天上完课之后，在可以自由支配的时间里，最大的任务其实还是备课。备课，已然成为教学中最主要的任务。在忙着备课的同时，个人的职业发展并没有如期跟上。所以，困惑自然就出现了。我的目标其实很简单，那就是多读专业书籍，在专业理论和教学实践结合的基础上，阐述对于教学或某个研究领域的见解。因此，在目标还没有落实到行动上的时候，所谓的"成就感"也就无从谈起。在日复一日的忙碌中，写论文已经成为一种奢侈。原因之一是我无法很好地思考论文写作的本质，其二便是知行不合一带来的痛苦，我的心里就像压了一块石头，只觉得很沉重，只觉得有忙不完的事情。

其实，所谓的成就感，不过源于梦想与行动的统一。于是，我告诉自己，从今天开始就去行动,相信未来会在眼前无限灿烂起来。

2007年3月25日

听力教学记

给艺术系的大二学生上了八周的听力课,有喜有忧。喜的是学生很努力地学习英语并且积极地配合老师的课堂教学;忧的是我不确定学生是否真正学会了听力教材。每当想起这个问题,我就觉得很惭愧。由于教学经验的缺乏,上听力课的时候,难免会让学生失望。机器出故障或者听力教学方法效果不佳,对自己的教学不满意,再加上学生偶尔抱怨,这些常常影响着我的心情。尽管每次上课前我都对自己说:"对学生笑一下,也对自己笑一下。"生活并不总是完美的,只要努力着,总会有所改观,学生也会体谅老师暂时的教学不足。有时候我也会自我安慰一下,也许若干年以后,学生不再记得我的课,但他们也许会记得当时年轻的女老师操作机器时的手忙脚乱,以及曾经写给他们的日记。在学校度过四年美好的大学时光后,他们也会走上工作岗位,也会有一段手忙脚乱的工作适应阶段。在此,我真诚地祝愿他们比我做得好。但是,如果有糟糕的情况发生,他们也要学会坦然接受、积极面对。想到这里,我从心底生出对学生的感谢。正是学生的宽容之心,才让我更加坦然地面对工作中的困难,并以积极的态度去面对挫折。

我还清晰地记得学生给我提出的宝贵意见,所有都让我感动不已。看着那些意见,就能想到学生的真诚。曾经我会对一些意见感到难过,但是我觉得这其实也是一种善意的警示或劝诫。每当自己松懈的时候,那些字眼就会冷不丁地出现,提醒我不能偷懒,一定要及时改正自己的缺点,更好地提高教学水平。有些学生对我的教学表现出莫大的理解和支持,他们希望能与我聊聊。对此我很开心,但是总是因为这样或那样的原因错过交流。因此,我觉得亏欠了学生对我的信任。我想告诉学生的是,这件事情我始终记在心里,也一定会提上日程。其实,我很乐意与学生聊天和交流。用学生的眼光看世界和用老师的眼光看世界,会发现两个不太相同的世界。学生总能带给我很多新鲜的东西,让我受益匪浅。同时，教和学是两个不同的过程，有了教师和学生的及时沟通，上课才会更加顺利，从而使师生受益。

其实，教学远非一件简单的事情。每当我躺在床上睡不着，我就会思考一些教学问题：明天该讲哪些内容？怎样才能使课程有趣些？要放的英文电影能让学生们学到什么或者能否让学生思考一些东西？前天的课堂教学怎么还没有改观？精心准备了教学内容，为什么课堂教学效果还是不好甚至很差？需要通过什么途径来获得学生们感兴趣的英文电影？诸如此类的问题时常叩打着我的心，让我随时思考教学需要准备的材料，从而让课堂变得丰富和有趣起来。在做了教学尝试但是尝试不成功的时候，我又会思考：下一节课如何做好调整？每次走进教室，我都有紧张的念头，担心学生对课堂的反应。其实，不仅担心自己的知识匮乏，而且担心自己会因教学经验不足而在学生面前怯场。

然而，看到学生充满信任的目光，心忽然就放松了下来，同时增添了一份自信。记得一位老师曾经这样坦诚地对我说过："当初我刚开始教书的时候，有时感觉是在讨好学生。"而如今，她已经是一位经验丰富的老师，不再需要靠讨好学生来维持上课的质量。所以在某种程度上，现在的我犹如当年的她，只是所谓的"讨好"已经被我转化成对学生的尊重和理解。只有建立在理解和尊重的基础上，教师和学生才可能共同创造出良好的课堂效果。

回想起这些经历，我总觉得读书真是一件很幸福的事情。可惜，我今天的角色已然发生转变，坐在教室里读书已是一种巨大的奢望。正因如此，我才更加羡慕我的学生。他们正值美好的青春时光，安闲地在学校里读书和学习。有学习动力的时候拼命地学习，学习倦怠的时候就给自己放个小小的假。青春的时光里有梦想的追求，这样的学习生活是一种幸福，只是我不确定学生是否意识到了属于他们的幸福学习时光。

又是一年的劳动节，时光总是在不经意间偷走我们的生命。想起去年的劳动节，我还在为毕业论文的答辩而忙碌着。而今年的劳动节，我却在思考如何更好地提高教学效果。对于学生，明年的他们又在做些什么呢？我衷心地祈盼他们能有一个美好的未来，而我希望在明年这个时候，我的教学水平能上一个新台阶。

2007 年 5 月 1 日

大学英语教学的困惑与思考

作为一名大学英语教师，在初为人师的三年里，不得不说充满着诸多的困与惑。客观地说，酸甜苦辣各种滋味都渗透在教学生活中。关于教学中的幸福，学生偶尔发给我的一条关心或问候的短信，足以让我感动半天。对于教学中的问题，我开始学会调整自己，使自己努力向上，朝着更好的教学目标迈进。总之，这些问题无时无刻不在提醒着我。每当我精神稍有懈怠之时，它们便如同隐匿的锋芒，似利剑般无形地鞭策着我，将我从慵懒中唤醒，让我重新振作起来。

一、教学

研究生毕业后，虽然有过教学实习的基础，但对于即将面临的教学课堂，我还是心生胆怯。第一学期，凭着初生牛犊不怕虎的勇气，我在教学中做到尽职尽责、兢兢业业。尽管我的教学还存在很多问题，但我最终还是平安度过了第一学期。而且，在之后的学生评教中，反响还不错。其实，在与学生交往的过程中，有很多乐趣。但我知道，正是这些快乐和感动，让我在与学生结下友谊的同时深刻地体会到了"教学相长"的意义。老师和学生，在我看来并不是纯粹的师生关系，而是蕴含着相互学习的关系。老师也不是什么都懂，什么都会，尤其是在信息高速发展的时代。学生们的年轻和活跃，给课堂带来了更多的欢乐和激情。又是一个新学期，这意味着一段时间的忙碌。因为是新课，我还没有完全准备好。虽说内容不太难，但面对新学生和新教材，我还是有些底气不足。总体来说，对教材和教学大纲，我还领会不深。课堂的气氛不是太好，为了扭转被动局面，我要求学生写下学习的感悟和计划。学生很是认真，这让我颇为感动。备学生，在教学中是很必要的。晚上，我一点点阅读学生的稿子，其中渗透着学生学不好的无奈、想要学好的热情和信心，以及学习中的困惑。对于我的课堂教学，学生的评价各不相同。既有连连赞美，亦有尖锐批评。其中，有两份批评让我在电脑前沉思了许久。但是，谁不在成长中留下痛苦的印记？特别是那句话："What pains us trains us."（使我们痛苦的东西真正锻造我们)。这句话让我有了释然的感觉。感谢那两份批评，正是它们促使我不断成长，也让我很清醒地认识了自己，让我知道今后如何更好地把握课堂，从而不断提升自己。

二、论文

以前读研究生的时候，我发现论文并没有想象中那么可怕。即使不时听到很难发表论文的传言，我也并未放在心上。因为之前发表论文相对比较顺利，所以在某种程度上淡化了我对论文发表的恐惧。然而，直到参加工作，我才发现论文发表难的传言并非无中生有，也对此有了深刻体会。其实，论文发表的困难，不在于其本身，而在于人的心境。刚开始工作的时候，听到同事发表论文的消息，我立马觉得应该与他们齐头并进。于是，空闲时，我也会偶尔想想论文的事情。同时，加上教学中的各种问题，我有时也会拿专业的书籍来阅读，以此达到解惑的目的。但对于如何写出一篇真正的论文来，我并没有太多的想法和把握。我在头脑中不断酝酿着，写论文对我而言始终处于一种进行时态。有一次领导提醒我，可以把读研的硕士论文整理出来，尝试进行发表。我在口头上答应着，却迟迟没有行动。因为对于这一方面的研究，我还只是处于初级阶段，而要想进一步完善它，还需要更深入地探究。但是，关于教学中出现的各种问题，我几乎都以教学日志的形式记录下来了。可是，这些记录毕竟是一些零散的东西，想要真正形成论文，还需要进行多次的思考和提炼。在工作了近一年的时候，关于教学中几个感兴趣的话题，我查阅了相关资料，并且尝试写成论文。关于论文的事情，领导也多次在学院的各种会议上提过。当时，除了头脑中闪过一丝焦灼，教学之余的我，被生活琐事填满，根本无暇顾及论文一事。前一段时间，职称评审的时间到了。虽然作为大中专毕业生三年之后可以自动转为讲师，但我心里还是很忐忑。碰到领导，她又问及我论文的事情，我讪讪地答不上话来。于是，她着急地对我说："平时跟你们讲论文的事情，你们总是不放在心上。只有评职称的时候，你们才会着急。"领导说得对，走出办公室我就下定决心一定要写论文。

其实，做老师不是那么容易的事情。而作为大学老师，看似轻松，实则不然。教学的压力，无形却又有形。做学生的时候，我曾抱怨过老师讲课不好。

如今轮到自己做老师，我深刻体会到了其中的不易。在内心深处，我是非常渴望进步的。只是所有的一切，还需要时间的积累和沉淀。我无意给自己开脱，只希望在心态平和的状态下，努力提高教学质量。无论怎样，教学水平的提升和教学方法的改进都应以一个良好的心态为前提。在高速发展的社会，心态的调整特别重要。我希望自己，也希望如我一样从事着太阳底下最辉煌事业的同行们，教得开心。其实，正如我们经常教育学生要快乐学习一样，教师也应该快乐工作和快乐生活。生活中，这个困惑解决了，又会有新的困惑产生。正如一位名人所说，人总是在困惑中不断成长。

2009 年 10 月 4 日

大学英语 1 作业反馈与深思

一、翻译作业

在期末的时候，我收到了不少学生的纸质作业。同时，我也发现了很多问题。比如，关于第六单元的 Reading 1 课文的翻译，我发现主要存在两种现象：一种是中英文都有，可谓做得非常认真；另一种是只有中文翻译。通过学生的作业，可以确定学生基本是能独立完成的，不存在抄袭现象，总体上是好的。但存在一个明显的问题，那就是基本上没有学生或者说没有一个学生的翻译作业是自行做了修改的。大学强调自主学习，特别是本学期借助微信群和学习通，老师已经提前把标准答案给了学生。所以，做完之后，学生完全可以自主修改，以检查自己的翻译问题并进行有效改正。这是作业中让我感到比较遗憾的地方。也许有学生会说："老师，你没让我们自己修改。"确实，老师虽然没让学生自主修改，但对于一个自觉的学生来说，独立自主的学习是不需要老师明说的。因为，对这一部分学生来说，修改作业是需要课后自主完成的任务，而不是等待老师批改完了再进行的。就像有个别没交作业的学生说："老师，没人来收作业，所以我做完了就没交。"这当然不是不交作业的有效理由。即使没有班长来收，学生仍然可以在微信群里问老师、问班长或问其他同学是否需要上交作业。

总之，完成作业的自主性是一个方面，它从侧面反映了学生对待大学英语学习的积极性、主动性。

另外，在交上来的作业中，也有个别学生的翻译内容不对，不是 Reading1 课文的句子翻译，而是其他课文的句子翻译。因此，从这个角度上来说，个别学生对待作业的态度还是值得商榷的。如果不清楚作业的内容和要求，学生完全可以问老师或同学，而不是主观认为作业是什么，从而上交错误的作业任务。从另一个层面来说，这或许可以归结为个别学生上课没有认真听讲，所以对作业任务不清楚。

如果上面说的是学习态度的问题，那么学生在作业中写字的工整性和认真性，更从另一个侧面反映了学生的学习习惯问题。甚至，个别学生连基本的名字、班级和学号都没有在作业中写明，让老师不得不在群里反复问。因此，这更是反映了部分学生平时的学习习惯问题。

作业是学生的名片。在这张名片里，老师能读出每一个学生的秉性、特点、态度、习惯和方法，绘出每一个学生的轮廓，捕捉到每一个学生的学习问题，从而在教学中有效地进行引导。

二、单词听写

听写单词是每学期的必要任务。每次听写单词之前，学生们都非常紧张，同时非常认真地在课余时做准备。为了有效提高效率，有时候，我会在听写单词后让同伴之间进行批改，然后上交，老师再来查看。通过学生上交的单词听写，我发现了很多问题。有的学生仅仅写上一个分数而已。有的学生还进行了自主修改，用红笔标注了正确的单词。还有的学生根本就没有进行批改，等着交上来让老师批改。同时，进行了批改的部分学生，并没有完全正确地进行批改，有些错误的单词没有发现，所以批改的分数也并非有效分数。除了这些，在单词听写过程中，由于有些学生没有标注单词序号，所以他们往往也不清楚老师到底听写了哪些单词，以及哪些单词是由于自己没掌握而遗漏了，给出来的分数也不是有效的。由于上课时间有限，老师没有让学生写中文解释。但是，有心的学生往往顺带写上中文解释，从而加深对这个单词的印象。更有学生在听写单词的时候，还写上了听写单词的日期。这样的做法有助于学生查看单词听写的时间，是一个很好的学习习惯，值得称赞。对于交上来的单词听写，我往往要求学生以单页纸的形式上交，方便携带和批改。但也有学生交上了平时的作业本，正是这些不经意间交上来的作业本，让我对一些学生的课堂内外有了更深层次的认知和了解。在作业本上，老师可以清楚地看到学生学过的词汇。特别是每一单元中 Reading 1、Reading 2 的单词，虽然平时上课很少考核，但是老师会在课堂上提及。这些学生把单词工整地抄写下来，不仅有中文，也有英文，这样也方便他们及时复习和查看。对于学生这样的学习态度和学习习惯，老师是非常认可和赞赏的。

事实上，当老师批改完听写的单词后，在课堂上关注这些学生的时候就会发现，对于这样的学生，优秀是一种习惯，无须刻意提醒，而是一种自然而然的行为。所以，他们才会在大学英语学习中，给老师留下深刻的印象，对自己的大学英语学习有一个好的交代。这些学生也许根本不需要老师的称赞，他们的做法只是一种习惯，一种自然的自律行为，绝不是刻意而为。当然，在查看单词的过程中，老师也会发现有个别学生的单词听写未及时上交。除了客观原因，均可归因于缺乏一定的学习自主性。在学习中，要主动去问、去听、去看、去思考，而单词听写仅仅是其中的一个缩影。

三、单词抄写

为了提高学生记忆单词的效率，老师特意安排了一个抄写单词的任务。本以为是很简单的任务，结果学生交上来的抄写作业却让老师反思很多。老师要求学生将单词抄写三遍，有些学生就是单纯地抄了三遍单词，然后附上了一个中文解释。有些学生不仅将单词抄三遍，中文解释也抄写了三遍。而且通过分类的形式，第一遍抄完，接着抄第二遍，然后抄第三遍。有些学生没有分类，就是从第一个单词开始，一直到最后一个单词结束，各写三遍中英文。不同的作业形式能够体现出不同的学习习惯。虽然只是一个简单的单词抄写任务，但是它反映出了不少学生的学习问题。学习习惯问题、学习方法问题均可反映出来。因此，即使是一个抄写作业，老师也给出了不同等级的评价，希望学生向优秀的同学看齐，把简单的任务做优秀，使自己变得更优秀。

比如某个学生，在单词抄写作业本中，不仅有本次单词抄写任务的认真完成情况,还有她在本学期的其他作业痕迹,如抄写含有比较和对比写作方法的三篇作文。这个学生不仅完成了作文的抄写,也完成了比较和对比句型的句子抄写。至于老师上课讲解的重点单词,她也一起抄在了作业本上。而且每一次作业都会标注日期,让老师一目了然地了解她本学期在什么时间完成了什么作业和任务,以及学到了什么。事实上在平时的教学中,我发现了这个学生拥有较好的学习方法、学习态度和学习习惯,因此她的做法值得老师称赞和其他学生学习。另外一个学生,除了认真而清楚的单词抄写,还在作业本中标注了页码,以便老师进行查阅。还是那句话:优秀是一种习惯,它无须提醒。

当然,由于时间紧迫,老师并没有及时在微信群里上传部分学生的优秀作业,这是比较遗憾的事情。但在今后的教学中,老师会不时地上传优秀学生的作业,从而让学生明白优秀的标准是什么,以及如何朝着更优秀的方向去努力。比如某个学生,在上交单词听写作业的同时,还上交了其他的作业。他的作文如下:

  This year is the annual National Day on October 1st, which is the birthday of our great motherland. Our motherland is already 70 years old. On this special day, we are even happier than the previous National Day holidays. After watching the program celebrating our motherland, each of us feel proud of it. With the continuous improvement of living standards, people have more money and a desire to travel, and Golden Week is a great opportunity for them, which means that the security of our country is improving. It makes us relax. Our whole family is sitting by the TV, waiting to watch the military parade. On behalf of all students, I will extend congratulations to our 70-year-old motherland.

客观地说,这篇作文让老师及时了解到他的写作现状,以及接下来该如何对他的作文进行有针对性的指导。更重要的是,这个学生的作文中存在的问题,也是其他学生的作文中会出现的问题,这对于其他学生也是一个学习的机会。当然,在学生上交的作业中,也不乏个别学生平时的学习记录。以下是某个学生第六单元的课文阅读过程：

    1~3段米勒发文——《技术与生活》。
    4~5段作者决定戒网14天看看会发生什么。
    6段作者发现自己的问题。
    7段过程（度假）。
    8段与米勒对比，感悟。
    9段感谢科技。
    10段返回，教训。
    11~12段劝告去做什么。

    这是学生对课文理解的真实记录，这些学习记录让身为老师的我明白学生的阅读思路是怎样的，以及如何进行有效的阅读指导。这是非常真实而珍贵的学习记录，让老师能及时了解学生的学习情况和学习过程，它是形成性评价的一个重要因素和评判标准。

四、作业之外的"作业"（帮扶、引导和反馈）

    当然，在"扒"学生作业的过程中，我也发现了个别经常不交作业的特殊学生。对于这样的学生，我会督促他们按时交作业，有些学生也会很真诚地跟我解释理由。但是在这些学生中，我也发现了缺席大学英语课程次数相对较多的学生。对于这样的学生，我在今后的教学中会比较关注，特别是深挖学生不上课背后的理由，找出最真实的原因，积极引导学生把时间和精力用到学习上。对于这些学生，认真倾听他们的心声，深挖原因并结合实际情况给予积极的引导和帮助，是老师的基本责任，也是实施教学的一种有效手段。所谓的"帮扶"措施，也是如此。另外，还有一些学生课堂学习非常认真，但由于自身学习基础不太好，因而自信心不足。对待这样的学生，老师更要积极引导，给他们提供一定的学习方法和学习材料，从而使他们跟上同学的节奏，提升英语学习的自信心，提高英语学习的水平和能力。

五、形成性评价与个性化教学

另外，在 2017 级大学英语 4 的期末作业中，我布置的作文内容来自课本，主要涉及句型练习和词汇练习。因为这是学期最后一次作业，相对来说学生上交作业比较及时且整齐，作业写得非常认真。看到这样的作业，我自然很是欢喜。但是，欢喜过后，在重新审视学生作业的时候，我发现了一些问题。学生上交的作业，部分来自本学期未学完的课文练习。我认为比较重要，所以就让学生课后自主去完成，这也有助于学生学习新的知识点。其中，我发现有一个学生对于交上来的作业存在一定的疑问。对此，她很有心地用几个问号来表示，以此说明她对词语的构成形式不太确定。我不确定她是想让老师给她解答，还是在自问，抑或是二者兼而有之。身为老师，这又让我想起经常盘旋在我脑海中的那个想法：学习的成效。如此一来，学习的成效究竟在哪里呢？实际上，这是一个平时学习成绩优异的学生。我很疑惑，她课后是否花费时间进行了自主学习。其实稍微用心一下，答案就可以在学习通里找到。可是，为什么还会在作业中出现这样的情况，这是值得师生共同思考的问题。与此同时，三个班布置的作业是一样的。有的班级只完成了作业，没有记录学习过程。有的班级出现了相对较高的修正率。我大致统计了一下，全班 60 个人中，有 24 个人进行了自主修正，修正率为 40%（其中包括两个学生对部分不会的题目采取了空缺的方式，虽然没有修正，但它说明学生认真思考过这些题目，因为不会做，所以就只能空在那里了）。这个比例虽然不高，但至少有部分学生已经有自主学习的意识并且努力去实践了。这一点难能可贵。其实，如果再仔细分析一下，就可以确定这 40% 基本上都是平时学习习惯和学习态度比较好的学生。因此，从这个作业案例中可以看出，大学英语自主学习习惯的养成，以及大学英语学习的方法和态度有多么重要。其实，在后续的大学英语四、六级考试结果调查中，老师发现这些学生的四、六级通过率都相对较高。在每次批改学生作业的时候，我都会专门指出学生作业中的错误，与学生在课堂上一起探究做错的原因，然后进行集中纠正，这对于师生双方来说都是一种无形的帮助，甚至给身为老师的我很大的教学灵感和启发。所以，我平时只要有时间，就会非常愿意亲自批改学生的作业，不想错过师生彼此促进的机会。此外，在大学英语 4 期末课堂上,我曾经让学生写期末总结,以此了解学生在这学期学习了什么,从而作为学生平时成绩的评判标准。有的学生上交了电子版的期末总结,同时也附上了图片。还有的学生在作业中附上了本学期的学习记录:课后练习记录、听写记录、写作记录、翻译记录,以及单词抄写记录,非常清晰和明确。这样既有助于学生对自身进行客观评价,也有助于学生及时发现自己的不足,从而有针对性地解决问题。

还是那句话,作业就是学生的一张名片,代表着学生的学习经历和学习态度、学习方法和学习习惯,代表着学生的学习过程记录和学习进步曲线。个性化的教学不仅包括个性化的教,还包括个性化的学,然后再针对具体问题,进行个性化的教和学。

2020 年 3 月 22 日

学生作业教学总结

对于作业,每个学生都有不同的反应。在本学期结课之际,学生上交的学习通笔记作业给了我很大的启发。有些学生的作业,完全符合老师的作业要求,任务清晰,作业明确。有些学生的作业,没有按照老师的要求完成,作业任务有遗漏,但总体来说,完成得还不错。有些学生的作业,基本上是挑选了其中几项来完成的。在教学中,这样的作业情况是一种常态。但对于最优秀的学生作业,我用了几个关键词来概括,那就是勤奋、方法、反思、自律、坚持、态度和习惯。这些关键词,反映了学生的整体学习素养。身为老师,我很受启发和鼓舞。如果我是学生,我的作业可能也做不到完美。但更让我深思的是,部分上课时不怎么互动、不主动参与课堂活动和完成任务不积极或者老师认为可能"不太符合"教学要求的学生,在本次作业中,也交出了堪称完美的作业,我真的很震撼。在如今的信息化时代,学生学习的渠道和途径很多。正如我们在生活中经常说的,到大自然中去学习。因此,从学生的课外学习渠道中,老师可以看出,引导学生加强课内和课外学习的结合有多么重要。再回到刚才的例子中,看似这部分学生上课没有很积极地进行学习,但是他们的行为只是暂时的，不代表他们不学习。在作业中他们很认真地分析了造成上课学习状态不佳的原因，比如个性、兴趣、学习风格等。这让我再次意识到，老师对学生进行个性化教学的重要性。总体来说，作业的教学反馈不仅要及时，而且要有指导性。

2021 年 8 月 17 日

大学英语 2 课堂教学设计实录及反思

今天我重新回顾了第一轮（即 2017—2018 学年）的教学，发现还是有很多亮点的，即有思考，有反思，有做法，有教研。我发现了一个问题，那就是对以往的教学要进行及时的回顾和总结，并从中凝练出有帮助的内容，使之为后续的教学服务。2019—2020 学年采取的是线上教学的形式，一切进展得很顺利。我对教学重新做了调整，并没有遵循以前的做法。但是到了今年，第三轮教学开始的时候，我发现焦虑似乎比第一轮教学时还多。现在回过头来，我觉得很有必要把这三轮教学综合在一起总结，然后取其优点，从而更高效地进行教学。我也发现，可以把这些教学做法和实践凝练出来，作为素材组成想写的专业书籍的一部分。其实，写书的素材已经蕴含在教学过程中了。只是当时的我还没有站在今天的这个角度，也没有利用好手头的一切素材。今天，我既可以对以往的教学进行总结，也可以利用好的素材有目的地进行有效教学。同时，对于《视听说教程》的教法，我也进行了集中总结，发现还是有很多收获以及一些现实的思考。

再回过头来看，三四年前我并没有使用很多的现代化技术手段；如果说有，那主要就是学习通。在传统课堂中，如果老师能有效地使用一些好的教学手段，使课堂发挥出该有的作用，也是有益的尝试。后来，我不再纠结使用什么样的教学手段，而是设计好课堂教学，推动学生的积极参与以及师生互动，实现以学生为主体的课堂。概括来说，在这些活动中，我发现，基于个性化教学、教材深挖以及任务型教学的活动占据了大部分。总之，课堂教学的根本目的就是充分发挥学生的主动性，从而实现课堂教学的有效性。

然而，并不是所有的教学活动，都会产生教学效果。基于一些客观因素的制约，对于无效的活动，老师会根据活动本身的价值及其所带来的课堂成效，果断地放弃或剔除。从另一个方面来说，有效教学活动的再利用或再调整，是老师需要重新关注和思考的内容。

2022 年 3 月 23 日

大学英语 2 在线教学模式反思

一、腾讯会议+微信群教学体会

最近一直在上网课，主要用腾讯会议+微信群的形式。由于腾讯会议每次都有参会人数以及具体参会时长的数据记录，所以，每次课后我会习惯性将记录下载下来。但由于好多学生都用网名，我试图从中排查没有上课的学生，并不容易。同时，对于上课的聊天记录，我会一并下载下来，以此查看学生的课堂参与情况。实际上，在使用腾讯会议上课的时候，我对腾讯会议用得还不熟练。在平时的上课过程中，我经常使用学习通。2020 年，对于如何用学习通开展直播，我也尝试过，但由于对软件不熟悉而放弃了，因此，2020 年的在线教学主要是在微信群里开展的。由于担心腾讯会议的教学效果，我内心有些忐忑。不过，每次在课堂教学实践中，我都会发现它的一些新用法，这让我感到惊喜，同时我也对它有了新期待。看到同事在群里发的在线教学实况，感觉效果不错。还想问问她用了什么教学软件，结果女儿在一旁回应说："这不就是腾讯会议吗？"原来，这是腾讯会议的在线屏幕共享。原来，学生也可以进行屏幕共享，这让单纯的师生在线问答模式的困难得到了解决。几天后，学校用腾讯会议开会，我突然发现老师不用一个个地设置学生为焦点视频，只要对全体学生不设置静音，老师就能实现随机点名。昨天上课的时候，有学生主动说要进行课堂在线表演，因此，在使用屏幕共享的情况下，两位学生在网络那端进行了一次模拟表演。随后，利用这种方式，我让一些学生在线朗读了课文，回答了问题。此后在上课前，我利用该方式分享了课文录音。同时，我在想，下次我可以分享一些英文歌曲，舒缓一下学生最近这段时间的紧张、焦虑和不安的情绪。昨天上课时，我让学生用几个英语关键词描述最近的心情，学生的反馈各种各样。身为老师，最让我关注的还是学生的负面心情以及潜在的原因。其实，无论在什么情况下，老师对学生的理解和认同以及对学情的关注，都是第一要素。此外，在线教学刚开始的时候，我曾经让学生在学习通上发表这段时间他们的学习感受，这同样是对学情的一种了解。

二、以学生为本，立足教学反馈，关注学习过程和成效的在线教学故事

之前跟学生的在线互动，故事很多，也很值得品味。有一次，在连线的时候，画面中只出现了窗帘，然后我惊讶地看着学生从后面出来。对她而言，完全是一种很蒙的状态。后来，学生告诉我她当时去上厕所了。在上网课的时候，上厕所成为学生最常用的理由。有一次，女儿在上网课的时候去上厕所了。我在一旁看着老师的讲解，催促她："快点，别被老师提问了。"所以，对于学生的解释，我感同身受，并不予以责备。

实际上，我最担心的是少部分缺乏自控力的学生。学生一旦放松，最后的学习效果如何无人能知。所以，为了更好地了解学生的在线学习过程和状态，我采取了布置特殊作业的方法。比如，我会让学生上传在线课堂笔记、课后练习笔记、学习时长或学习进程记录。学生上交的这些作业，重点为课堂活动体验、学习过程体验和学习成效体验。因此，通过对学生作业的仔细查看，很容易发现学生的学习问题。然后，在下一次上课前，我会以作业反馈的形式进行适当的在线点评。除了表扬优点、提出缺点，这种做法还起到了激发学生学习动力的作用。有些反馈，我甚至以图表的形式记录下来。在一目了然的图表中，学生很容易发现自己学习的不足，及时弥补和改进。对于我负责上课的四个班级来说，每个班级都呈现出不同的特点。有的班级作业任务完成高效，有的班级有点拖沓，有的班级有点跟不上。刚开始，对跟不上的班级我会生气。后来经过一番思考，我觉得老师应该因材施教，针对不同的班级设计不同的任务和活动，从而提高学生的学习成效。

当然，学生也会私下和我交流，比如，书本不在，只能和其他同学共享书本；用电脑和手机同时在线学习，腾讯会议时长显示不同；用电脑上课，无法签到;用手机微信小程序进入腾讯会议,听不到声音;网络不行……对于学生的解释,我耐心地回复他们:"老师知道了,没事。"说实话,这是我在在线教学中不曾预料到的问题。之前的我,只考虑到网络那端的学生,应该按时上课,及时完成作业。但各种教学情况统计下来,我发现影响因素有很多。特别是突发因素,是无法预料的,所以,在在线教学中,老师应给予学生一定的支持和帮助。因此,在后来的教学中,我发自内心地跟学生说:"老师知道你们在线学习的不容易,所以更要加油!"

事实上,对于网络不稳定的情况,我在学校校园网的通知里也注意到了。同时,借助学生的微信朋友圈,我真实地发现了学生的种种烦恼:课程的难度、作业的压力、考试的忧虑等。有一个学生反映,他最近心情很糟糕,我及时跟他进行了在线交流。虽然他并没有跟我分享他的具体烦恼,但是我的及时鼓励和支持,在这个阶段尤为重要。因此,老师应针对具体的教学情境,挖掘具体事件中蕴含的信息,从而找出制约学生学习成效的因素。为此,老师要本着"以人为本"的理念,给予学生相应的支持和帮助,从而促进学生在知识、能力和素质方面的发展。

周末两天,听了腾讯会议、学习通和雨课堂的讲座,我细致地做了笔记,希望今后能在线实践一下,从而更好地促进课堂互动。因此,对于现代化教学技术手段,我也开始有些向往。毕竟,任何事情都是在问题中一点点完善起来的。对于女儿上课使用的钉钉课堂,我虽然没有使用过,但是通过旁听女儿的在线课堂,我还是获得了一些教学灵感。比如,用设置课堂主持人的形式加强互动,避免了在线连麦等待和连不通的情况。再如,用优秀学生分享视频讲解的形式促进学生学习的主动性。又如,用预习学案、问题思考以及课堂小测验,检验学生的在线学习成效。方法有很多,关键在于老师如何结合课堂情境,进行有效的在线教学设计。

三、在线教学互动与学习成效

其实,课堂的互动并不局限于形式上的互动,隐性的互动同样很重要。有些学生喜欢在课堂上与老师互动,有些则没有互动的欲望。其实,身为老师,我常常纠结学生是否进入了网络课堂,是否参与了课堂教学活动,是否跟上了老师上课的步伐，是否由于没有互动而懈怠。其实，在 2020 年在线学习学期总结的时候，学生曾经分享过他们的看法。比如，出于个性的原因，虽然有些学生没有在课堂上发言，但是他们学习和查看了同伴的发言，并且从中有所收获。因此，在教学过程中，老师要明白个性化教学的意义和作用，不必太纠结于课堂的显性参与方式，而是看学生是否深度参与课堂，这才是决定学习成效的重要因素。本质上来说，我也是这种类型的学习者。当我聆听讲座或学习的时候，我往往会边听边记笔记。对于不懂的地方，我会反复回看。另外，我会把笔记重新整理一下储存为电子版，然后找出其中的重点或重要信息，以此作为拓展学习的延伸点。有时，我会把电子版的笔记打印出来，再反复琢磨重难点，然后以重难点为关键要素，有计划地开展大学英语教学探究。如此下来，讲座产生了更深刻的意义和价值。对女儿来说，她也很少在课堂上与老师进行互动，但这并不影响她对知识的把握和理解。所以，从这个角度来说，知识的掌握，在于知识输入的方式和接受的方式以及程度如何。

此外，《视听说教程》和《综合教程》的问答，可以说是课堂中另一种形式的互动。学生将听力理解或阅读理解中的问题放在问答区，然后老师查看并进行及时的解释和互动交流。当然，有的学生也喜欢在微信里私下与老师交流。有的是教材中的典型和易错问题，有的则是学生课外学习中遇到的问题，比如句子分析问题、词汇在语境中的问题、学习资源问题，以及有的学生更倾向于现代化学习资源的问题。对于在课堂外学习资源不够丰富的学生来说，老师应适当调动一下学习共同体，然后进行同伴间以及师生间的互帮互助，这本身就是一种隐性的学习。

四、2020—2022 学年在线教学融合与整合

在进行 2022 年在线教学的同时，我对 2020 年的在线教学重新进行了归纳和整理，试图整合其中的优点和不足，以及如何在 2022 年在线教学中进行融合利用。同时，对 2020 年的论文我重新进行了修改，试图提炼和升华，以此实现对在线教学体系的归纳和深入理解，并最终使之转化成自己的东西，在在线教学中自由和灵活运用。

在线教学已经成为未来学习的趋势和方向，所以，在线教学中的深度学习

和终身学习是附着在在线教学中的必要条件。在这个阶段，我的教学困惑及疑问，终将得到解决。

2022 年 4 月 11 日

大学英语 2 在线教学周记反思

转眼间，已经进行了一个月的在线教学。对于学生的每次线上考勤，刚开始我曾在线上整理过 41 班和 42 班的考勤记录，但发现比较烦琐，再加上学生使用网名，我不得不一一对照、验证和确认。于是，我在线上明确告诉学生，一定要修改网名为真实姓名。可是每次上课，由于时间比较紧张，我有时就忘记提醒学生修改名称或者学生自身也忘记修改了。于是，在一次次线上课之后，学生的考勤变成了负担。我决定这两天彻底整理一下，以此真正地达到督促学生上课的目的。

在四个班级中，网名使用情况仍然很严重。不过，有些学生用了网名加学号或加姓名的方式，所以辨认起来并不太难。其实，真正难的是那些完全使用网名的学生，但是在后续的在线教学中，随着我的提醒，学生基本上将网名修改成了真实姓名。但还是有一些学生使用网名，而网名背后的学生并不是一开始就能认准的。但由于网名不断地出现，直到最后我发现一丝带着真实姓名的踪迹。但随着教学的推进，学生不断修改网名，让我无法查找。顿时我像泄了气的皮球，失去了信心。一个班里如果只有一两个学生没有上课，那么我可以趁机推断出到底是谁的网名蒙住了我的双眼。幸运的时候，我立刻就可以找到答案。有时有些学生的网名与真实姓名接近，但是我也不敢贸然断定。因为与他/她网名相近的也可能是其他学生，所以只好再找学生确认一下。其实，有些学生的网名别有一番趣味，比如"不要打我电话""未来可期""今天也很饿"等，所以网名在一定程度上代表了学生心境。因此，有些有趣的网名，给教学增添了无限的乐趣。正如生活，有时它不只是人们一本正经地端坐在那里呈现的状态，它也蕴含了人间的烟火味和乐趣。

但是，有些网名经过上述的推理判断后，我怎么也找不到答案，于是我只好找学生求助，以便顺利地完成考勤任务。同时，在考勤的时候，部分学生的上课时长，也成为我关注的重点。有些学生上课时间太短，所以这部分学生会成为今后教学的重点关注对象。有些学生进入腾讯会议不止一次，从时间间隔来看，可能是课堂任务或活动所致。还有些学生，上课不完整，开头进入腾讯会议，中间消失，最后又回来。因此，上课时长不到一个小时的学生，我会在今后的教学中给予及时的关注，而非延时关注。当然，出现这样的情况，也可能是因为学生用电脑和手机同时上课。所以，不管原因是什么，老师总要清楚缘由，从而促进学生的在线学习。

总之，本来让我觉得压力很大的考勤任务，没想到最后竟然变成了一项有趣的任务。我像个侦探，不断寻找证据和验证证据，以此寻找学生网名背后的真实姓名。因此，从这个角度来说，在线教学其实充满着无限的乐趣。

最后，特别值得一提的是：考勤并不是最终目的。老师要做的，就是通过考勤，努力发现学生的真实学习情况，并以此为契机，激发学生的学习动力，从而提高学习成效。客观地说，每个考勤名字的背后，都包含着学生个性化的学习经历、学习过程以及学习状况。所以，这才是考勤的目的。

2022 年 4 月 15 日

大学英语视听说在线教学反思

坐在车里，看着宁静而优美的夜景，吹着些许凉风，顿时感觉很惬意，烦恼也在一点点褪去。其实，对于网课，从之前不熟悉，到现在逐渐摸索出来一点规律，我已不像当初那样忐忑了。星星点点的灯光亮了起来，让人感觉到了城市的烟火气和亲切感。等我回到家后，心情也平静了许多。

对于明天的视听说课，我还没有具体的思路。虽然课程已经上到第三轮，但似乎每一轮都有每一轮的不同感受。因此，我有点熟悉，又有点陌生。由于上课时间紧张，所以根据教学计划，有些单元通常会被忽略掉。当我翻看第五单元，思考要不要忽略这一单元的时候，我突然有了不同的想法。城市和城市生活，不就是我和学生所熟悉的现实生活吗？而且，在进行挑战性任务探究的过程中，我对此单元的设计有了更深刻的体会。在课堂教学中，我通常会把教学任务以及一些教学重点发给学生，然后学生进行自主学习。其实，上课的时候我很担心个别或部分学生没有进行在线同步自主学习。因此，直到上课前一秒，我还在犹豫到底要不要进行教学直播。后来，我果断发了教学通知给学生，让学生明确教学的目的、任务和要求，然后实行学生在线自主学习和教师在线指导的教学模式。现在想来，我的担心是多余的。其实，在我给学生布置了一定的课堂活动和任务后，学生是完全有目标和有能力去实施这些计划的。结合学生发在微信群里的第五单元视听说词汇抄写反馈，总体来说，学生比较积极地参与在线教学。实际上，在学生进行自主学习的时候，我也没有停下来。我试图把第五单元中一些平时上课讲解不到的任务和活动，进一步梳理和总结，然后发给学生，以此作为期末口语表演的备选材料。在准备这些东西的时候，我很受启发。在以往的教学中，对于没有来得及开展的课堂活动和任务，我通常会安排学生课后自主学习。学生到底是否进行了自主学习，是没有明确答案的。同时，我发现，在这些任务和活动中，很多是体现学生的应用能力、表达能力和合作能力的。在我看来，大学英语课堂教学，除了必须掌握的知识，一些体现学生的应用能力、表达能力、批判性思维能力以及合作和探究能力等的活动，还是很有必要适度地在课堂上开展。实际上，在以往的视听说课堂教学中，涉及这部分的活动并不多。除了主题热身活动、小组口语训练活动以及听力材料中"以问题为导向"的师生互动活动，其他有挑战性的任务和活动往往进行得极少。因此，当我对大学英语视听说教材感觉到"厌倦"的时候，我常常问自己的问题是：课堂有没有创新点？怎样可以吸引学生的注意力，从而让学生有获得感？因为就其听力材料而言，难度并不大。如果上课仅仅是处理这些难度不大的听力材料，学生的兴趣或者获得感并不能得到很好的满足。所以，此次大学英语视听说在线教学探究，让我很受启发。在接下来的教学中，老师应该让学生以小组合作的方式，进行一些类似的表达和展示活动，从而解决一些实际问题。同时，它也会让学生对课堂产生新鲜感和主动性，进而让学习变得更有意义和价值。

在以往的视听说教学中，我利用学习通进行了一些有意义的探究。但那可能仅仅局限于对教学内容的探究，而对于教学互动以及教学模式的探究，我还没有真正利用起视听说教材，使视听说教材发挥应有的作用。

　　当然，在在线教学中，作业或任务并不是随意安排的。所以在一定程度上，它要体现出学生的在线学习过程、学习进度以及学习成效。比如，我让学生发送体现学习时长和进度的截图或者课堂活动参与的截图，而且任务或活动的截止时间也要适当设置。在预习作业时，我让学生发送预习截图，包括课文的预习笔记截图、课后练习的笔记截图以及体现思维价值的问题思考和探究截图。甚至在课堂上，我会要求学生在参与课堂任务或活动的同时，发送在线小组活动截图和在线学习动态截图。这些截图，在一定程度上真实反映了学生的在线学习过程、学习进度和学习成效。因此，在查看这些截图的同时，我在反思如何提高学生的在线课堂参与度以及课堂内外的学习自主性。当然，上述这些目的的实现，都是以现代化教学手段为导向的，比如微信群、腾讯会议、学习通或者雨课堂。现代化的便利手段，让大学英语教学或者大学英语在线教学，变得可行和更加多样化。因此，在批改学生作业的同时，老师的反馈形式也变得多样化，比如总结加评论、图表展示加课堂评论等，这些作业反馈在一定程度上也促进了学生的学习，使学生不甘落后，积极参与和完成课堂学习。所以客观来说，大部分学生都是能做到主动学习和主动完成任务的。同时，大学英语在线教学不仅包括课堂内容，课堂管理也是其中的一部分。在在线教学期间，教师对学生进行适度的人文关怀，也是在线教学的一部分，比如上课前的情感鼓励和支持、适时的在线学习反馈、有益的视频号或链接等，这些手段是必要的。同时基于在线教学，老师对学生的个性化关心必不可少。微信朋友圈就是一个很好的手段。在微信朋友圈里，学生并没有刻意屏蔽我。因此，他们的一些学习和情绪状态，清晰可见。我常常借助微信朋友圈，及时了解学生的状态，并适度进行在线教学引导。有一个学生曾在课后发微信朋友圈，表现出强烈的情绪变化，我主动跟他进行了在线交流。虽然他并没有告知我具体原因，但我相信，与他的微信互动和交流，还是起到了一定的情感支持作用。对于学生的情绪，老师应该正确认识并且在理解的基础上正确地引导学生。所以，对学生进行有效的引导，而非一味地批评和指责，这是在线教学中很重要的事情。从这个角度来说，大学英语在线教学管理，也是课堂教学的一部分。所以，老师应该重视它，并努力掌握践行它的有效方法。

综上所述，大学英语在线教学要做到有效实施，应注意以下几方面内容：

（1）将体现学习过程、学习进度、学习成效的固定性作业截图和体现思维提升的创新性作业相结合。

（2）对大学英语教材内容的在线教学进行探究和实践。

（3）重视以人本主义为理念的大学英语在线教学课堂管理。

（4）重视体现教学过程和学习过程的在线教学反馈，包括以榜样为力量的期中考试作文展示、以优秀作业展示为基础的教学反馈、以进步为基础的反馈和以个性化教学为基础的反馈。

（5）以现代化信息手段为根本，抓住体现个性化学情的时机，进行有效个性化教学。

（6）以任务、活动为手段，进行基于互动的大学英语有效教学探究。

（7）重视以答疑、知识补充、材料补充为目的的教学支持。

在一次上课时，我发现有些学生除了单词抄写，还完成了预习作业，并把它们同步发到微信群。对此，我认为学生在进行在线自主学习的时候，并不是仅仅参与教学活动和任务活动。前段时间，一位老师在报告中指出教学要留白。确实要适度留白，对课堂教学进行留白，对教材内容进行留白，对学生进行留白，给学生适度放松和自我展示的机会，是另外一种形式的创新性教学。因此，对学生的督促和严格要求之外的留白，其实也是对学生在线学习的一种信任。只有建立在信任基础上的教学，才能充分发挥学生的积极性和主动性，从而实现教学的获得感。

2022 年 4 月 29 日

大学英语 2 读写译线上和线下教学探索

大学英语 2 读写译开展了两个月以来的首次线下教学，学生和老师多少都有些不适应。但在课堂互动环节的讨论以及分享中，学生的表现还是可圈可点的。每一次课堂的参与、互动、合作和探究，都为知识的获得提供了先决条件。为了有效烘热课堂，在课堂的热身环节中，除了进行作业反馈，我还引导学生用关键词进行了学习通课堂讨论。对此，有的学生表达了不适，有的学生表达了欢迎，更多学生则表达了一种复杂的情绪。于是，我在课堂上随机提问了三个学生，三个学生的理由不尽相同。对于老师来说，只有准确了解学生复杂情绪背后的原因，才是实现有效教学的根本。到了周二，学习委员在微信群跟我阐述了继续开展线上学习的必要性。我仔细看了他的理由，发现了他所表达的内容的漏洞。随后我根据他的意见在学习通问卷调查里发起了讨论，并且让学生陈述具体原因。学生给出的理由很多，但主要涉及的是线上学习以及线下学习各自的优缺点。其实，我更想告诉学生，线上和线下教学确实有各自的优缺点，但线上教学将成为学生未来继续学习的一种方式。

  周三的线上课程，主要涉及学生根据学习清单进行在线小组合作。从学生提交的成果来看，在线小组合作是有其优点的。除了增加互动，小组合作下的探究、参与和合作对学习的成效也起到了一定的促进作用。周四我在课堂上采取了学生小组在线讲课以及教师指导相结合的在线教学模式。参与讲课的小组成员，不仅讲解清晰，而且要点明确，学生听后收获很大。同时，为了鼓励学生参与，我决定让参与讲课的学生获得免考期末口语的机会，并且可作为评分员或记分员，参与期末口语自评活动。其实，在长达两个月的线上教学中，此活动是第一次开展，但是学生的配合度相对较高，当然它以周三的在线小组合作为先决条件。同时，在课堂开始的时候，我播放了第六单元课文录音，展示了第五单元词汇测试结果，引导学生进入学习状态，从而提高学生的学习积极性和主动性。当然，在每次的作业反馈中，总有少数学生不交作业。因此，这些学生将成为本学期的重点关注对象和访谈对象。最后，针对小组在线教学活动，学生在期末总结中表达了各种不同的观点。总之，老师要做的就是将这些观点汇总起来，作为课堂教学成效的一部分，以此激发学生参与在线学习活动的积极性和主动性。因此，这些观点对于课堂教学来说，是一笔宝贵的教学财富，老师不应忽视，而应有效加以利用，并使之成为提高课堂教学质量的一部分。

2022 年 5 月 26 日

第三章　大学英语教学师生交流

与外籍教师 Eva 的合作

即将认识外籍教师 Eva 时，我很紧张。我事先准备好了稿子，把所有要对她讲的事情罗列出来，生怕漏掉什么。但是，当我第一次见到她时，我发现我的担心是多余的。第一，Eva 已经在南昌很久了，有很多事情她已经事先了解，这就减少了我的一些解释工作。第二，她对我非常友好。当我提出要复印她的一些证件时，她很爽快地答应了，并未表现出对我的不信任——担心我在复印的过程中丢失证件，因为这些证件对于她而言是非常重要的。因此，人与人之间的交往最重要的就是友好和信任。有了初步的顺利合作，我已经预见到我们以后的交往和合作会很顺利。

事实证明，在此后半年的时间里，我和 Eva 的合作是非常顺畅的。在平常的生活中，如果遇到麻烦她会打电话给我，而我也会尽我所能帮她解决问题。因此，我们之间的交流是友好互助的。当我遇到教学中的问题，特别是口语教学问题时，我会向她虚心请教，而她也会很认真地向我传授一些提高课堂教学成效的方法，让我颇受启发。为了提高口语教学成效，应学生的要求，我特意安排了 Eva 和学生之间的一次小型讲座交流。对于这一要求，Eva 很愉快地答应了。针对口语学习，她给学生们提出了一些有益的建议。虽然大家彼此交流的时间很短，但是我想学生们对于口语学习是很有收获的。

作为外籍教师 Eva 的合作教师，听 Eva 的课是必要的。针对两个不同专业的学生，我分别听了两次不同的课。由于学生的水平和层次不同，教学的效果也不一样。大一新生的课，Eva 上得比较活跃，学生的积极性比较高，参与活动的愿望也较强烈，这使得师生之间的交流和互动良好，因而教学效果较好。大二学生的课，尽管 Eva 在课堂上尽力地提高学生的积极性，以引起学生的兴趣，但由于部分学生没有认真倾听老师对口语活动的要求，所以他们对活动的指令不清楚，因而完成口语教学任务的效果相比大一新生班稍逊一筹。在课下与 Eva 的交流中，得知她更喜欢上大一新生的课。但是对于大二学生的课，她仍然抱有很高的热情。概括来说，Eva 对待教学的态度良好，综合运用了各种各样的教学手段提高学生上课的积极性，这对于促进口语课堂教学，从而实现教师和学生的有效互动和交流起到了非常重要的作用。

总之，在这半年的时间里，与 Eva 的合作是愉快的，事情的进展是顺利的。尽管还有一些不足，但是我相信经过我们的努力，在接下来的时间里一定会把教学做得更好。

2006 年 11 月 28 日

英语学习访谈

大家下午好，首先感谢主持人给了我这样一个和大家沟通交流的平台。对于英语学习，很多学生一直都在努力，也希望得到好的学习效果。所以，我今天在这里想要与大家分享和交流我的经验，希望对大家有所启发。

一、专四、专八考试如何准备以及英语学习如何积累

无论是英语专业四、八级考试，还是大学英语四、六级考试，对于大多数学生来说都具有很大的吸引力。只要大家努力，就一定能通过这些考试。首先同学们应该对自己有信心，其次要好好准备考试。俗话说得好，机会只垂青于有准备的头脑。所以，准备考试在英语学习中的作用是很大的。那么如何准备四、八级考试呢？我认为可以从下述几个方面来准备：

（1）自信心，刚才我们已经谈到，这里就不再赘述了。

（2）分析弱点，逐个击破。每个同学在英语学习上都有着各自的弱点，有的在词汇，有的在听力，有的在阅读，有的在写作。分析自己的弱点，然后在这些方面不断加强。知彼知己，百战不殆。所以，每位同学都应充分认清自己的优缺点，对自己的学习状况进行宏观的评价，然后再从微观的层面上查漏补缺。说到这里，有的同学可能会说："老师，我好像哪一方面都比较弱，怎么办呢？"其实，遇到这种情况，也不要慌张和着急。起码你已经对自己的英语学习有了一个比较客观、全面的了解，接下来，你要做的就是在语法、词汇、口语、阅读乃至写作方面认真补习，只要好好准备，就可以通过考试。

（3）自学能力。自学能力包括很多方面，课前预习和课后复习都是自学能力的一种体现。此外，同学们还应在学习中做到善思与多问。英语学习并不仅仅是简单的识记，还应包含思考与提问。只有做到举一反三，才能更好地理解所学知识，做到真正的掌握。

（4）计划实施。英语学习的计划很容易制定，但如何有效地实施则是个难题。有的同学学习英语三分钟热度，很难坚持下去，英语学习的效果自然不好。对于英语学习，有的人讲求"速成"，我认为英语学习其实是没有捷径可走的，只有踏踏实实地实施好自己的每一步计划，英语学习才可能产生明显的效果。

（5）平时积累。英语学习是一个积累的过程，因此学习应循序渐进。同学们应该从大一开始就有意识地进行英语词汇的积累。除了积累书本上的词汇，大家可以适当做一些四、六级或者四、八级的词汇题目，以达到多记单词的目的。如果单词积累不够，就很难谈考好的事情。比如，有的同学在考试中会遇到不认识的单词，特别是在作文中，如果连题目都不理解，那就很难写好这篇作文。同时，对于所学的词汇，要学会灵活使用。因此，同学们不仅要有意识地学习使用刚刚掌握的新单词，还要确定自己是否使用正确。所以，在平时的学习中，大家应努力培养对单词的使用意识。

（6）在备战考试时，讲求一定的策略和方法。从这个方面来说，在备考时同学们不能光做题不思考，而是要多做练习、反复思考。比如，多做历年考试的真题，边做边分析，从出题人的角度分析出题的意图，并学会如何应对此类题型。事实上，对知识点有了充分的了解和把握，考试时自然就不会慌张了。

（7）语言文化差异。学习英语，不只是学语言，还要学文化。适当地了解两种语言文化的差异，对于英语学习是非常必要的。在考试中，对于英语文化背景的了解，有助于加深对题目的深刻理解。在阅读理解中，是否对文化背景有所了解有时会决定着能否读懂文章所要表达的主题意义。另外，同学们应该学会用英语思维来思考问题。特别是在写作或者翻译题目中，英语思维的正确使用直接决定着作文或者译文的质量，也决定着阅卷老师的评分。当然，抛开考试，了解英语文化对英语学习也是非常有帮助的。

客观地说，对于教师，存在着教什么以及如何教的问题；对于学生，存着学什么以及如何学的问题；而对于考试，存在着考什么以及如何考，还有技巧的问题。希望同学们在平时的学习中，把这些问题仔细想清楚，从而更好地指导自己的学习。

二、在教学中如何与学生保持良好的关系

对于在教学中如何与学生保持良好的关系这个问题，我想起毕业时我的老师曾对我讲的一句话："搞好业务，真诚待人。"是的，在教学中，只要你真诚对待学生，学生必然会真诚待你。真诚是人与人之间沟通的桥梁。作为老师，我比较关注学生的思想、情绪变化。因此，无论从平时的课堂教学中，还是从作业中，我试图从多方面了解学生。每个人都渴望被他人关注、理解和尊重，学生也是如此。对于学生来说，如果心里有什么事情或想法，不愿意告诉老师、父母或者同学，就只有自己承担。想法累积多了，必然会体现在自己的行为中。人总是需要一个情绪的发泄口。在这种情况下，老师要多加关注学生，这样一定会发现学生心里的真实想法。只有老师真正地了解了学生，有了针对性，老师才能把教学工作做好。当学生发现问题被老师关注，并且获得了及时的鼓励、支持和帮助，那么学生在内心一定会有所触动，从而在课堂上积极配合老师。说到这里，其实就是老师应及时了解学生的情感需求，并给学生提供及时的帮助和支持，这样，师生间的距离就会拉近，教和学的工作就会顺利开展。

三、印象最深刻的一件事或一个人或一句话

我印象最深刻的一件事就是我做实习教师的时候，我所教班级的全体学生在元旦给我送了一个相框，里面是一束玫瑰。我一直把它放在身边，我很珍惜这份礼物和鼓励。每当在工作中遇到困难的时候，我就会不由自主地想起那些学生。他们的鼓励和支持，让我有了继续努力的勇气和决心。因此，无论走到哪里，我都忘不了那份朴实的温暖和鼓励。

在我的人生中，我也碰到过很多很多的好老师。他们的及时鼓励和支持，给了我勇敢面对挫折和困难的勇气。对此，我一直很感谢他们。今天，来到这里做老师，我很幸运，我同样遇到了很多关心和支持我的老师。所以我会把来自老师们的关爱传递出去，让我的学生同样感受到来自老师的温暖和鼓励，从而使他们充满自信地学习和生活。最后，我想强调：赠人玫瑰，手有余香。其实，这样的生活更加充实和有意义。

2006 年 12 月 31 日

艺术系英语教学师生交流

亲爱的老师：

很抱歉打扰您！

我不知该怎么说，才能把我的千言万语表达出来。一直以来，英语就是我的心头病。想学好它，却不知从何做起。就像现在，我依然处在迷茫的云雾中，焦急地寻找出口，却越来越迷茫与无助。老师，您可否告诉我怎么办？怎样才能学好英语呢？

原本我在想终于考上大学了，总算离英语远些了。但谁知进入大学后我才知道，英语与我的联系原来比初中、高中时更加紧密。我渴望学好英语，不仅为等级考试，也为提升自身英语水平与个人知识素养。我常常定下计划，可总是在半途中失去方向，迷失自我……

不知老师能否回信告诉我，我应该怎么做。

此致

敬礼！

学生刘慧婷
2007 年 10 月 23 日

刘慧婷同学：

你好！首先感谢你对我的信任。看了你的信，我将问题具体归结为以下几点，希望能对你有所帮助。

一、想把英语学好，又不知道怎么学

学习是讲究方法和策略的。不知道怎么学，原因可能在于你没有弄清楚英语学习的内容。总体来说，英语学习涉及听、说、读、写、译五个方面。每个方面都涵盖着不同的学习方法和策略。如何听、如何说、如何读、如何写以及如何译，老师在课堂教学中会讲授一些相关的方法和技巧。但是，每个人都有自己的学习方法。换言之，对于不同的学生个体，老师教授的方法和技巧可能适合，也可能不适合。因此，在这种情况下，你应该认可和发扬好的方面，同时吸收来自老师的建议，将两者结合起来，效果可能会好些。当然，关于这方面的书籍，你可以在图书馆借阅，也可以去书店购买，因为对知识的困惑可以演变为对知识的渴望，你可以从各种途径学到一些关于学习方法和技巧的知识。向老师、向同学、向书本、向网络请教，都是一些好的办法，关键在于你是否有这种学习的欲望。

不知道怎么学好英语，原因可能还在于你对自己的英语学习状态并不了解。从听、说、读、写、译五个方面，分析自己的优势和劣势，取长补短。如果你认为自己可能每一方面都很薄弱，那也不要沮丧，你应该从中选出相对较弱的方面，并作为一个出发点，开始全面突破。一个阶段解决一个方面，不可心急，因为英语学习是不断积累的过程。当你开始在一个方面有所提高的时候，其他方面也会受到一定的促进作用。所以，我希望你对自己和对英语学习耐心点。

因此，分析自己的英语学习情况，从各个方面击破，并辅以一定的技巧和方法，是可以学好英语的。同时，我认为要从最基础的方面着手，这可能会让你对英语学习信心不足，但是任何事情都是无捷径的，你应该对此有充足的耐心和毅力。

二、对英语学习三分钟热度，不是没有坚持的毅力，而是找不到继续下去的动力，没有学下去的冲动和欲望

部分同学反映进入大学后，发现自己的英语水平直线下降。除了比高中多认识了几个单词，好像没有什么新的突破。其实，大学英语学习和高中英语学习是不同的。大学英语学习虽然也强调考试，但是它与高中的应试英语相比，还是不太一样。相比较而言，大学英语比高中英语更注重英语的应用。习惯了"以考试为指挥棒"的你们，从应试转变成为应用，需要一个过程。以语法为例，高中的语法课程多半是为考试的选择题而设定，同学们很少真正自主思考语法的意义、价值，并在句子中有意识地关注语法问题。因此，我建议你在课后对高中所学的语法进行重新梳理，对语法比较薄弱的方面，有针对性地巩固和强化。有的同学可能会说，我学习了那些语法书，但我还是对其中的语法现象不明白。在这种情况下，怎么能学好语法呢？对此，我认为大家是有能力学好语法的。大学学习强调的是自学，而语法是可以自主学习的。另外，遇到有疑惑的地方，需要及时向他人请教。只有你学好了语法，你才可能正确地运用。但是，语法知识是琐碎的，需要记忆的方面很多。在这种情况下，你可以通过阅读的方式（如英语课文、英语报刊、英语小说等）仔细体会其中的语法点，对其中感到疑惑的地方，再对照语法书有目的地来解决，这就是我在课堂上经常强调的带着问题在阅读中学习语法的做法。

上面所说的内容似乎与你的问题无关，但实际上是相关的。为什么没有动力，为什么没有学下去的冲动和欲望，原因很多，我认为其中之一就是你没有找到成就感，即学英语的成就感。成就感并不一定意味着你的英语在短时间内有很大的进步或者考试得高分，成就感体现在一点一滴的学习过程中，比如，今天记住了20个单词，明白了一个语法现象，掌握了10个短语或者看懂了一篇文章等。每天做一点，然后用这些小的成就感来支撑英语学习，也许它会让你的激情燃烧起来，从而每天都有热情想要继续学习。其实，在英语学习的最初阶段，这些小的成就感看起来似乎微不足道。但是时间一长，你就会察觉到大的成就感了，英语学习也比以前有了更大的进步。人是需要外在激励的，所以我认为你应该给自己找出每天学习英语的激励点或刺激因素，从而使英语学习更富有激情。

三、对四级考试着急担心，不知如何是好

四级考试固然要认真对待，但是你不应该为此而慌了阵脚。对此，首先要熟悉考试的题型，然后找出题型中不太擅长的部分，查漏补缺。另外，由于四级考试的词汇量较高中时期要求更多，所以积累词汇是非常重要的。如何积累词汇，是一个让很多同学都头疼的问题。背过的单词很容易忘，记住的单词也不会使用。在这种情况下，你应该有意识地学会克服这些困难。比如，你可以选择相对较好的词汇书，它有一定的单词记忆方法或者句子情境。当然，老师有时也会给同学们推荐相关的词汇书。事实上，如何使用单词也是个大问题，解决方法也有很多。可以写作文，可以阅读文章，在一定的语境中体会和了解它的用法。更为重要的是，你应该有主动背诵单词和运用单词的意识和习惯，而不是为了背单词而背单词。

客观地说，四级考试只是手段，目的是让同学们真正学好英语。因此，从这个意义上来说，学习英语并不仅仅是为了四级考试。因此，在四级考试面前，你应该努力去学好英语，而不是对四级考试充满恐慌。当你想着四级考试可以促进英语学习的时候，四级考试对你来说，就是愉悦的。此外，在准备四级考试时，你要认认真真地去做历年的四级考试真题，透彻理解考试的每一部分，不放过任何有疑惑的地方，特别是要对其中的生词难句进行仔细分析，从而达到真正的练习效果。

四、对英语学习投入多，但成效不佳，逐渐失去信心

对英语学习投入多，说明你是一个非常努力的学生，值得表扬；但成效不佳，说明你在英语学习方面，特别是在学习方法上有所欠缺。从你的叙述中，我也能找到一点原因：你对英语学习没有自己的阶段性重点，随性而学。因此，老师希望你掌握所学知识，不仅靠重复记忆，还要靠课堂学习。我认为想要学好英语，首先需要改进英语学习方法和学习观念。不管学什么，你都应该力求有所收获，不求甚解是最不可取的行为。通过上课认真听讲，你可以消化和吸收一部分课堂知识。因为人有瞬间记忆、短期记忆和长期记忆三种记忆类型。瞬间记忆、短期记忆可以在课堂上实现，但长期记忆却需要在课后不断努力，

遗忘是伴随识记的整个过程的，所以，任何知识的真正吸收，还需要不断地复习。

以上是我对你的主要问题的解答，欢迎继续交流。同时我非常感谢你的来信，让我重新思考英语教学过程中的一些问题。给你回信的过程，也是自我完善的过程。希望你在今后的英语学习过程中，切勿急躁，一点一滴，扎扎实实，从而克服学习过程中的疑难和困惑，进而在英语学习上有所收获。

祝学业进步！

吴玉玲
2007 年 10 月 29 日

与艺术系学生的谈话

亲爱的同学们：

你们好！

时间飞逝，开学已经两个星期了。在每日忙忙碌碌的生活里，不知道你们有没有静下心来思考一些事情，包括自己的追求、未来和梦想以及在此基础上承载着的心情。事实上，我很早就想跟大家交流一番了。不同于上课时的交流，今天以这样一种方式交流，在我看来也许效果会更好一些。阅读文字时心情会自然平静，也会引人深思。

与你们通过书信的方式进行交流的想法在寒假前就已经有了，只是我迟迟没有行动。今天激发我写作灵感的，是早上的上课情况。在寒假前我已经下定决心，这学期尽量留一些时间供你们发挥，或口语报告，或课堂讨论，充分发挥你们的学习自主权，因为在课堂上老师的作用应该是引导，而不是包办。事实上，你们学习英语的潜力是很大的。特别是在期末口语考试中，大家表现突出。后来经过仔细思考，发现你们在课堂上的口语表现不如期末考试那样突出，为什么呢？我似乎找到了答案：动机和准备。在口语考试中，你们的学习动机很明确，那就是尽量多得分，争取期末考试成绩更好些。由于口语考试成绩与期末考试成绩密切相关，所以你们在考试前做了充分准备。充分准备加上强烈动机，这无疑是你们期末考试有良好表现的原因。基于期末口语考试的表现，我越发相信你们一定能学好英语。所以，在这学期的课程设计里，我的目标很明确，就是在课堂上给你们更多自主学习和练习英语的机会，特别是口语方面。但是，经过两个星期的课程教学，我发现效果并不好。我开始自我反思，可能是因为没有布置明确的任务。刚开始教学时，我常常会苛责自己，但我也慢慢放下了心里的包袱。只要努力去改善，任何事情都是可以做好的。于是，我开始思考、分析、总结教学心得，渐渐地发现在思考的过程中，我的教学逐渐有了进步。

在英语学习过程中，首先要有信心，其次要有坚定的意志。一直以来，我始终坚信只要努力，肯定能行。但结果往往是，有些同学满怀热情地学习了一段时间，在遇到困难之后，就开始退缩了。理由很简单，认为自己英语基础差，不可能学好。但是基础差的原因在哪里，也许只有少数同学认真地思考过这个问题。在高中的时候，你们的英语水平相对较好。只是后来在绘画上投入了过多的精力，所以学习英语的时间骤减，英语成绩也就不知不觉地降了下来。于是，你们以此推断，学绘画的学生英语水平本来就不高。如果当初你们没有选择绘画，而是像其他同学一样认真学习英语，结果又会是怎样的呢？可是，现在的结果是你们已经坐在大学艺术系的教室里，在接受艺术熏陶的同时，你们能否再给自己一点时间，给英语学习一点时间，从而把失去的时间补回来呢？

说起来容易，做起来难。在英语学习的过程中，一旦遇到困难，部分同学又会把上述英语不好的理由找出来，给自己当借口，从而让自己安心。但是，做任何事情都需要毅力，就像你们的绘画，如果不坚持下去，也会手生，也会缺乏绘画的灵感。所以，老师希望你们无论是对待英语学习，还是对待其他科目的学习乃至生活中的其他事情，都要有耐心，勇敢地面对一切挫折，勇敢地挑战自己，勇敢地追逐梦想。

在你们忙碌的生活里，大学生活已经开始向你们充分展示它的丰富内涵和绚丽色彩。经历了新奇、兴奋和开心之后的你们，是否也在经历着迷茫、忧郁和烦恼呢？在实现一个目标之后，在新的目标还没设定好的时候，出现这样的情绪是正常且合理的。关键在于，在重新寻找目标的过程中，你们是否还在努力，还在行动？在你们意识到需要新的理想和目标时，你们是否已经准备好开始迎接新的阶段的到来？我一直认为，人生是需要诸多梦想来支撑的。在你们这个年纪的时候，我经历过与你们同样的迷茫，所以我更加确信了一点：人的一生，不仅是为了梦想实现的那一刻，而且是为了在实现梦想的过程中所付出的努力。这努力有属于你们的坚持和希望，它是一种无穷的动力，从而支撑着你们不断往前走。所以，同学们，请你们抽一点时间，给自己留一点独处的时间，让心安静下来，让梦想和追求走进心里，让生活因为有梦想而变得鲜亮起来。

今天下着小雨，当我看见一名同学没有带雨伞时，我关心地询问她："你怎么没带伞啊，要不要用我的？"然而她冲我笑了笑，说："老师，我有意这样做的。"我突然理解了，她应该是为了在雨中释放一下心情。事实上，在课堂上我还是十分关注她的。期末考试因为一分之差，她没有通过考试。在成绩出来的时候，我还担心这会不会打击她今后学习英语的积极性。于是在课堂上，我特别观察她，发现她一切正常。对于她的补考成绩，我还没有去了解。但是，结果我猜得到。也许今天的雨水可以让她释放一下心情，然后重新开开心心地努力学习。大学生活，不仅仅是你们高中时畅想的那样绚烂无比，更多的是努力才能有所收获的现实。在属于你们的角落里，每个人都有各自的故事。做老师的我，只能尽力去了解，却永远猜不透。但是不管怎样，我相信在你们的内心，是十分渴望学好英语的。我相信，你们每个人都在渴望着积极向上。这就像大学时代的我，躲在教室的角落里，有点羞涩，有点胆怯，不喜张扬的我也在勇敢地追求着属于自己的梦想。

我不喜欢用说教的方式告诉你们应该如何去做。但是，有一点是我所坚持的，那就是我试图给你们分享一些我的人生旅程和故事以及如何在大学里学会有效地学习和开心地生活。你们的聪明、能干和努力，我一直看在眼里，所以我相信未来的你们，只要努力就一定会有美好的前程。对此，我真心地祝福你们。还有一点，是我今天必须再次强调的，那就是坚持。努力，也许每个人都可以做到。但是一旦遇到困难，要坚持下去并不容易。以我自己为例，在上学期期末考试后，在你们已经回家享受父母关爱的时候，大部分老师都留在学校里，为今年教育部的教学评估工作着。起初准备材料时，一种巨大的压力让我喘不过气来。特别是一想到备课的事情以及可能遇到的困难，我就有了退缩的念头。这种行为像极了缩着脖子并把头埋在土里的胆小鸵鸟,这是一种典型的逃避行为。但逃避是没有用的,我只好耐心地说服自己:"事情既然来临了,就要勇敢去面对。"所以,我静下心来,用朋友的话鼓励自己:"事情越是困难,就越要去面对。逃避不是办法,勇敢面对一定会有很大的收获。"心态平稳下来之后,工作的状态也有了。令我欣喜的是,在此过程中我发现自己也在慢慢地进步。平日里很少有时间去思考的东西,就像泉水般涌入脑海,这使我深刻思考教学的得与失。因此,我非常感谢教学评估工作。有的时候,人会有一种惰性,一种面对困难而产生的怯懦。如何去克服它,对每个人来说,真的很重要。

　　人终究是要向前看的。过去半年的大学生活,它已经成为历史。期末考试也已经成为大学生活的一个片段。结果如何,已经不再重要。关键是如何振奋精神,并且努力向前。写下以上文字的目的很简单,就是老师愿与你们一起奋力往前冲。尽管其中有困难和挫折,但也有成功和喜悦。愿每一位同学都能记得我今天写的内容。希望这些文字能给你们一些鼓励和温暖,勇敢地面对生活中的一切,真心回报爱你们的父母。最后,我想表达一点对你们的期望,那就是在大学里学会学习,学会做人。同时,感谢你们对我一直以来的支持和鼓励,老师真诚地祝福你们所有人,有努力,有收获!

吴玉玲

2008 年 3 月 7 日

导师和班主任工作总结

　　2021 年底,在我整理以往教学资料的时候,发现了我的导师和班主任工作日志。于是,我决定将它们整理一番。在把这些教学日志整理成电子版文档的过程中,我发现了一些在当导师和班主任时的工作中的亮点及不足,并专门写下了教学反思。虽然是迟到的教学反思,但是当我站在现在的角度看待它们时,还是很有收获的。因此,我试图将这些记录进行适当的总结和凝练,归纳其中的要点,以此作为今后教学管理工作的经验,从而更好地指导今后的工作。

客观地说，如何指导学生这个问题，对于当时的我来说，没有什么经验和方法可以借鉴，这其实是一个不断探索的过程。首先，指导方法的问题。在与学生交流和互动的过程中，我主要采用的方法有面对面交流、作业或任务反馈、课堂观察和反馈、班会交流等。对于学生出现的各种问题，包括学习、生活和思想问题，我会及时记录下来。那个时候解决学生问题的办法是以问题为导向，同时借助教师、学生自身以及他人的案例，达到问题解决的目的。其次，指导内容的问题。它的涉及面比较广，主要是在了解学生学情的基础上，进行了有针对性的指导，比如，大学生活适应问题，学生的学习、生活和思想问题，学习方法问题，教师角色变化，听、说、读、写、译技能问题，如何勤思和总结的问题等。这些问题非常具体，它们渗透到学生的生活中，让我与学生在思维的火花中碰撞出智慧的灵感，从而使我实实在在地帮助学生，使学生获得有益的指导，更好地促进学生的自我发展。最后，指导效果的问题。从学生的进步中，可见指导的效果很显著。

总体来说，教师就是要站在以学生为本的角度，及时了解学生的思想、学习和生活状况，并且与学生一起解决各种各样的问题包括大学生活的适应问题、学习的问题、课后活动的问题或思想和情绪的问题，这是一笔非常宝贵的财富。因为它不仅有利于教师教学工作的顺利开展，而且有助于教师及时了解学生，做到师生互相了解、互相理解和互相促进。客观地说，每个人都有两面性。学生在校表现有时只是表象。所以，对于学生"真实的自己"，尤其值得教师关注。所以，教师要深入观察学生，及时解决学生的各种疑问、担忧甚至忧虑，从而尽可能地帮助学生解决面临的困难。而对于学生而言，学会及时调整好心态，以此弥补不足，对人的个性的培养也是一种有益的锤炼。

转眼十五年过去了，在与学生交流的过程中，我切实得到了不少的启发和鼓励。学生的热情、开心和努力，伴随着美丽的青春，给我的生命增添了不少风景和激情。因此，在见证学生的成长、变化和进步的过程中，我在与学生一起成长，正所谓"教学相长"。此外，在与学生交流的过程中，我不断思考一些问题，包括一些我之前从未思考过的问题。因此，从这个方面上说，教师得到的启发和经验，本身就是一个教学相长的过程。其实，师生间的沟通和交流架起了一座情感沟通的桥梁。事实上，师生之间能够彼此认同对方，这本身就是一件很愉快的事情。学生经过大学生活的锤炼，思想变得越来越成熟，应对事情的能力和状态也都有了很大的提升。

2021年12月20日

导师制师生交流日志

我与两个宿舍8名学生进行交流谈心，详细询问她们在学习、生活和思想上的问题。对于学习，她们表现出极大的兴趣，提出了各种各样的问题，对此我都一一进行了解答。针对语法课，她们反映有些听不明白，由此我建议她们做到课前预习、课后复习和多练。对于目前这个阶段要阅读什么书，我建议学生不要急于求成。此外，在上好课的同时，学生要培养一定的自主学习能力。另外，大学一年级主要是打好基础，特别是在扩大英语词汇量和提高口语水平方面。有的学生买了专门的参考书，对此，我很是高兴。看得出学生在用心学习，但是目标还不太清晰，甚至会产生迷茫情绪。因此，我告诉她们，要学会尽快适应环境，不断思考未来的目标，从而设定一个清晰而具体的目标，进而朝着目标努力奋斗。同时，我告诉学生，两个宿舍之间要加强交流，甚至她们可以与高年级的师姐、师哥交流，从而获得学习或生活上的帮助和启示。

其实，在与学生交流的过程中，学生最大的问题是不知道目标是什么。从高中考入大学，学生在情感上出现了一个目标空白的阶段，加上大学生活与高中生活的不同，所以学生难免会出现茫然无措的情况。因此，制定未来的学习目标或规划，特别是大学四年的学习规划，对学生来说意义非凡。虽然制定目标或规划很重要，但对于目前的学生来说，还需要一段时间来适应大学生活，然后逐渐明确未来四年的学习规划。因此，从这个意义上来说，老师应该适时引导学生，使学生朝着未来的目标坚定前进。

确切地说，学生的成长规划涉及很多方面。通过制定成长规划，学生开始思考自己未来想要成为一个什么样的人或者从事什么样的职业。另外，在大学生活中，学习固然重要，但必要的社团活动、社会实践活动也会增长学生的见识,从而促使他们广泛地接触社会,了解社会和社会角色。

此外,在学习中应注重对学生学习方法的指导。大学不同于中学,中学主要靠老师的监督,而大学主要靠自己,靠自主学习来实现目标。因此,培养学生良好的学习方法以及较强的自学能力,对学生未来的职业发展很有帮助。总之,在相对繁重的学业面前,学生知识的发展与能力的培养应该相互促进、共同提高。

2006年9月16日

下午,我与8名学生一起聊了一下她们最近这一个星期的学习、生活和思想状况。

她们普遍反映时间太紧,学习紧张,而且感觉学起来困难,压力偏大。针对这种情况,我鼓励她们多学习,多努力,同时又需要放松心态,要对自己有信心。在制定学期学习目标的同时要多思考,从而努力付诸行动。当然,从另一方面来说,仅有目标是远远不够的,同时它还需要付出一定的行动。所以,光想不做是不够的,光做不想也是不行的。

针对专业四级考试,我建议学生去购买较好的词汇书。多记的同时,学会努力去运用这些词汇,特别是在翻译或写作中正确运用这些词汇。对于英语学习,我建议她们使用英英词典、同义词词典。同时,对于课文的学习,学生要多进行英译汉或汉译英的翻译练习,从而真正做到中英文自由切换。对于入党或社团活动,我鼓励她们积极去参加。其实除了学习,学生应从多方面来锻炼自己,从而提高实践能力,提高综合素质。另外,同学之间要加强不定期的沟通和交流,从而提供相互学习和交流的机会。同时,有助于增进同学之间的关系,对学习和生活都很有帮助。

与此同时,学生又询问了我英语学习之外的问题,比如选修课(选修其他专业的课)。看得出她们对于大学四年的生活充满好奇而又满怀希望。所以,我趁机向她们提出了一个问题:"你们为什么会选择英语作为自己的专业?"答案当然各不相同。尽管每个人的想法不同,但有一点是一样的,那就是无论从实用的角度,还是从个人爱好的角度,她们的总体英语水平相对较好。只是她们刚进入大学,需要一个适应的阶段。特别是面对各门英语课程所传递出来的信息量，她们有点茫然无措。一方面，学生觉得大学是梦想中的天堂，另一方面，面对学习压力与自由的交织，她们既想放松自己，又不敢放松自己。在矛盾中，她们感觉大学生活在某种程度上近似高中生活，因此产生了思想上的压力。针对这种情况，我鼓励她们要对自己有充分的自信，对前途及未来不要有太大的担忧。在经历一些事情后，学生会逐渐发现：原来我还行，我是有能力做好一些事情的。

总体来说，学生的思想状态比较稳定，没有了之前的忧虑，甚至恐慌，正在积极地适应大学生活。所以我鼓励她们，不要试图改变环境，要学会适应环境。只要顺利适应了环境，一切就会好起来。

2006年9月28日

在口语角，我碰到了辅导过的几名学生。事实上，我原先并不了解她们的口语水平。让我感到惊讶和意外的是，她们似乎很害羞，而且不知道开口讲些什么。我试图提供一些话题并且与她们进行简单的口语交流，但是效果并不理想。除了害羞、不敢开口讲英语，我还发现了一个关键的问题，那就是学生在用英语进行口语交流的时候，由于一时难以"翻译"好，所以英语说得不流畅且干瘪。这似乎让我想起了从前的自己，害羞、不敢开口，也不知道如何用英语准确地表达自己。

对于英语学习，口语是至关重要的。在初为人师的日子里，我还在不断地提高英语口语，并且努力达到流畅教学的水平。因此，针对这种现象，在下午的谈话中，我再次强调了重视口语的必要性。为此，我特别布置了一项任务，即下次师生间进行交流的时候，学生要试着用英语来表达。看着她们惊讶的表情，似乎有点为难。但无论怎样，英语口语水平如同一个人的颜面，在生活中起着很重要的作用。一个故事、一则笑话、一件事情或一本名著的感想，只要学生不断尝试用英语表达一定的想法，就是一个新的开始。有了一定的思考和认知，英语口语水平就会展现出很大的潜力。

总体来说，学生普遍认为已经适应了学校的学习和生活，但同时存在一定的迷茫，特别是学习上的迷茫，比如，如何练习口语，如何提高听力，要不要参加其他语种的培训（如日语、法语、德语等），如何准备一些资格考试（如翻译专业资格、国际商务英语资格、教师资格等），以及如何正确处理学习与社团活动之间的矛盾。虽然之前我与她们探讨过这些问题，但只有当学生真正思考的时候，这些才会对她们产生一定的意义和价值。

在与学生探讨了上述问题后，我鼓励她们，把握好英语学习的同时，适当参加课外活动，从而丰富大学生活。

2006 年 10 月 13 日

在这一段时间里，学生情况比较好。学生都比较好学，有的学生还报了培训班。对于课外活动（社团活动），学生都积极报名参加，有的成功加入，有的失败了。总体来说，学生开始以一种正确的心态看待大学生活的得与失。对于大一新生来说，来到新的环境，培养良好的心态，对于适应环境起着非常重要的作用，同时对学生自身的发展来说也十分关键。为此，我肯定了学生这种乐观、良好的心态，鼓励他们今后继续努力。

对于学习，我发现学生们虽然十分积极，但是在学习方法上，他们很少站在宏观的角度思考问题。换言之，学生已经习惯了每天按部就班地学习，没有或者很少停下来思考所学的内容，并且学着归纳总结学习的不足。对此，我给学生提出了以下几点建议：

（1）将口语角作为练习口语的好场合。

（2）课余时间利用课文录音进行听写练习。

（3）对所学的知识融会贯通，掌握一定的概括归纳能力。

（4）培养一定的自学能力。

（5）背诵课文中出现的一些英语教学术语。

（6）熟记并学会运用课文中的单词、短语。

（7）课前主动预习，课后及时复习。

（8）学习使用课文中的关键词和短语，培养复述课文的能力。

（9）在生活中随时随地学习英语单词，不局限于课堂中。

（10）培养批判性思维能力，对所学内容不能简单接受，要有思考和质疑，做到有学、有疑、善学和善问。

2006 年 10 月 26 日

与学生交流了一下期中考试的情况，以及这段时间，特别是从开学到现在的学习情况。对于期中考试，大家反映二卷主观题作答较好，一卷客观题做得不是很好。从主观题中可以看出，学生平时在课后还是认真看了书的，学习态度比较好。至于客观题，与长时间没进行类似训练有关，在今后的考试中应加强训练。

　　关于在学习中是否有问题，学生普遍觉得好像没什么大问题。一个星期的学习过后，学生总结说没有或者很少思考一些东西，特别是学习方法之类的东西。从普遍意义上说，学生学得比较被动，没有充分调动学习的积极性，从"要我学"变成"我要学"，所以学生会发现好像没学到什么东西，甚至心里会有空虚的感觉。针对这种情况，我告诉学生："你们刚刚进入大学，需要时间适应大学的学习和生活。所以，你们不能因此失去信心，而且你们已经意识到了状态调整的问题，这本身就是一种进步。"

　　与此同时，在平时的学习中，我希望学生养成善于思考以及及时归纳和总结的好习惯。此外，在课余时间，学生可以多读英文名著，多看英文电影，多听英文歌，从而陶冶情操，丰富思想，提高学习英语的兴趣和自信心。

　　对于口语练习，学生困惑较多。他们可能还有一点害羞，所以不敢开口讲。为此，我鼓励他们要多去口语角，多在宿舍与同伴讲，多听磁带，多听英语广播，从而提高口语水平。另外，我告诉他们，平时要多背诵一些英文句子或段落，这无论对口语水平的提高还是对英文写作水平的提高都很有帮助。针对学生提到的，即使一篇英文课文读了很多遍还是不够流利这一问题，我鼓励学生不要灰心，要勇于坚持，在多读中培养对英语的自信心。其实，出现这种情况的原因很多，归根结底在于平时阅读的东西太少，缺乏一定的英语语感。多读乃至背诵是提高英语学习的好方法。

　　概括来说，学生的精神状态总体不错。至于学习上的提高，则需要时间来验证。当然，这需要学生在学习过程中的积极努力和配合。

2006年11月20日

　　我与学生进行了短暂的交流。随后，我布置了一个任务，那就是放假之前每个人用英语写一篇读书报告。我想检查一下学生本学期的学习成果，特别是在写作方面。另外，我给学生准备了一本有关听力技巧的书，这本书给出了不少有益的指导。所以，我希望学生课后仔细学习一下，从现在开始坚持每天收听新闻，从而逐渐提高听力水平。

对于考试，我简单询问了一下情况。学生普遍反映词汇量积累还是不够，导致在语法考试中，对基本的术语不清楚或做题时不清楚题意。对于这一问题，我再次跟学生强调平时要多积累词汇，坚持做到每天背一些单词。

关于如何度过一个有意义的寒假，我建议学生坚持每天练习听力，每天记忆一些单词，每天背诵一篇文章。英语是一个不断积累的过程。听多了，记多了，背多了，自然会有进步。由于这一学期马上就要结束了，对于这半年来的学习和生活情况，我建议学生做个期末总结，从而找出不足，提前制定好明年的学习计划，争取明年进步更大一些。

对于学习方法，学会自学是大学生的必修课，我再次强调了这一点。同时，我给学生明确了大一、大二、大三以及大四学生们重点要做的一些事情。大一重点是积累知识；大二主要是过专四、六级考试；大三考取相应的资格证书，如翻译专业资格证书、国际商务英语资格证书和教师资格证书等；大四主要是考研和过专八考试。分析下来，学习任务并不轻松。所以我希望学生在学习上再努力一些，争取四年后能有一个好的工作。对于就业，我概述了一下目前的就业形势，希望学生更加努力，将来能有好的出路。提到教师资格考试，我建议有想法的学生及早做好准备和计划，并且尝试考一考，从而为未来的就业创造良好的条件。

对于同学间的关系，我希望他们和谐共处，关系和睦，从而用一种轻松、快乐的心态面对学习和生活。对于口语和写作，我再次强调了它们的重要性。我希望学生课后在这两方面多下功夫。

此外，学生普遍觉得考试期间，自由活动的时间很长，面对空闲时间，不知道该怎么办。我建议学生在这段时间内，除了复习相关的考试科目，还要及时总结自己这一学期的得与失，并及时做好下学期的计划。此外，学生还可以花点时间学习英文歌，既放松了大脑，又在无形中提高了口语水平。

总之，这一学期学生的学习都比较用功。问题在于有些东西我已经给学生指导过了，但学生似乎没有很好地贯彻执行。原因有很多，包括新学期的适应过程、自我学习意识的提升过程以及从中学到大学面临的过渡等。因此，下个学期，我要加强对学生的检查和监督，让学生形成言行一致的好习惯，有助于学生未来的自主学习和自我引导。因此，从这个意义上来说，老师对学生的指导，不仅包括指导的具体过程，还包括老师对指导过程的反思，比如分析学生行动力不够的原因以及如何去有效指导学生。所以，导师制的最终目的在于从老师指导转变为学生的自主学习和自我引导。

2006 年 12 月 28 日

与学生交谈了一个多小时，我记录了以下谈话内容。客观地说，有些问题至今仍然对大一新生有效。所以，交流和沟通过程中产生的智慧火花还在，它并不会凭空消失，它只会随着时间的不断推移以及教师认识的提高，发挥更大的作用。

（1）课前预习，课后复习。预习、复习过程中有疑难问题，要及时记录下来，向老师、同伴请教或者查词典自己解决。

（2）克服惰性，专心自己的事情，培养一定的毅力。

（3）把泛读当作精读来学，遇到生词及时查词典，并及时巩固泛读中的新单词。

（4）扩大词汇量，抓住一切机会从日常生活、报刊中扩大自己的词汇量。

（5）刻苦学习的同时讲求效率，不拖延。

（6）阅读课外书讲求质量，把握书中传达的主题，深入研读。

（7）通过多种途径，努力掌握英语词汇。

（8）掌握一定的阅读技巧，培养快速阅读的能力。在快速阅读的过程中，尽量抓住文章的中心思想。不可囫囵吞枣，不求甚解。

（9）对大学英语四、六级考试和英语专业四、八级考试题型要熟悉，从现在开始努力掌握考试的词汇，特别是真题中的词汇。除了词汇，还要反复研读真题，做到既了解题型，又深谙出题原则和方向，从而有的放矢地应对考试。

（10）学习知识要扎实，学习过程中要多思考。

（11）学过的单词不仅要认识，还要学会使用，尽可能地把消极词汇变成积极词汇。

（12）练习多问为什么，不懂的地方要反复请教老师。

（13）坚持听写。听写能调动听觉、视觉、运动等各个感官，从而提高听力和口语水平。

2007年4月9日

对于词汇竞赛，学生反映越做越难。其实，原因在于对单词的掌握还不够。对于明年的专四和六级考试，他们向我咨询哪一类词汇书比较适合他们。因此，在下午的谈话中，我推荐了两本书给学生，希望学生课后能主动学习词汇。

对于大一新生来说，最重要的还是在于打牢基础。因此，我建议学生平时多读 21st Century、China Daily 等报刊，这样既可以达到掌握词汇的目的，又可以增强英语语感。

对于明年的专四和六级考试，学生在充满期待的同时，也感到一种莫名的压力。因此，我鼓励学生一定要对自己有信心，只要努力，就会有回报。为此，我列举了他们师姐、师哥考上北外、广外的例子，以达到激励的作用。在交谈中，个别学生反映自己自信心不够，总觉得别人比自己好。针对这种情况，我鼓励学生勇于尝试各种活动。即使不能成功，培养良好的自信心，也是一个有益的锻炼，关键是如何迈出这一步。比如，适当参加一些课外活动，不要把自己局限在学习的环境中。所以，适当的自我锻炼也是很有必要的，毕竟学生将来面对的是真实的社会生活而非世外桃源。为此，我特别表扬了一名学生，我认为她不仅在学习上优秀，而且积极参加课外活动，从多方面锻炼自己。因此，我希望大家向她学习，在同学之间展开正面的竞争，从而激发学习动力。此外，有个别学生反映学习动力不强，在没有压力的状况下，学习并不能取得实质的进展。其实，我发现虽然学生制定了学习目标和计划，但容易流于形式。因此，如果它不能转化为内在的动力，就不会产生实质性的进展。明年的专四和六级考试，对于学生来说不仅是一个好的目标，而且是一个动力。大学四年的时光很短暂，对于学生大一、大二、大三和大四要做的事情，我多次以自身为例，给他们展开详细的说明。因此，学生既感到一种期望，又感到一种无形的压力。如何给四年的大学时光交上一份完美的答卷，一切还要靠学生自身。因此我鼓励学生在学习和生活中，经常进行积极的自我心理暗示：我能行，我一定行！

总而言之，具备了明确的目标、有效的行动、充足的信心，在踏踏实实的四年努力下，我相信，迎接学生的一定是美好的未来。

谈话结束之后，有学生说："吴老师，你每次来都给我们带来动力和希望。"对此，我很高兴。临走的时候，学生都在认真地收拾课本，准备去图书馆看书和学习。时间不等人，努力就从这一刻开始！

2007年5月28日

时间过得很快，马上就要放暑假了。学生还有最后一门课程考试——综合英语。正好有时间，我决定找学生聊聊暑假计划及下学年的新计划。

学生普遍反映时间过得很快，但好像学习还不够深入。从谈话中，我可以看出，在目标计划的指导下，学生的学习有所进步。但行动力似乎还不够，因而学习的效果并不明显。所以，我鼓励学生只要有进步，就是好事。大一毕竟是个打基础的阶段。在打好基础的前提下，才能有所进步。对于新学年，我与学生一起分析了新的学习计划及任务。针对主要任务（专四和六级考试），我要求学生从暑假开始，就要有所行动，比如背单词、读英文小说等。如果暑假利用好了，则会有助于后期的准备。在这段时间里，学生可以静下心来，分析这一年的得与失，从而发扬优点，弥补不足。这不仅是一个重要的过程，而且对将来的学习也会产生一定的指导作用。我真诚地希望学生们都能做到这一点：总结经验，找出不足，积极改进。对于英文小说，个别学生反映已经阅读了几本，但效果不大。原因在于学生边看中文，边看英文，有时为了方便，甚至只看中文。我的建议是不要贪多图快，一步一步，扎扎实实地进行下去。哪怕只阅读一本，仔细领会其中的内容、主题以及传递的意义，效果总是有的。当然，学有余力的同学可以广泛地开展阅读。因为阅读既可以扩大视野，也可以在一定程度上增加词汇量。

我要求每名学生都给自己制定一个暑期小计划。这样既可实现暑期目标，又能让他们有效地管理学习。当然，计划并不完全包括学习，利用假期时间打工增加社会实践，同样也是很好的目标。另外，我还要求每名学生阅读一本英文书，写好总结，假期结束后交给我。这样既可以提高学生的概括能力，又可以锻炼学生的英文表达能力。所以，我衷心希望学生这次写得比上次更好。从前几次的阅读总结来看，学生们对待这件事情很认真，并且他们已经在不自觉地运用学过的单词。尽管有些用法还不是很准确，但看得出来，学生们在英语写作和表达方面都有所进步。

针对2007—2008学年的目标，我要求学生们一定要增强意识，从暑假开始做起，争取下一学年顺利通过专四和六级考试，从而积极开启大三的学习和生活。当然，在这个过程中，事情不可能是一帆风顺的。所以，我希望学生们在学习过程中严格要求自己，刻苦努力，同时也为将来的择业、就业打下一个良好的基础。

个别学生已经参加了学校的二专学习，因此有一名学生问我是否一定要参加二专学习。我的回答是根据学生的兴趣和能力来决定。在学有余力的情况下，如果二专学习能和将来的职业兴趣联系起来，对未来的就业就会产生一定的促进作用。

我希望学生们能度过一个愉快的暑假，在暑假中有所收获。最后，最重要的是安全问题，我希望学生们开心回家、安全返校。在新的学期里，以新的面貌迎接新的任务和挑战。

2007年6月30日

最近这一段时间比较忙，与学生的联系相对较少。偶尔，我会打电话询问学生的相关学习和生活情况，他们有问题也会打电话给我，只是没有进行面对面的交流。大二的学生正忙着准备六级考试，对于六级考试，除了词汇，他们在其他方面也存在一定的疑问。比如，在听力方面，如何在较短时间内把题目快速看完。有时来不及看完题目，听力录音就结束了。为此，我建议学生要充分利用播放听力考试说明的时间，快速浏览听力题目中的各个选项，然后开始有针对性地做题。另外，如果一道题目来不及给出答案，就要立刻放下，继续聆听下面的听力题目。所以，不要在听力考试中纠缠某一道题目，从而浪费接下来的听力时间，进而影响整个考试进程和自己的情绪。对于写作，学生普遍反映想不出学过的单词，虽然有平时记忆的痕迹，可就是想不起来。原因在于记忆单词的时候，学生没有把背过的词汇转变成积极词汇，以便随时从大脑中提取出来。所以我建议学生学会使用平时记过的单词，思考一下单词使用的语境。这样，记忆中的单词会因为这一思考过程而变得活跃起来。如此练习多次，写作文就不会再为单词而发愁了。当然，出现这一问题的原因还在于缺乏练习，没有养成良好的写作习惯，比如每周写一篇作文并长期坚持下去。既可以合理利用单词，又可以使文笔熟练起来，写作文时不至于心不随手，手不随心，避免表达与思维相差甚远。

对于六级考试的作文，学生应掌握真题中的写法。针对近几年来的真题作文，学生应首先加强练习，并认真分析和把握其中的写作规律，特别是以说明文和议论文为主的考题脉向，多练习、多分析，尤其是掌握写作模式。同时，在六级考试之前，学生应再加大练习的力度和强度，不至于在考试时手生，从而减少不必要的失分。

对于六级考试，学生已经复习了大半个学期。因此在接下来的面谈中，我将针对学生复习中的具体问题进行集中解答，从而帮助学生有效地复习和考试。

2007年11月10日

今天下午，我去见了大一新生，询问了学生相关的学习和生活情况。学生普遍反映一切都好，大学生活适应情况很好，所以我感到很开心。

针对学生提出的考研问题，我建议她们及早做好思想上的准备，比如，二外的准备。另外，大一、大二是打好英语基础的关键阶段，学生要脚踏实地，不宜好高骛远。在考研中，除了专业课的准备，重点在于二外的准备。针对大一时间相对宽松，学习压力不大的情况，我建议学生可适当考虑参加辅导班，从而为大三的二外学习打下基础。大一阶段，我建议学生多记单词，利用好各门课程的教材，从中汲取大量词汇，从而加强听、说、读、写、译的能力。由于大学生活和高中生活不同，大学更多靠学生主动学习，包括平时主动学习以及主动向他人，如老师、同学、朋友请教问题。此外，学生还要设立一个目标。在大学的初始阶段，设立好目标对于整个大学阶段的学习非常重要，不应忽视。在大学时间相对宽松和充裕的情况下，有的学生会迷茫、不想学习。针对这种情况，我建议学生适当地放松自己，多参加一些课外活动、社团活动，从而让课余生活丰富起来，增加与人交往的能力。事实上，学生也有类似的想法，其中有两名学生已经参加了外国语学院的学生会工作。另外两名学生也很想参加诸如此类的活动，从不同方面充实自己。

对于在学习过程中遇到困难，出现不想学习甚至想逃避的现象，我建议学生多找我聊天，从而获取一些鼓励，不断朝着自己的梦想前进。其实，在与学生谈话的过程中，我跟学生分享了我的大学生活，从而使学生受到一定程度的教益。同时，与学生交流的过程，促使我不断思考一些从未思考过的问题。

针对学生上进的想法，我给予了充分的肯定。我真诚地希望几年之后，每一个人都能有很好的发展。我告诉学生，努力学习的想法很可贵，但在实现的过程中难免有困难，因此应学会克服。努力加想法，也许就是成功的钥匙。在此过程中，为了达到目标，甚至要付出比别人更多的努力，有时难免会有想要放弃的想法，但是一定要有毅力，坚持就是胜利。

学生已经结束了期中考试，我告诉学生，大学的考试不同于高中，期末总成绩由期中考试成绩、平时成绩和期末考试成绩构成。因此，在平时的学习中，学生要积极发言，并且按时完成作业。对于考试的题型，特别是新题型，要引起重视。的确，大学考试跟高中考试是存在着很大不同的，大学的适应过程也包含很多内容，值得每一名学生仔细去体会和思考。

临走之时，我告诉学生如果学习和生活中有任何问题，可以随时与我沟通，而我也会尽可能多地与学生进行实时沟通。最后，我把英语学习的材料发给学生，希望学生在课余时间自主学习，从而更好地掌握好英语学习的方法。对于大学生成长成才计划，我建议学生每人复印一份，填好后再交上来。如果填表时有不明白的问题可以随时问我。对此，我们一起商量如何制定四年成长成才计划，并在以后的学习中有效实施。

2007 年 11 月 16 日

晚上跟大二的学生进行了简短的交流，话题内容主要是关于即将到来的六级考试。大学二年级，通过六级和专四考试是学生的主要目标。有的学生担心过不了六级，很是焦虑。对于听力考试，他们有点紧张。做了很多听力题，可是准确率还是不高。因此，我建议学生在听力考试时要充分利用听力说明的播放时间，快速浏览题目，从而做到心中有数，这种有明确目的的听力答题方法远比单纯地为听而听的效果好得多。对于考试结果，一切顺其自然。只要努力了就可以，不必有过重的思想负担，从而影响考试的发挥。由于距离考试时间很近，我建议学生考试之前一定要按照考试的要求多做几套真题，在检验自己英语水平的同时，也可以训练做题的速度和增强做题的感觉。对于听力，不必过分纠缠个别单词和短语，实在听不懂的地方可以暂时放一边，继续进行下面的考试，以免影响答题速度。抓住关键词和短语，对于听力理解十分重要。因此，我建议学生在平时的训练中不妨一试。同时，听力题目或材料一定要看原文，在原文的基础上对照听不懂的地方，这有助于听力的提高。借助原文，学生可以更深刻地理解内容，找出自己的不足，从而对症下药。

对于将来，每名学生都有自己的计划和打算。关于考研，关于未来的路，学生已经开始有所思考，对此我持赞赏态度。人就是应该及时反省自己，从而为未来打下坚实的基础。关于专四考试，学生问我是不是应该在寒假准备点什么。我的答案是肯定的。从2008年2月24日开学到专四考试，不过两个月的时间。如果不提前准备，匆忙地准备考试可能会有遗憾。所以我提醒学生期末考试结束后，一定要对如何复习专四考试制定具体的寒假计划。对此，有学生开玩笑说，即使假期有时间，也会因贪玩而疏于学习。不管学生对自己的要求如何，我还是建议学生至少要背一背单词，这是基础，不容忽视。

另外，有学生提出六级考试与期末考试某些科目几乎在同一时间，这会让学生很烦恼。我鼓励他们，不要怕，充分安排好自己的时间，是可以做到六级考试与期末考试不冲突的。这是学生学会解决问题的过程。人在压力到来的时候，应该学会计划好生活并掌握应对压力的方法。同时，在未来大四考研的时候，学生同样会遇到考研与期末考试冲突的问题。因为有了今天的经验，学生在将来更能从容地应对这些看似矛盾的问题。所以，从积极的角度来看，这反而是一件好事，对于学生来说，是一种很好的锻炼。

关于考试，我鼓励学生一定要有信心，及时复习，努力总会有回报。我相信，只要他们努力，通过六级考试一定不成问题。

2007年11月30日

本来我计划找大二的8名学生谈心，结果学生似乎很忙，于是约定好时间到我的宿舍交流。晚上9：00，学生如约到来，甚至还贴心地给我带了水果，这让我很感动。只有一名学生缺席，其余7名学生的精神状态都很不错。对于专四考试，我们并没有谈论太多。目前，学生还在积极准备专四考试，并且也有考前辅导。也许是有了六级考试的经验，学生似乎没有太过担心专四考试。我很开心，经过一年半的学习和生活的锤炼，我相信学生能顺利地通过专四考试。

对于前途，学生似乎比大一时有了更多的担心。有学生愿意毕业之后做老师，所以我建议这名学生考教师资格证是很有必要的。另外，也许考研对于想要自我提升的学生也是不错的选择。有的学生则愿意毕业后直接就业。不管怎样，我告诉学生在大三时多为自己积累一些就业的资本，比如考取资格证书。当然必要的外语考试以及计算机考试，要首先通过。不然在大三的专业学习阶段，加上对前途的思考，备考会容易让人困惑及劳累。

对于暑假，她们甚至都做了一定的打算，出去找公司实习锻炼自己，这样的想法很不错。学习知识是要应用的，实践经验对于英语的应用很有帮助。对此，我十分支持她们。至少学生已经慢慢变得成熟起来，有了自主的思考甚至是对未来的规划，这些想法是多么可贵。因此，我真诚地祝福学生能拥有美好前途。

对于那名没有通过六级考试的学生，通过我的观察，我发现她的精神状态同样不错。事实上，在与该学生的多次交流中，我发现她一直比较用功和刻苦，这次考试也许是个意外，我决定不再担心她，希望她专四考试顺利过关。与此同时，对于另一名考试没通过也没来我宿舍的学生，我决定再抽时间找她聊聊，鼓励鼓励她。

在与学生的交流中，我惊喜地发现了学生身上的可贵品质，比如努力、坚持、刻苦、认真等，学生的成长和进步是显而易见的。所以，身为导师，对于学生的成长，我很骄傲，也很自豪。

2008年3月16日

那天逛书店时，我无意中看到一本书，是关于大学生如何度过大学生活的，于是我毫不犹豫地买了下来，决定给大一的4名学生看看，或许对目前的她们会有帮助。

出于一些原因，学生与我没能准时见面，但为了能让她们阅读一下这本书，我来到她们宿舍，只有一名学生在宿舍。一眼看上去，她的精神状态似乎不太好。于是我询问她近况如何。她说最大的困难在于听力，她发现自己的听力不太好，这让她缺乏自信并且不敢参加演讲或辩论比赛，因为怕听不懂别人的话当众出丑。我帮她分析了一下听力不好的原因：词汇量不足，发音不准，抓不住听力材料的中心思想。在听力过程中一个词一个词地听，还没有养成做笔记的习惯。于是，我建议她多听录音，坚持练习。我还以自身为例，告诉她提高听力不仅是有可能的，而且是完全能做到的。其实我明白，重要的不是听力差本身，而是听力差给她造成的心理负担，从而让她缺乏自信，不敢在别人面前充分展示自己。在聊天的过程中，我逐渐发现，她的自信心不足不单单是听力差造成的，听力差只是一个诱因，还存在其他的因素，即以前学习环境的影响。因为考试得了第二名，她被老师以及家长以不正确的处理方式影响，让她从此在心里缺乏本应有的自信。明白了这一点，我似乎抓住了问题的关键。因此，我鼓励她要有信心，不要怕失败，努力向前。另外，同宿舍同学的优秀表现，也一度让她自信心不足。针对这种情况，我坦白地跟她说："你应该庆幸来到了一个表现良好的宿舍，同学的优秀不应成为你前进道路上的压力，而应成为一种动力。"在生活中也是如此，经常跟优秀的人在一起，人会不自觉地变得优秀起来。至于勤工俭学与学习的矛盾，我建议她以正确的眼光看待，并积极做出选择。既然决定了勤工俭学，就要有吃苦耐劳的精神和坚持不懈的决心。如果因为勤工俭学影响了上课的效果，也不要担心，平时可以想办法弥补回来。她点头表示同意。如果她实在不想耽误学习，她也可以选择不勤工俭学。这样她可以在思想上轻松点，但在生活中就要精打细算些。所以，问题的关键不在于是否勤工俭学，而在于在这一问题上有没有做出果断的选择。做事情千万不能犹豫不决，既然做出了选择，就努力坚持下去。另外，对于去校外勤工俭学，我并不支持。一是因为学校离市区较远，二是因为安全问题。所以，我认为她可以选择在学校里勤工俭学。尽管收入不高，但至少不用为遥远的路途而奔波，从而保持好的体力去学习。

至于另外三名学生，她向我做了一些情况说明，反映她们都很不错。有的学生，准备考研，所以忙着提前学习二外。对此我很开心，看到学生的进步，远比我自己在生活中获得成功还要开心。同时，她还告诉我，同宿舍的同学在精读课上的表现得到了老师的肯定，而且期末考试成绩普遍都不错。所以，我很满足学生的表现，希望她们再接再厉，今年能有更大的收获。

在与学生谈话的过程中，身为导师，我帮助学生一起分析了听力差的原因，甚至发现了背后的诱因。因此，客观地说，上述这些分析和探讨是值得的。发现了问题的本质，才能有针对性地解决。

2008 年 3 月 26 日

这几名学生相约来看我。一个假期不见，她们都有了各自的变化。勤工俭学的经历，让她们对生活、对社会有了新的认识。考研的学生，对如何准备考研更是有了一定的了解。这一切，说明她们进步了、成熟了。更重要的是，进入大三后，学生开始深入思考前途的意义，从而为未来做好打算。关于考研，我告诉她们，如果不换专业的话，那就从大三开始，努力学好二外。如果要改学其他专业，就要提前开始准备，至少大三下学期就应该努力起来，甚至一进入大三就要开始准备研究生考试。关于考证，特别是教师资格证，我建议学生考一考，以便将来能有资格和条件当老师。至于报考的程序，我建议学生多问学姐和学长，从而较早了解信息，做到有的放矢。同样，对其他证书考试感兴趣的学生，要及时上网了解相关的信息，也可咨询他人，从而提早做好准备。我的另外一个建议是，在资讯如此发达的当今社会，除了利用好网络资源，也应充分利用好校园里的资源。图书馆、书店等，只要学生们愿意去发现，总能找到有用的东西，从而为自己的学习和生活服务。

其实，大三对于学生来说，是一个学会思考的阶段。在这个阶段中，出现迷茫并不可怕，可怕的是没有从中理出思路，从而阻碍继续前行的步伐。在此，我衷心祝愿学生能在以后的生活中大放异彩。

2008 年 9 月 8 日

有大三的学生来看我，我顺便又给了他们一些建议。对于专四和六级考试，有一名学生未通过，其余学生都顺利通过，这让我很开心。但是，学生们感觉大三的生活有点迷茫，不知如何是好。我告诉学生们，不要担心，不要害怕。从大三开始就要设定新的目标。如果说大二的目标很明确，那么大三如何建立新的目标，显得尤为重要。大三的主要任务是考证。对于不懂、不知道、不了解的信息，要多向别人请教。就业还是考研，学生的看法不一。对于有点想考研但又有点担心的学生来说，我建议不管结果如何，学生都要努力去搏一搏，结果不是最重要的。到时候，是就业还是继续接受教育，由未来的自己决定。在这一过程中，学生努力过了，将来就不会后悔。另外，大三开始上专业课了，所以我希望学生们认真学好专业课，将来考研的时候，专业素养将会发挥重要的作用。另外，我还提醒学生，不管选择就业还是选择继续接受教育，口语的提高仍然是排在第一位的。我希望学生多多练习口语，从而为未来打下坚实的基础。

不知道那名考试没过的学生状态如何，如果有空的话，我想与她好好聊聊。我真诚地希望她能调整好自己的心态，重新努力，争取下一次顺利过关。实际上，这对她未必是坏事，有了不足及时弥补，也有益于个性的磨炼。希望她能明白其中的道理，并且做到不气馁、不松懈。祝她好运！

2008 年 10 月 10 日

中期教学总结

亲爱的同学们：

本学期的英语课程已经过半，不知道你们对英语学习有没有新的收获。课后，我常常在想我到底教了你们什么，而你们又学到了什么。对于教学中的不足，我常常在思考如何改进。但无论如何，在人生的道路上，只要一直思考着努力着，就一定会有进步。你们的英语学习和我的课堂教学是一样的，总会遇到挫折，遇到阻力。如果拥有坚强和恒久的毅力，任何困难都可以解决。

本学期发下去的英语资料的学习情况我并不太了解，但是我能猜到你们的回答。你们总是用没有时间当借口，但要知道时光不等人，希望你们一定要珍惜青春，不给自己留下遗憾。青春易逝，信心满满地学习一定会获得累累硕果，凭着你们付出的努力和汗水，前方的美丽风景一定会给你们热烈而温暖的拥抱。

如果你们看到今天这封信，猛然发现自己在英语学习上还没有取得实质的进步，那么也请你们不要着急，一切还来得及。大学的学习除了靠老师的指导，还要靠个人的努力。如果你们认真研读了学习材料，那么你们就会明白如何进行有效的学习。从现在开始，珍惜每一分、每一秒，用努力和汗水，给你们美丽的青春增添一份自信的筹码。

与你们相处的每一刻，都带给我无尽的感动和快乐。所以请你们接受我衷心的祝愿：

愿好运常伴！

吴玉玲

2008年4月14日

与学生们的期末谈话

亲爱的同学们：

一学期很快就过去了，新的学期也即将到来。也许你们对即将到来的假期很是期盼，但是在新学期到来之前，回首过去，特别是大一，我想在这一年中每个人都有很多或美好或痛苦的回忆。不管怎样，恭喜你们在人生的道路上又向前迈进了一步，离你们或大或小的人生目标又更近了一步。

在宿舍里批改你们的作业，我时而微笑时而皱眉。在你们长长短短的叙述里，我看到了许多，关于你们，关于你们的人生态度。在你们的文字里，体味你们的心情和故事。对于你们的心情，我很难真正理解。每个人的外在，只是心灵裸露着的冰山一角。所以要想深入了解你们还需要时间。不只是我，还包括你们自己，你们也需要时间来深入自己的内心世界，真正了解自己。所以请你们耐心地对待自己，对待自己的学习。不只是英语学习，在人生的各个方面，时刻努力去发挥自己的潜能。实际上，认识自己，认识自己的内在，是一个人在人生路上不断超越自己、不断挑战自己的前提条件。只有认清自己的优点和缺点，认清真正的自己，才能不断地向前。所以，在假期的时候，在某个宁静的下午，抛开外在的一切，与自己的心灵展开一场对话，从而明白内心的需求并且抓住今后努力的方向。

我思考了很久，最终还是决定以这样的方式，体现出对作业的批改和反馈。老师及时给你们指出英语学习中的一个或多个语法错误，这在一定程度上代表着老师的敬业精神，但是有时我会想：当作业本如期发到你们手里的时候，你们是否认真阅读了或者仔细研读了老师的批改？当然答案只有你们自己知道。所以，在这个时候，我觉得与其做看似"无用"的批改，还不如用少量的文字引起你们的思考，从而教会你们如何正确地对待学习和生活。于是，在你们的作业本上，我努力写下了这样的字眼：学会自我改错。是的，这对于每一个人来说都很重要。学会自我改错意味着学会自我发现问题，无论是语法的还是内容的，只要你们迈出了这一步，就说明你们已经在通往进步的路上了。同时，我意识到，自我发现问题的能力，对于你们来说并不太容易培养。所以在课堂上，我会有意识地教你们如何做到这一点。我希望你们在看到作业反馈评语时，能注意到这一点。这不仅对英语学习很重要，对其他科目的学习也同样重要。因为，发现存在的问题，并且对症下药及时解决，这一做法远比写更多的作业来得有效。与此同时，自主学习的能力也在这一过程中无意识地形成了。事实上，对大学生来说，掌握自主学习的能力很有必要。拥有快速把握信息的能力，在知识爆炸的社会里一直很有用。

对于作业，你们要重点关注观点和内容。在批改作业的过程中，我感受最深刻的就是教学相长。作为老师，不是永远的权威。在学生的身上，老师也会学到很多，也会从学生闪光的思想和意识里，学到不曾学过的东西。对于你们的观点，我很满意，有了明确的观点，接下来就是内容。内容要靠语言来表达。对于语言表达，我希望你们学会掌握自我纠错的方法。语言表达，对于你们来说是个难题，但也不乏表达恰当、流畅的作业。在表达观点的时候，词汇和语法对你们来说是两大薄弱环节。除了在课堂上认真学习，你们还需要在课后仔细揣摩和体会，从而精准掌握。另一个重要的问题，是英语和汉语思维方式和表达习惯的不同。你们的英语表达在汉语的影响下，始终带着汉语思维的烙印。英语和汉语是两种不同的语言，它们有共同点，但也有不同点。在进行英语表达的时候，很多学生忽视了英语和汉语的不同之处，习惯用汉语思维来思考，再用对应的英语表达出来，因此"Chinglish"随处可见。关于这一问题，需要明确英语和汉语的不同，注重提高英语思维能力，我也会在课堂上有意识地培养你们的这种能力。人总是在前进的，所以积极地面对自己的不足，然后总结经验教训，这样成长的道路会走得更顺利一些。我希望你们在学习的过程中，除了单纯的学习，还应包含对人生的思考。虽然不是必须做的事，但也颇为有益。这是我的一点个人体会，与你们共享。

另外，在回答问题的时候，还需要讲究回答问题的策略。它并不是单纯的"Yes or No"的问题，可以适当加入个人的想法，或举例，或论证，从而让答案丰满起来、充实起来。每个人的思维角度不同，但是丰富的思想在优美的语言的修饰下，会显得更有力量。我对作业的评语就是这些。希望你们在看到这些文字的时候，能够领会我的意图，从而在今后的学习中有所改变。同时，我希望你们在以后做作业的时候，有自己的个人思考并有所收获。摒弃了应付作业的心态，学习也会变得快乐起来。

在此，我真诚地希望你们，利用暑假的时间，认真思索学习英语的得与失，大二时在英语学习上有进一步的提高。最后祝福你们开心，快乐每一天！

吴玉玲

2008年7月3日

我的教学经历分享（一）

老师，能和我们分享一下您的经历吗？

我本科毕业于重庆师范大学英语教育专业，研究生毕业于重庆大学语言学及应用语言学专业。2006年，我进入南昌航空大学外国语学院，担任英语专业教师。

老师，大学教师这个职业是您一直以来的理想目标，还是机缘巧合发现自己适合这个职业的呢？

客观地说，读本科时，我的职业目标是本科毕业后，成为一名中学英语教师。后来，一次偶然的机会，我聆听了我们学院一位老师的考研讲座，于是我的学习动力和热情被激发起来。考研的想法油然而生,我想要体验一下这个过程。再后来,通过剖析自己的内心,我发现我喜欢大学教师这样一个相对自由的职业。因为,与大学生相处起来,随时能感受到一种来自年轻生命的活力和激情。

老师,您还记得当时找工作时最大的感触是什么吗?

客观地说,当时毕业找工作的时候,我怀揣着很大的梦想。但是,经过现实的磨炼,我发现要立足实际,适合自己的才是最好的。

老师,关于大学教师这份工作,除了专业知识,还有哪些能力是不可或缺的呢?

除了专业知识,我认为,一名大学教师还应该拥有宽广包容的心胸,善于理解和接纳学生,用一种乐观的心态,关注和挖掘学生身上的各种闪光点。对于学生身上存在的缺点,应鼓励学生认识自身不足,然后积极改进。同时,大学教师还要有开阔的眼界和扎实的学识。俗话说:"站得高看得远。"只有拥有扎实的学识和开阔的眼界,教师才能从"高处"指导学生,从而引导学生未来成为更优秀的人。此外,大学教师还要与时俱进,不能故步自封。身处信息时代,我们要勇于追赶时代潮流,借助各种信息化教学手段,努力学习和发展自我,从而使课堂变得更加丰富和充实。事实上,在这个过程中,教师并不无助。因为,对于教师来说,适时地向出生在信息时代的学生请教,也是必要的。同时,教师应积极向专家和周围的同事学习,这是提升自我的一种手段。最后,大学教师要有随时反思和记录的习惯。面对课堂上的各种突发状况,教师应善于及时总结和反思,将理论和实践结合起来,从而促进课堂教学质量的提升。

老师,这个职业最令您满意的地方是什么,最大的收获是什么呢?

大学教师这个职业对于我来说,最满意的地方在于我可以不断见证学生的成长和成绩。那种喜悦是自然而然的。看到学生的进步,我会不由自主地感到开心和满足,从而感受到生命的富足。最大的收获,就是我与众多学生一起,记录下了这么多年的英语教学历程,同时也为以后的教学提供启发。

老师，可以给现阶段的我们提些建议吗？

我对现阶段学生的建议如下：（1）制定英语学习计划，明确目标，及时行动；（2）利用信息时代的各种工具，拓宽和掌握英语学习的途径和方法；（3）扎扎实实学习，踏踏实实做人；（4）从不同渠道，吸收不同信息，学会整合和判断，从而培养批判性思维；（5）及时了解自我心理状态，接纳自我，培养逆商和情商；（6）多读文学作品，提升文化素养，从而成为一个有理想、有情操的人；（7）学会管理情绪，正确应对各种压力；（8）学会沟通和交往的技巧，在良好的人际关系中学会合作。

2021 年 10 月 10 日

我的教学经历分享（二）

老师，有什么书或者资料可以推荐给我们吗？

前一段时间，我在课堂上给学生推荐了两本关于时间管理的书籍，分别是《把时间当作朋友》和《时间管理幸福学》。我希望学生有空的时候，可以好好读一读，学会管理自己，管理时间，努力成为一个自律的人，从而有效把控未来的人生。在高中的时候，我读过一本书，书名是《平凡的世界》，至今印象深刻。主人公的人生经历，给了我很大的震撼。其实，我们每个人都是平凡生活的创造者，幸福生活要靠自己去努力和拼搏。此外，就英语学习而言，你们可以去读一读有关演讲的书籍，掌握一些英语演讲的技巧和方法，从而提高用英语进行公众表达的能力，比如，多次再版的经典著作《公众演讲的艺术》（*The Art of Public Speaking*）。希望你们有空的时候，在图书馆静下心来，读一读自己喜欢的书，从而体会和享受阅读的幸福。

老师，大学生可以参加哪些竞赛，要如何准备？

关于专业竞赛，我并不了解，但就大学英语而言，主要有全国大学生英语竞赛和"外研社国才杯"全国英语演讲、写作、阅读大赛等。对于如何准备这些比赛，我个人认为，要尽量做到有的放矢。比如，历年竞赛的真题或者音频、视频资料，都可以作为很好的学习参考。课后要多进行自我训练，反复琢磨和研究竞赛的类型、赛制和内容，从而把握备战的方法，提高竞赛的参与度和成功的可能性。

老师，可以分享一些关于考研的建议吗？

如何通过此类考试，我认为要做到以下三点：第一，提前做好准备。首先分析自己的专业和学科特点，然后选择目标学校，从而有针对性地开始准备。第二，重视英语的学习。英语是考研中不可忽视的，因此从大一开始就要打好基础，积累足够的词汇，夯实语法知识，从而发挥英语对考研的关键作用。第三，要把考研作为大学生活中的另一项挑战。即使有些学生将来不读研或者有些学生还在为是否考研而犹豫不决，我都建议你们勇敢地试一试。事实上，考研的经历很宝贵也很难得，它值得你们亲自去体验，从而为大学生活添上浓墨重彩的一笔。

老师，如果在学习、生活中有困难，应该第一时间找谁求助？

如果在学习或生活中有困难，你们可以在第一时间找教官、班主任、辅导员或负责学生工作的相关老师和领导。另外，各科老师、身边的同学、朋友以及家人，都可以作为寻求帮助的对象。困难不可怕，关键是如何克服困难以及拥有克服困难的决心和勇气。只有勇敢接受来自学习和生活中的挑战，才称得上对自己负责。

老师，您为什么选择当一名大学英语老师，有没有一些影响自己人生的重要人物？

我之所以选择当一名大学英语老师，首先，它充分契合我的专业知识，能够发挥我的专业优势，从而为大学英语教学奉献一份微薄的力量。其次，这个职业比较适合我的个性。与年轻的学生在一起，我随时可以感受到生命的活力和积极的人生态度，从而不断丰富自己的人生。最后，大学自由而开放的环境，让我向往。我喜欢这样的生活节奏。在我身心舒畅的同时，又能发挥我的潜力和动力。

影响我人生的重要人物有很多。比如，重庆大学的导师，他教我学会不断思考，用"what""why""how"来解决来自生活方方面面的问题。在整个求学生涯中，我幸运地遇到了很多良师益友。他们教会我专业知识，教会我做人，教会我对待工作的态度。他们带给我的影响是深远且朴素的。这些影响一直以某种内在的力量潜在地发挥作用，让我懂得珍惜和付出。我对他们充满了感激，同时我希望自己以他们为榜样，用实际行动，影响我的学生。

以上分享给你们，希望你们在南昌航空大学的四年学习生涯中，认真学习，努力提升自我，从而不断绽放人生的精彩。

2021 年 10 月 27 日

我的教学经历分享（三）

老师，您是何时参加工作的，可以简单分享一下您的教学经历吗？

2006 年我进入南昌航空大学外国语学院，担任英语专业教师。我的主要工作职责是教授大学英语，另外辅助一些教学管理的工作。担任导师或班主任，能够使我在学生管理中发现一些问题，并适时地将问题与大学英语课堂教学结合起来，做到教学与管理，甚至教学与思政有机结合。

我简单总结一下这些年的大学英语教学经历。在长达十几年的大学英语教学中，我经历了教学之初的混沌、茫然无措再到今天的成长。客观地说，这些年教学的积累和打磨很重要。我特别想强调的是，人生成长的路很长，不要着急，总有水到渠成的那一天。如今的我内心很平静，也很坦然，因为在时间的流逝中，我没有迷失自己，对得起曾经的付出。

老师，您有没有想过自己会在其他的岗位上大放异彩？

在其他岗位上大放异彩，是我从未想过的。这些年在进行教学和科研的同时，凭着对文字的热爱，我如实记录了不少关于大学英语教学、生活和思考的片段，算是对自己的职业生涯有所交代。

老师，您对于目前的大学英语教学有什么看法吗？

这个问题很有深度。客观地说，目前的大学英语教学，在培养学生的英语实际使用方面还有所欠缺。不过，无论是在学校、学院方面还是在社会方面，都在积极向其靠拢。比如，结合学校特色，学校和学院都在积极引导教师进行航空英语教学和专门用途英语等方面的探究。同时，我个人认为，在培养学生的英语实际使用方面，我自身做得还不够。虽然有这方面的意识，但在具体实践中我还缺乏深入的探究。其实，学习大学英语，除了掌握大学英语知识，培养听、说、读、写、译的基本能力，培养文化意识和跨文化交际能力，培养批判性思维能力等，最根本的还是在于老师要使学生意识到英语的实用功能，并且帮助学生在实践中体会英语的使用规则和方法，从而达到用英语进行交流的目的。另外，大学英语教学过程中的思政教育同样重要。这不仅能使学生具备良好的思想道德素质，而且能使学生在进行人际交往以及国际文化沟通和交流的时候展现出良好的个人素质和正确的世界观、价值观和人生观，从而对社会做出贡献。

我再一次梳理了教学历程，从中受益很多，值得我在今后的大学英语教学中继续深入思考和探究。同时，我相信未来的你们，一定会在自己的职业生涯中，探索并找到最适合你们自己的那个"点"，从而充分绽放生命的色彩！

2021 年 11 月 6 日

我的教学经历分享（四）

我在大学担任英语教师已有十五年了。经历了大学英语教学之初的困境，我开始关注学生发展和教师专业发展。通过课堂观察、学生访谈、问卷调查、师生反思等手段，我逐渐从关注教学的微观层面转向宏观层面，并且学会从旁观者的视角来审视教学和科研，从而达到师生自我完善和提升的目的。具体内容如下：

以生为本，能思并进。在教学工作中，我认真负责，满怀爱心和责任心，公正对待所有的学生。秉持赏识教育、因材施教的理念，我努力在课堂内外发现学生的闪光点和不同的学习风格，并以此为出发点，创设教学情境，最大限度地发挥学生的潜力，使学生对英语学习充满信心和动力。此外，我非常关注学生的心理变化，从心理学的角度切入，站在学生的角度理解他们，与他们共情，并给予学生及时的帮助和引导。有时，我会以自身或他人的经历从思想上引导学生，帮助他们平稳地度过迷茫和困惑阶段。近两年，我开始系统归纳大学英语思政教学的实践经验，让它成为教学的有益补充和学生思想的营养补给。立足于大学英语课程建设和课堂内外实践活动，学生的学习效果体现在大学生英语竞赛得奖，通过四、六级考试，以及在各类竞赛中积累实践经验。总之，基于"以学习者为中心"的理念，我试图借助各种教学手段，积极挖掘和激发学生的学习潜力和动力，从而不断提高学生的学习能力并实现"立德树人"的目标。

科研尝试，探索提高。教学与科研总是相辅相成的。在大学英语教学实践的基础上，我主持完成了省级教改课题《任务型教学法在大学英语精读教学的研究与实践》（2013年9月至2015年12月）和省级教育规划课题《大学英语大班个性化教学模式建构与探索——以南昌航空大学为例》（2018年3月至2020年12月）的科研课题任务。此外，在2017年我主持了校级创新创业教育大学英语课程培育项目（在研），因此积累了一系列关于大学英语创新教学的宝贵科研资料。同时，我参与了同事主持的多项大学英语教学课题，并且发表了相关论文。总之，以教学为基础的科研探究，使研究课题有落地点，从而达到二者的有效融合，以此提高教学成效。

积极研修，与时俱进。为了提高自己的理论素养，我积极参加大学英语教学法讲座、校内和校外各类教育教学培训活动以及线上和线下各类教学科研讲座。这在一定程度上拓宽了我的视野，让我获得了教学的灵感，并且努力跟上时代发展，及时转变教师角色，掌握利用信息化教学手段进行有效课堂设计的方法，从而使学生受益。客观地说，2018—2020年超星学习通平台的教学实践探索以及2020年多维在线教学平台的使用，让我对大学英语教学有了新的认识，并且对线上和线下并行式教学进行了重新定位，从而采取不同的教学策略和方法，与时代接轨。

笔耕不辍，勤思奋进。在教学和科研之余，面对问题我没有回避，而是不断记录、总结和反思。因此，在课堂教学之余，我记录了大量的教学案例、教学反思和教学随笔。比如，征文比赛获奖作品，它们看似与教学无关，但是，它们在一定程度上映射出教学的真实影子。它们让我在混沌中逐渐清晰，在反思中寻得突破和进步。当我回顾这些材料的时候，我才发现它们对于大学英语系统化教学有巨大的提高作用。

总之，在大学英语教学中，我努力兼顾教学实践和理论风向标，试图提高课堂教学质量，从而使学生受益。事实证明，只有教师付出了真心和汗水的大学英语课堂教学，才会得到学生的尊重和赞赏，我愿意为之继续努力！

2021 年 8 月 26 日

第四章　大学英语教学与科研思考

关注教师的精神世界

一、先生存后发展

时间转眼就到了2006年10月15日。从开学到现在，已过去了一个月，但我发现自己并没有很好地适应这个环境。每天的生活除了备课、上课就是坐班，日子重新被定格在宿舍、食堂和教室三点一线上。只是不同于以前的校园生活，如今的我，已不是往日单纯的学生，而是肩负责任的教师。作为一名教师，上好课已是义不容辞的事情了。愉快、沮丧以及混杂其中的各种情绪构成了这段时间下课后的心情。此外，这段时间，科研已经成了熟悉的"陌生人"。回到宿舍，看到自己曾经的科研书籍，心里落寞又苦恼。在这种情况下，我的情绪变得低落，我在心里不停地问自己：这就是我向往过无数次的生活吗？在这种矛盾的情绪包围着我的时候，是学院书记的话点醒了我，让我顿时豁然开朗："作为教师，特别是新教师，首要的任务是教好书，然后才是搞科研，就是所谓的先生存后发展。"此时的我不是正在为先生存后发展，还是生存和发展同步进行而苦恼吗？它们之间本是先后关系，似乎是我搞错了它们之间的关系，才会令自己如此苦恼。

二、选择的理由

来到这所学校，我不是没有抱怨过。但是抱怨之后，我依然选择努力地工作。那天，我在书上看到这样一段话："真正的知识分子最看重的不是钱多钱少，他们最看重的是工作氛围，是能不能心情舒畅地工作。大家都知道，真正的累不是身体上的累,真正的累是'心累'"。在那一刻,我恍然大悟。在外国语学院良好的工作氛围中,有着多位老师对我教学工作的提携和帮助以及同事间良好、和谐的人际关系,还有什么值得抱怨的呢?所以,我放下自己的抱怨,用一颗接纳的心去体验和感受人的精神世界。所以,在这良好的工作氛围里,我选择努力地、安心地工作。

三、充实自己

工作之后,接触的自然还是英语。但是角色已经转换,我已不再是学生。身为教师,我对自身的知识素养以及专业水平要更加严格要求。听别人讲课和自己讲课的最大不同就是:听是有选择甚至被动地听,而教则是全面、主动地教。所以,在工作中,发现教学不足后,我的脑海里时常蹦出的想法就是:多读书,读好书,充实自己。其实,充实既是为学生着想,也是为自我的提升做准备。客观地说,在教学的不足面前,我时常会感到汗颜和羞愧。我甚至会不断焦虑,进而怀疑自己,对自己失去信心。但是,在经历伤痛后,我发现自己比以前更加成熟和稳重了。其实,作为新教师出现教学不足是情有可原的,但不要因此气馁、退缩,要勇敢、大胆地站起来,为未来的奋斗目标而努力。

2006 年 10 月 15 日

青年教师教学汇报总结

成为老师,已是一年又半载。在这段时间里,我经历了初为人师的青涩。慢慢地,我开始从各方面变得成熟起来——熟悉校园文化、了解学科特点、体会教学实践、把握教学动向,一系列的经历,让我一直处于进步中。其实,在成长的过程中,青年教师教学汇报对我产生了很大的促进作用。它就像催化剂,在它的推动作用下,身为青年教师的我才会迅速地成长起来。

研究生毕业,对于我来说,仅仅是学会教学的开始。在校掌握的教学理论,只有经过课堂的教学实践才能进一步融会贯通。因此,实践和理论的结合,是需要过程的。在教学实践的过程中,我个人认为,刚开始理论暂时不能有效地发挥作用。只有经过实践的摸索，真正的教学才会开始。所以，在初为教师的半年里，凭着对教学的热情和对学生的喜爱，我的教学工作做得还不错。但是在此过程中，我发现了自身存在的诸多问题——基础知识不牢固、课堂教学把控不准以及师生交流不流畅。坦白地说，对于后两者，经过教学实践的考验，我可以逐步完善起来。而对于前者，我顿时产生了沮丧的感觉。在疑惑之中，我静下心来，开始认真反思。其实，读研的三年时间里，理论知识的充实让我无意识地忽视了自身基础知识的夯实和提高。因此对于我来说，找到症结实在是一件幸事。不久后，青年教师教学汇报如期而至。虽然我早已有所准备，但却临时怯了场。草草收场的汇报，让我心生难过。为什么事先准备好的知识，在上讲台后我却不知所云了呢？分析原因，正如学院教师指导委员会专家所说的，要加强备课，讲解过程中尽量保持条理清晰，讲课应该脱稿，加强与学生的互动。虽然讲课之前我有所准备，但我准备得还不够充分，否则讲课的效果也不会太糟糕。另外，之前我发现自身的基础知识不牢固，这使得我信心不足，从而导致讲课失败。因此，夯实基础、充分备课是这次青年教师教学汇报中我获得的最切实的体会。同时，通过这次讲课，我看到了同事们的专业精神和教学特色。所以，我要学会向周围的同事学习，体会他们讲课的特点，从而取长补短。闭门造车只能让我的眼光变得狭窄，更别谈进步了。客观地说，青年教师教学汇报给我们提供了一个教学进步的平台。在忙碌的教学中，我们很少有时间停下来，真正思考怎样改进教学，以此提高教学质量。所以，这次青年教师教学汇报对于我来说，是一个很好的提升机会，那就是发现自身的缺点，学习他人的优点。

  让青年教师尽快站稳讲台，是学院教师指导委员会一贯的宗旨。正如那位老师贴心的话语：先生存，后发展。这句话，我牢牢地记在了心里。讲课的失败，虽然让我有很大的挫败感，但也让我清醒地认识了自己。如果缺乏实践经验的积累，即使拥有丰富的理论知识，也很难在短时间里提高教学质量。从另一个角度来讲，我的理论知识仅限于在校时的学习和积累，还远远不够。所以，在着急发表论文，而论文和教学都没有收获的情况下，我终于明白了一个道理：先搞好教学，再提高理论。教学和理论相辅相成，但教学是基础，基础不牢固，所谓的理论也是枉谈。

既然教学很重要,理所当然要先做好教学工作。然而在实际教学过程中,事情并不如想象的一帆风顺。所以不断摸索和探究,是首要任务。一位老师曾经说过,要针对不同学生的特点采取不同的教学方法。学生学不好,不光是学生的事情,也在于老师没有很好地掌握教学技巧。

在学校里要很好地了解学校的人和事,校报是一个窗口。养成这样的习惯,收获很大。最近半年的教师教学手记,让我颇为感慨。看着同校青年教师的教学体会,有失败也有成功。我开始仔细体会他人的经验,详细记录下来,力求不断完善自己。此外,图书馆的新书介绍,特别是与教学有关的新书,让我倍感兴奋。我将书名记下,然后到图书馆去借阅或者到书店去购买。这可以算是一种意外的收获。

一年过去,新一轮的青年教师教学汇报如约而至。我又紧张了起来,担心出现去年的状况。于是,我开始停下来研究他人的讲课特点,借鉴他人的讲课方法,并且反思自己的教学实践。在准备的过程中,我发现收获很多。重要的是,在忙忙碌碌的教学工作中,我开始停下来思考,并且适时向他人学习。至此,我终于明白,为什么我听了很多有经验的老师上课,但教学水平始终没有很大提高。首先,我缺乏一定的思考。另外,每位老师都有各自不同的授课特点。因此,听课不是一种目的,而是一种手段。关键在于,如何有效研究有经验老师的教学风格,然后结合自身的特点,加以反思,逐步形成自己的教学特色。在课堂中,我经常告诉学生注重学习方法,却忽视了在教学中注重教法。

事实上,青年教师教学汇报是一种手段。如我一样的青年教师,在慢慢走向专业化成长的过程中,会逐渐明白它的作用:发现不足,向他人学习;总结教法,做到理论和实践相结合。以上,是我个人对青年教师教学汇报的一点体会。其实更重要的是,我要感谢这次总结,让我有机会重新审视曾经的教学历程,并达到逐步完善自我的目的。青年教师教学汇报,如这次总结一样,是教学过程中的一次重要经历。唯有不断总结过去,才能从容前行。

2008 年 1 月 24 日

教学是一门艺术

从毕业到现在，从事教学工作已经有快两年的时间了。在这个过程中，我从初出茅庐的青涩到现在越来越成熟。教学的各个步骤已经熟练了很多，关于教学方法的书我也阅读了很多，但在实际教学中，做到这些并不意味着教学的成功。各种各样的情绪伴随着我、困扰着我，促使我在教学中不断反思，找出原因，对症下药。

有人说，教学是一门艺术。教到现在，我深刻地体会到了这一点。在实际教学过程中，教师课前的精心准备，并不能确保课堂教学的顺利进行。学生和老师的精心准备，会相互产生作用，双方共同掌控着课堂教学质量。由于我所教的班级学生是艺术生，学生普遍存在英语基础差、底子薄的问题。因此在课堂上，要让学生与我互动起来，还需要很大程度的努力。作为老师的我，起初并没有意识到自己面临的困难。在教学中，我逐渐发现要给他们上好课很不容易。英语基础差、底子薄并不是根本所在，这些问题背后是学生对英语学习的信心不足以及兴趣匮乏，这才是根本。进入大学以后，在老师的引导下，大多数学生已经意识到了英语学习的重要性。在这种情况下，有的学生开始努力学英语，实际效果还不错。客观地说，这是对那些基础良好的学生而言的。但是，这样的学生毕竟占少数。那么基础一般和基础很差的学生，他们的英语学习情况又是怎样的呢？在观察学生的过程中我发现，基础一般的学生在英语学习遇到困难时，基本处于一种很茫然的状态，想学好但能力不足。而本来基础很差的学生，在经过一段时间的努力无果后，他们也基本上丧失了对英语学习的兴趣。对于他们来说，来上英语课，不是一种学习的享受，而变成了一项任务。因为老师可能会点名，点名不到的话，平时成绩就会减少，而平时表现不好，想要考试及格，几乎不可能。但是，学生内心深处还是希望考试能顺利通过。因此，在这样的学习氛围中，要在课堂上调动大多数学生的英语学习积极性，对老师而言并不容易。总体来说，学生按表现基本上归为三类：认真学习型、茫然困惑型和缺乏兴趣型。面对这样的现状，老师的任务不仅仅在于教，而且要提高大多数学生的学习兴趣，从而促进课堂教学的成功。

既然教学是教和学的双向互动，在教学效果不佳的情况下，老师和学生应该互相反思。对于学生而言，他们对教学效果的反思相对较少，但这并不意味着老师可以忽视对自己教学的反思。老师不仅要反思自己的教学言行，还要反思学生在学习过程中的言行以及原因所在。所以，任何有责任感的老师，都会在反思中做到尽量客观和公正，从而更好地提高教学水平。对于老师而言，对学生的反思，并非易事。对此，老师应该努力去探究原因所在，而不仅仅是站在自己的立场上埋怨学生上课时的不良行为。上课睡觉、抄袭作业等，这些看起来让人气愤的行为背后，都存在一定的原因。以上课睡觉为例，学生如果不是对课堂不感兴趣，就是没有休息好。休息不好的原因在哪里？比如学习负担重、早起锻炼等，这些都会在一定程度上影响学生的睡眠。对于抄袭作业的情况，一是不会，但老师要求上交，不得已只好抄袭；二是基础差，完成作业实在是一件困难的事情，所以抄袭；三是交作业期限已到，不得不抄。在课后与学生的交流中，当我了解到学生实际的学习、生活和思想状况后，我对学生的不良行为有了深入的理解。理解背后，更多的是反思：在这些问题上，老师应如何更好地引导学生？比如在课堂教学中，老师要尽量布置有趣的作业或符合大多数学生实际水平的作业，从而引起学生的学习兴趣并培养学生的学习责任感，进而提高学生的英语学习水平。

作为老师，站在学生的角度考虑问题是必需的。如果老师能以宽容的心态，以艺术的手法，对待学生和课堂，那么老师的课堂教学就会有所进步。相反，如果老师一味地站在自己的角度，不断抱怨学生的不良行为，这样也许能上好课，但是却不能真正教好书。因为教书与育人是紧密联系在一起的，教书的过程是艺术，更是润泽学生心灵的甘泉。

2008 年 5 月 16 日

杂谈教学

很偶然的机会,我在网上看到这样一篇文章:《做教师,是需要勇气的》。读完之后,颇有感触。是的,做教师是需要很大的勇气的。在毕业之前,出于性格的原因,家人希望我能到学校工作,但是,我并不想这样做。表面上我希望自己在社会上努力一下,但实际上,我还存在一种胆怯心理。在学校进行教学实践的时候,我对于如何很好地把控课堂一直很头疼,这样的情绪,在我身上积累太久。虽然读研的时候略有改观,但我还需要不断地锤炼。在众人面前,特别是当几十双眼睛一起看向我的时候,我感觉如芒在背。基于这样的体验,我对教学并不那么感兴趣。但是,人总得正确地认识自己。为此,我找老师和朋友谈过我的担忧。他们都很鼓励我:"做老师,你还是很适合的。师范专业教育背景,加上英语专业研究生,更重要的是你的性格适合在学校里工作。"最终,我选择了做老师。虽然我还是很担忧,但是骨子里不服输的勇气一直激励着我:"你,一定可以做得很好。"

如今,两年的时光已经悄然而逝。做老师,特别是大学英语老师的滋味,可以说是酸甜苦辣咸,五味俱全。记得毕业的时候,老师赠予我的一句话:"搞好业务,真诚待人。"他所指的业务,就是教学和科研。如今,在两年的磨砺中,我的英语教学水平相比以前有所提高。但是科研水平,我始终没有提高多少。读研时,我大致学会了如何做科研。但是理论的东西,具体到实践,还需要长时间的积累。在教学中,我积累了很多的教学经验,记录了不少课堂内外学生、同事和自己身上发生的教学故事,但那只是教学记录,不能称作教学理论。因此,如何把教学实践同教学理论有效地结合起来,对于目前的我来说,仍然是一个难题。

但是,科研不是一天两天就能完成的事情,我不能好高骛远。科研需要长期的积累,一点一滴的积累。我还需要多读书,多实践。具体的教学实践,是一件让人无时无刻不在思索的事情。教学,不仅涉及教,还与学有关。作为教学主体和实践主体的老师和学生,在教学过程中相辅相成。因此,课堂教学的效果，与老师和学生双方都息息相关。老师教好了，学生没学好，不能称为成功的教学。老师没教好，不管学生有没有学好，都不是成功的教学。要想取得课堂教学的成功，老师除了需要拥有高超的教学水平，还需要学生的密切配合。如果学生配合不积极，那就需要老师的教学艺术。初为人师，在意识到这一点后，我开始拼命提高教学水平。虽然目前还有不足，但终归有进步。初为人师，自我安慰似乎成了我的精神支柱。也许是性格使然，我对教学太过于小心翼翼，太过于追求完美。但是，无论如何，这是我的真实写照。读书的时候，我常常需要靠闹钟来叫醒自己。教书的时候，曾经有大半年的时间，我基本不用闹钟，每天早上我都会早早醒来，然后仔细斟酌当天要上的课，哪些细节还没有想好，哪些材料还需要再充实。即便这样，课堂效果也不是次次如意。在我或欢喜或沮丧地回到宿舍的时候，我知道不管怎样我都需要及时总结教学的得与失，从而达到提升教学水平的目的。事实上，在努力提升教学水平的这段时间里，紧张常常如影随形。学生对我的评价让我进一步反思自己，接受中肯的意见，从而完善自己的教学。其实，在与学生相处的过程中，已经形成了良好的师生关系。有学生曾经这样对我说："老师，你认真教学的态度很好。我以前有一位老师，也是刚刚开始教学。虽然他教得并不好，但是他的态度让我敬佩，我很尊重他。"除此之外也有一些令我沮丧不安的话，但是我会告诉自己："加强教学，一刻都不要松懈。"因此，针对教学现状，最重要的还在于意识到自身教学的不足，从而最大限度地改进。

除了教学水平，教学艺术是使学生在课堂上配合老师的另一个重要因素。教学艺术，内容很宽泛，每位老师的理解都不一样。但是在我看来，那就是协调好师生关系，使学生愉快地学习，老师愉快地授课。如何实现这一点，手段有很多。讲课幽默，就是其一。幽默是关乎老师个人性格的事情，并不能强求。记得本科毕业实习时，一位老师曾对我说过一番话："课堂四十五分钟，每十五分钟左右，用一定的方式来刺激学生的大脑，从而让他们开心，产生学习的愉悦感，进而跟上老师讲课的节奏，不至于走神。"现在课堂上使学生走神的因素很多，比如电话、短信等，这些往往会成为课堂的干扰因素，使课堂秩序混乱，老师不得不停下来维持秩序。对此，老师如何把学生的心思从上述事情中转移到课堂上，课堂教学艺术发挥着很重要的作用。

教学艺术，除了保证课堂的顺利进行，还在课堂之外发挥作用。一个好老师的教学，不仅能在课堂上吸引学生，在课堂外还会刺激学生主动学习，从而使他们"乐学"。简单地说，老师的作用就如一块磁铁，随时吸引着学生的兴趣点和关注点，从而点燃学生的学习兴趣，让学生开开心心地学习。引导学生"乐学"的因素也有很多，比如老师的人格魅力、老师的教学方法、老师的教学内容等。记得一名学生曾经对我说："老师，你上次放的那个电影很有趣，我们很多同学课后都在网上下载了。"我很惊讶，对英语学习不太感兴趣的学生，能够做出这样的反应和举动，让我很是感动。其实，与其说是对我的教学感兴趣，不如说是影片激发了学生的学习兴趣，从而使学生充满好奇心。因此，在这个过程中，学生在电影的魅力中不知不觉地提高着英语水平。此外，老师的人格魅力，也是重要的因素之一。在这里，人格魅力不是单纯意义上的吸引，而是一种学生对老师的信任。在获得学生的信任之后，在打破学生内心的坚冰之后，课堂教学就会变得更加轻松。因此，在与学生聊天和沟通的过程中，作为老师的我，获取的不仅有学生的信任还有支持。更重要的是，在深入了解学生的思想状况后，我开始更有针对性地开展课堂教学。只有在老师的正确引导下，学生才能对学习产生新的认识，从而下决心学好。我不能说我有很好的人格魅力，但是通过"抛砖引玉"的做法，引导学生产生更深刻的学习思考，是我一直以来极力要做的事情。

水滴石穿，一直是我坚信的理念。在我一路蹒跚的教学路上，有小成功也有大失败。无论怎样，以一颗平常心应对，认认真真做事，踏踏实实做人，是我信奉的真理。当初的我，对教学心存胆怯；如今的我，对教学心存勇敢。无论前方的道路如何，做个有勇气的老师，敢于担当的老师，是我不变的理想追求。

2008 年 11 月 6 日

我的教学科研之路

刚毕业走进学校教学的时候，我的内心充满了忐忑和不安。尽管有之前的教学历练，但是，一想到要走进英语专业的课堂，我还是感到一种极端的不自信和焦虑。在这样的状态下，站好讲台、站稳讲台是首要的目的。有过挫败的感觉，也有过幸福的时刻。几年过去了，我到现在还清楚地记得与同事共同讨论教学问题的美好时刻。这样的时刻如一幅图画刻在我的脑海里永远难忘。当然，仅仅做好教学工作是远远不够的，还有很多的英语文章要读。然而，浮躁一直困扰着我，我根本读不下去。领导也曾多次提醒我把硕士论文浓缩一下，改写成一篇小论文，尝试发表出来。但是，面对硕士论文我难以下手。于是，一切都似乎浮在半空中。因此，对于教学和科研，我犹如一头困兽，始终找不到任何突破口。

其实，我已经意识到了科研的重要性。我也写了几篇文章，然而我并不满意。它们既没有基于理论，也毫无现实意义。时间就这样悄悄地流逝着。随后的几年，我也是在纠结和焦灼中度过的。在教学初期，我申报过一次校级教学课题。尽管我做了充分的准备，但还是失败了。一种从未有过的沮丧包裹着我。于是，在不安与焦灼中，我如期参加了博士研究生考试，最终未能如愿，我重新陷入深深的沮丧之中。但令我意想不到的是，这个时候，我竟然在教学上获得了一丝灵感。这份灵感或许来自考博的试题，试题中灵活的出题模式，让我有一种豁然开朗的感觉。正如听课专家所言的："你的教学有所进步，你也更加勇敢和自信了。"是的，首先要跳出思维的牢笼，学会从宏观上把握文章。对于精读教学，我不再那么挫败。实际上，虽然我对教学还不是很满意，但我明显感觉到了自己的进步。从微观上，我开始尝试在教学中实施一些简单的想法，效果似乎还不错。于是对于教学，我第一次增加了一点信心。然而回过头来再看看自己的科研，还是一片空白。沮丧又一次涌上心头，所以在随后的几年里，只要有继续学习的机会，我都会积极参加，我迫不及待地想从专家和学者身上获取教学和科研的方法或者灵感。在聆听讲座的同时，专家和学者的发言让我醍醐灌顶，眼界大开。其实，专家也是普通人，在他们形成某种理论假设或实现教学实践突破的背后,是他们坚持不懈的艰辛付出。于是学习回来后,我开始不断阅读专家学习和科研经历的相关书籍。他们的经历告诉我,正是在耐心对待科研的基础上,他们进行了大量阅读和实践,从中不断摸索和探究,形成一定的知识体系和理论体系,从而实现个人的突破。

  焦虑感在一点点减轻。有时我也与同事探讨如何突破科研的话题。这样的讨论虽然不多,但多少有一点启发,也给我带来了自信心。然而,就读书而言,我还是没有真正地读进去,理论更是难以理解。于是,我再一次开始质疑理论的实际作用。时间转眼就到了2013年。在这期间,我同样积累了不少的教学实践经验。因此,在我的很多笔记本上,我留下了诸多的教学反思。在那段时间,我突然注意到了任务型教学法,"做中学,学中做"的理念一下子吸引了我。与其说"吸引",不如说我一下子找到了与之前的教学实践相符合的理论。从理论到实践,我终于找到了突破口。于是,我打算申报校级教学改革课题。我认真研究了任务型教学法的理论体系,回想研究生期间的初步科研经历,再钻研教改课题的申报方法和程序。终于,守得云开见日出,申报成功了。喜出望外的同时又在意料之中。

  有了这一次申报课题的经历,我似乎重新找回了自己对科研的信心。于是,我接着申请了几次课题,有成功也有失败。平静下来,我开始客观地分析原因。凡事不能急,要慢慢来。

  一切回到了起点。焦灼似乎变成生活的关键词。但幸运的是,从老家回到南昌之后,我及时阅读了一些书籍。正是这些书籍在一定程度上开阔了我的科研视野。有位同我一样的老师,在课题申报初期由于对课题的认识不深入,也陷入了焦灼。然而,正是在科研课题的压力之下,她开始一步步耐心细致地研究起来,最终取得了很大的收获。这样的事例,正是眼下的我迫切需要的。这份鼓励再一次给了我非凡的动力,让我开始对课题申报有了极大的信心。其实,一切如专家所强调的,在课题中要增强对当前教学科研的前景、热点、兴趣点的敏感性,从宏观和微观上,从理论和实践上找到契合点,从而达到探究课堂教学的本质。所以,从这个角度来说,要搞好科研,课堂是活水,教师应珍惜课堂教学情境。与此同时,教师也要保持理论的先进性和敏感性。

  在课堂上,我曾经无数次对学生说,英语学习贵在坚持,要学会永远不放弃。然而，我的教学和科研经历，又何尝不是放弃——坚持——再放弃——再坚持的循环过程。人们都说身教重于言教，我曾在火车上碰到过一个大学生，他说："老师自己平时都不怎么写英语作文，又怎么能期待老师能给我改好作文呢？"我不知道是哪位老师给他留下了这样不愉悦的写作经历。但是我想，无论如何，学生是聪明的、敏感的，他们似乎能从老师的个人世界里窥探出什么。

教师应该秉持做中学、学中做的理念，并且达到终身学习的目标。在知识欠缺时，唯有学习，才能让教师重拾自信和活力。曾经一度，我对反复使用的教材产生了厌倦感，上课也不再充满新鲜感和好奇心。然而，在关注任务型教学法的过程中，我开始重新认识了让我感觉厌烦的教材。这一次，我开始从宏观上、整体上把握教材，知识再一次变成了灵活可动的东西。脑子里有了新想法，人也变得理智起来。学校、教材、教师、学生，这些主体重新被建构在一起，构成了无尽的教学源泉和动力。上次，在学校碰到同事兼导师万老师，她很坦诚地跟我说："你不妨研究新的理论，最近比较流行并且有一定的科研价值。"的确，时刻保持科研的敏感性，在任何时候都不为过。我心里的感动无以言表。一路走来，向同事学习，向学生学习，正是他们塑造了如今的我。

有时，我也抱怨文科的科研难做，因而我特别羡慕理工科专业的同事们。做做实验，论文就出来了。然而，在与同事的一次交流中，我恍然大悟。他说："你们的研究至少是与教学结合在一起的，而我们的研究却是教学与实验割裂开的。在上完课后，我们还要不辞辛劳地照顾好实验室里的'宝贝'，以便让它开花和结果。"古语说，这山望着那山高，说得一点不假。于是，我不再痛苦和纠结文科和理科的优势和好处。停止抱怨，做好自己该做的事情，才是最重要的。

日子悄悄地从指缝中溜走。曾经年轻的同事，也已有了中年的味道。额头上、面颊间，改变的不只是容颜，还有心理。匆忙的日子里，摒弃来自社会的浮躁，坚持内心的追求，生活才变得从容起来。这么多年的教学，对学生的影响或改变，也许是微小的，但只要有那么一点点，就是值得的。明白一些道理，一切都还不晚。幸运的是，在教学灵感出现时，我及时进行了记录和总结。这些记录和总结，将不断构成我科研素材的活水，从而激励我勇敢前行。所以，努力是唯一的出路，让我和所有的同事共勉。

2014 年 11 月 30 日

对于教学的一点感悟

教学中的任何一点收获或问题,都是灵感。捕捉来自教学中的灵感,并加以总结,就构成了很不错的教学素材。所以,我希望记录生活中的点滴,从而汇成思维的海洋,让教学变得生动有趣。

一、重新做回学生的感受

今年上半年,我参加了一次雅思阅读课堂。在上课的过程中,有紧张也有兴奋。外教的课堂活动是多样的,课堂内容是丰富的。在一天的时间里,分享这么多的内容,作为学生,我得随时准备调动思维,从而跟上外教的节奏。因此在这个过程中,我重新体验了做学生的感觉以及被老师提问的紧张。课堂结束后我很是感慨。做老师做久了,我都已经忘记了曾经做学生的真实感受。在课堂提问时,对学生一味地进行鼓励是没有用的。唯有深入地了解学生,掌握学生的层次和水平,从而让学生回答适合他们水平的问题,才不至于让他们失去学习的自信心。

二、快乐和知识,孰轻孰重

其实在潜意识里,我希望学生从课堂中能学到知识或其他内容。课堂活动的多样性,正是我的教学不足所在。然而,回顾我的研究生课堂学习,特别是统计方法的学习,我好像并没有学会什么。后来,有关统计学的相关知识,我都是被论文催促着,临时学会的。雅思阅读外教的课堂故事和经历分享,在那一刻吸引了我,我从课堂中体会到了不一样的人生和快乐。

三、情感共鸣

读研究生时,有一次一位老师在上课的时候突然哽咽起来。下课后,一名男同学非常不解地对我们说:"老师为什么哭?"对此,我认为他其实不懂老师。在我的个人字典里,有"共鸣"两个字。所以,我很理解那位老师的情绪失控。

读博带来的思想压力,老师也不过是在那一刻进行释放而已。所以,在课堂教学中,情感的共鸣很重要。由于每个人的背景不同,因此我们不强求对方一定理解和认同自己。但是,保持情感的共鸣很重要。因此,我希望生活中的每一个人都能认识到共鸣的意义和价值。在不同的时刻,我们会不自觉地呈现不同的心理状态。从这个角度来说,我们可以把它延伸到课堂中。教师要从情感上处理好学生的不同情绪,并且与学生产生最大限度的共鸣,从而达到激发学生潜力的目的。

四、向他人学习

随时随地向他人学习是很重要的,对教师来说也是同样重要。女儿在外面上培训班,我遇见过各种各样的老师。对于那些优秀的老师,我会时刻观察他们身上的优点,并不断地模仿和学习。然而,我也碰到过不那么优秀的老师。他们正如当年的我一样,缺乏教学经验。同样,我也能从他们的不佳表现中,得到一些教训。记得当年学生曾真诚地对我说:"教学不足没关系,但要对学生足够真诚。"坦白地说,学生能透过蛛丝马迹看出老师的工作态度。所以,有老师和家长双重身份的我,能从年轻老师的工作态度和方法中看出他们对孩子是否付出了真心。如果教学经验不足,教学态度又有问题,我就会果断切断联系。人生的旅程充满了竞争和压力,不断地学习和进步才是唯一的出路。

五、勇敢前行

我一向不喜欢在外人面前显露自己。所以当学生邀请我担任英语演讲比赛的评委时,我有点忐忑。但是,出于对学生的支持和理解,我还是爽快地答应了。到了比赛现场,学生显得有些紧张。其实,我也在讲台下面偷偷地紧张。每当点评完,我心里就长舒一口气。每当又轮到自己点评,我就又开始紧张起来。如此反复,到了最后的点评,我则是直接用中文讲。由此,我想到当我在课堂上开始提问的时候,学生内心有多紧张。"被迫"在众人面前讲话,还要忍受丢面子的风险,因此,学生内心要勇敢和坚强,才能调整心态继续学习。

六、多总结

在演讲比赛结束的时候,我给学生提了几点建议。一是回去总结今天的表现，学习他人的优点，不断地磨炼自己。二是思考从这次演讲比赛中学到了什么，特别是英语知识方面。总的来说，学生做的PPT各有千秋，PPT中的英语知识因为话题的不同而多种多样。但有一点，学会使用英语，远比这次演讲比赛得高分要重要得多。三是从老师的点评里认识自己的优点和缺点。最好的办法，就是请他人录下来，然后反复查看自己的不足，同时学习他人的长处，才能有所进步。因为人往往是关注自己的，在比赛中演讲者往往只注意到了自己的紧张情绪和现场表现，至于别人的表现，关注和学到的其实并不多。当然，在演讲完毕，虚心地向评委老师们请教，也是很不错的做法。如此说来，态度也是需要总结的一部分。我也进行了及时的总结，因为我从学生身上看到了他们既朝气蓬勃，又富有想法。他们将演讲与PPT结合起来，既体现出演讲的生动性，又让演讲内容有迹可循。另外，从同事们的精彩点评中，我学会了从不同角度看待事物的思维方式。

2014年11月30日

关于教师信息素养的一些思考

"信息素养"（Information Literacy）这一概念，由美国信息产业协会主席保罗·泽考斯基（Paul Zurkowski）于1974年提出。美国图书馆协会在1989年将它界定为文化素养、信息意识和信息技能三个层面，即能够判断什么时候需要信息，并且懂得如何去获取信息，如何去评价和有效利用所需的信息。身为一名大学英语教师，提高自身信息素养是跟上时代和潮流，与时俱进的表现，也是提高教学效果的需要。

教师从哪里获得信息？途径有很多，如QQ群、微信群、教学论坛、教学会议、直播、同行交流以及各种视频平台等。客观地说，它们的出现和使用，不仅让教师扩大了教学的视野，使教师自身的持续学习和提高成为可能，而且提高了教师面对教学窘境进行教学改革的信心和勇气。

概括来说，教师的信息素养，是信息时代教学和科研需求的一种体现。比如，来自教学的需求——教师在教学中如何构建恰当而美观的PPT，从而让知识的获得如山泉流水一样涌入学生的心田。在科研课题中，它的身影更是无处不在，比如，如何利用SPSS解决科研课题中问卷调查以及统计分析的问题。另外，各种教学平台的综合使用，是一种需求，也是一个先决条件。为了更好地提高大学英语课程建设创新水平，在经历了最初的迟疑、恐慌和害怕之后，我终于对超星学习通平台加深了认识和了解，因此，在使用上我积累了一定的经验。虽然有些功能我还不能熟练使用，但一些功能的恰当使用，适时增加了师生互动，从而使课堂变得生动活跃。

教师在教学和科研中不断探究各种教学平台使用的意义和价值，主要包括以下四点：第一，有助于个性化教学。各种教学平台的使用，并非仅仅为了教师的教，更是为了"以学生为中心"的学。因此，教师可以充分利用在平台上收集的各种学习信息。这些信息是学生在课堂内外学习的踪迹，教师循着踪迹，不时找到每个学生在平台上呈现的学习特点、学习风格、学习特色以及学习问题，从而让教师的教学更有针对性。第二，有助于增强课堂互动。各种教学平台的使用，使教师的教学方式变得灵活多样，不仅增加了课堂师生交流的机会，使学生体会到了学习的乐趣，而且提高了学生的课堂参与积极性，提升了学习的获得感。第三，使形成性评价成为一种常规教学评价机制。在动态和静态的结合中，达到综合评价学生学习效果的目的。事实上，形成性评价的使用，有效激发了学生学习的动力，从而使学生主动去参与、体验、探究以及建构，最终达到知识掌握和能力提高的双重目的。第四，有利于教师对教学内容的重新思考和教学形式的有效设计。如何在课堂上实现"以结果为导向"的教学理念，从而让学习发生，使学生有获得感？其中一个有效的因素，是教师要不断对教学内容进行思考和锤炼，从而使教学设计更加灵活和有效，进而刺激学生的学习发生，促进学生的思维发展，最终得以实现"以学生为中心"的教学理念。

总之，提高教师的信息素养有很多好处。但是，教师的信息素养不是短时间就可以形成的，需要教师长久地坚持和不断地探索。因此，教师不仅要学会整合信息时代的各类教学资源，还应学会借助自身的信息素养提高教学和科研的敏感性和参与度，从而更好地服务于教学。从某种意义上来说，教师的信息素养与学生的信息素养的养成，是互为补充的。因此它不应仅限于教师在教学过程中对某种或某几种信息化教学工具或平台的使用，更应成为教师日常教学的常态。只有这样，教师的教和学生的学，才能获得长久的发展和进步。教师在提高课堂生动性和教学效果的同时，还应回归教学的初心，关注"以人为中心"的教学。

2021年9月24日

成功无捷径

　　读到《成功无捷径：第56号教室的奇迹》时，我首先对第56号教室产生了兴趣。作者雷夫·艾斯奎斯为什么将其称作第56号教室？究竟第56号教室里发生了什么奇迹？雷夫·艾斯奎斯在书中将他与学生的故事娓娓道来。

　　身为一名大学英语教师，在教学中我也遇到过类似的困惑。对于英语水平差、学习动力不足的孩子，教师应该如何正确对待？第56号教室的老师——雷夫·艾斯奎斯用实际行动给出了答案。事实上，面对上述问题，他并没有沮丧和灰心，而是敢于正视学生的现实情况。在教学任务重、个人生活压力大的情况下，他仍然坚持利用课后的时间为这些暂时表现不突出的孩子主动提供学习上的帮扶，从而给予学生知识的滋润以及精神的鼓励。最终，学生用优异的成绩回报了教师。客观地说，奇迹就是教师和学生共同创造的，作者雷夫和他的学生用信念和行动很好地阐述了奇迹的来源。总之，正是由于教师的倾心付出，学生才发生了根本性的改变。换言之，学生的改变和进步，来自教师对学生的肯定和支持。

　　曾经，在词汇专家Nation的英语词汇书上，我读到过类似的故事。在课堂上，他有一次竟然差点被学生用刀子捅了。最后，坏结果自然没有发生。因为他用一句话，唤醒了学生内心的良知和对生活的信心。事实上，来自不同环境的学生，有着各自不同的背景。当学生来到课堂，学生是带着一定的背景的。所以身为教师，我们应努力探究学生背后的故事以及它们如何潜在地影响着学生在课堂上的行为。实际上，Nation的故事，让我一度反观自己在教学中的做法，那就是在平时的教学中，对于不同水平和背景的学生，我是否存在着潜在的偏见和不同的认知，从而影响了身为教师的我对学生的客观判断和真诚指导？

反思之后,我开始心存感激,并且在课堂上传递着类似 Nation 的理念,即每名学生都是一个宝藏。所以身为教师,首要的责任就是赤诚地发现学生身上的可贵之处,并且用心帮助学生剔除杂乱的部分,从而不断"修正"学生,使学生努力成为一个"全人"。其实,这正如雷夫·艾斯奎斯一样,他全心全意地对待每一名学生,不断地启发和引导他们,从而让他们发出属于自己的光和热,提升学生的学习幸福感和获得感。但是,学生并非完全可以被"改造"。对于在教学中与教师信念不一致的学生,教师应如何客观地去对待?如雷夫·艾斯奎斯所言,他的内心经历了一个复杂的过程。从最初的不接受,到逐渐认可,再到完全放下,可谓五味杂陈。但是,身为一名教师,他已经做了自己该做的事情,在最大程度上尽到了应尽的责任和义务。因此,雷夫在经历失落过后,不再对某种特定的师生关系产生期待,内心又重新恢复了平静。尽管他的内心还有纠结,但他最终选择了"放下"。

其实,在我的教学中,曾经也有过类似迷茫的经历,因此,从某种意义上来说,我颇为感同身受。在与学生的聊天或面谈中,我常常会释然。当学生开始敞开心扉,那就意味着"矛盾"不再是"矛盾","问题"不再是"问题"。当矛盾或问题在沟通和交流中解决了,师生双方也就释然了。因此,有时你会发现,教师"纠结"情绪的背后,其实存在着潜在的偏见。一旦教师试图与学生之间建立真诚沟通的桥梁,"偏见"就自动消失了。对此,教师和学生都会有新的启发,教师对学生也会产生新的影响。但是客观地说,有些影响不能单纯地用学习成绩或表现来衡量。它们是潜在的,可能要在很多年之后,才会显现出来,而你无法预知,所以唯有做好眼前的这一步。读了雷夫·艾斯奎斯老师的《成功无捷径:第 56 号教室的奇迹》一书之后,我惊讶于他的坦诚。并非所有的老师都有勇气,能把自己内心似乎"不堪"的一面展示出来,从而给予他人以启发和激励。所以,从某种意义上来说,我感激他的坦诚,虽然他让我再一次回顾了自己内心曾经的纠结、不安甚至难过。但是在这个过程中,我重新发现了自我,接纳了自我。教师的职业幸福感来自哪里?大概就来自这些细微的感受、感触和心动。

事实上,对于教室和课堂,教师应从包容和开放的角度进行探究,给予学生最大的学习帮助和情感支持,这一观点在很多著作中都有提及,比如《秘密花园》《窗边的小豆豆》《静悄悄的革命》《未来学校》等。而很多专家或学者，如弗朗西丝·霍奇森·伯内特（Frances Hodgson Burnett）、黑柳彻子（Tetsuko Kuroyanagi）、佐藤学（Manabu Sato）、孙云晓、朱永新等，他们用实际行动，在教室中创造了属于学生的一片天，让学生在教室中自由地学习、探究和开心地成长。应该说，在这些故事和案例中，他们为学生营造了良好的课堂生态文明和校园生态文明。学生就如一粒种子，在这样自由而开放的氛围中，他们努力破土而出，从而成长为丰富而甜美的果实。因此，从这个意义上来说，教师不再是单纯的教学内容的传授者，更是指导者、资源提供者、引导者，他们让学生在知识的海洋中遨游，在品格的锤炼中成长为参天大树。

因此，教师应努力在教室中创造有温度的学习环境，运用多种信息化教学手段，创造多元的教学氛围，从而让学生在教师的引导下，自由地呼吸和成长。这是教学的理想境界，也是至高境界。至此，教与学的幸福感和获得感，都淋漓尽致地体现了出来。所以，一切尽如第56号教室的奇迹，成功无捷径，但成功有方法。

2021年10月3日

以学生为本，让学习发生

在历年大学英语教学过程中，课堂教学犹如动态的实验室，蕴含了很多的教学灵感、启发、收获和改变。因此，教师应善于在教学中审视、反思、思考和总结。总体来说，在大学英语教学中，主要有以下几点值得论述。

一、以学生为中心的教学设计

在大学英语教学中，教师应转变思维，在"以学生为中心"的人本主义理念的引导下，精心探究有效的教学设计。现在，很多专家和学者强调要使学生在课堂上有获得感，从而实现课堂教学的"两性一度"（"两性"即高阶性和创新性，"一度"即挑战度）。因此，教师应以此为指导，精心设计出符合大学英语课堂教学的各项活动和任务，从而促进课堂中学习的发生，提高学生的能力和素质。除精心设计教学之外,教师还应该及时反思设计带来的教学效果。那么教师如何才能获得来自学生的真实课堂教学反馈呢?方法有很多,比如作业、课堂反思、学习总结、问卷调查、访谈、课堂观察等,都可以作为教师获得教学设计反馈的有效手段和方法。因此,大学英语教学设计应根据课堂的变化和学生的接受程度,不断进行动态调整,甚至可根据需要由教师和学生"共同"来设计,比如,设计学生对任务或活动的接受能力或程度以及任务或活动本身的吸引力等。詹姆斯·M.朗在《如何设计教学细节:好课堂是设计出来的》一书中强调教师可利用课堂的5—10分钟,进行轻教学设计,从而为学生赋能。

二、学情背景下的大学英语个性化教学

因材施教的理念自古就有,个性化教学可以说与因材施教道理相通。因此,教师应如何站在学生的角度,及时发现学生学习中的个性化问题,从而给予学生必要的帮扶?为此,个性化学情是教师顺利开展和实施教学活动和任务的一个重要前提。探究个性化学情的手段有很多,课堂任务、课堂活动、课堂参与、课堂互动等都是其实现手段。此外,学生作业以及来自学生学习的反馈、总结和反思,都是个性化学情的体现。在信息时代,教师应充分利用好各种教学平台,从而为教师深入了解学生学情创造条件。因此,在了解学情的基础上,教师应适当"创设"学习情境,随时关注学生学习的变化,给学生提供及时的个性化指导和帮扶,引导学生跟上自己的步伐,从而获得学习的愉悦感和成就感。当然,个性化学情也在不断变化,教师应秉持学情动态与稳定的理念,从而与学生开展全方位的沟通和交流。与此同时,面对21世纪的大学生,教师要与时俱进,结合新时代大学生的特点,采用灵活有效的手段,有策略地处理课堂内外的各种学情问题,从而充分发挥学生的自主性和积极性,与学生一起探讨合适的教学方法,从而使教学更有效。

三、放权赋能,让学习发生,让成效显现

基于建构主义和人本主义的理念,教师在课堂中不应一味地给学生灌输知识,而应学会放权,给学生赋能,从而让学习发生,让学习成效得以体现。事实上,通过大学英语辩论、大学英语演讲、大学英语角色扮演、大学英语表演

等课堂活动和任务，学生在课堂教学中充分展现了他们的能力和活力。当学生眼睛里有光，教学就真正发生了。客观地说，在这些课堂活动和任务中，学生参与、思考、讨论、提问、质疑以及探究，他们的自主学习能力、团队合作能力、批判性思维能力和探究能力都得到了不同程度的提高。总之，在课堂"生成"或"建构"的同时，教师既发挥了课堂教学应有的指导作用，又提高了学生的课堂参与度，从而改变课堂的沉闷氛围，使课堂变得生动、有趣。然而，并非所有的课堂都会使学习发生。因此，教师应借助课堂观察、访谈或反思，深入了解原因，并有针对性地开展一对一帮扶措施。

四、创建课堂教学情境，让课堂流动起来

课堂是流动的。课堂里的人、事、物共同发生作用，然后使学生的学习发生。因为课堂里发生的一切，可能存在不确定性，因此它与特定的教学情境有关。关键在于哪些教学情境或因素激发了这一切，从而使课堂绽放出光彩。客观地说，教师本身的特点以及教师本身蕴含的经历、知识理论在起作用，学生在起作用，教材在起作用，教学手段在起作用，教学情境在起作用。很难说清，到底哪一个因素才是真正的推手。总体来说，这些因素共同作用，促使学生开始发展自我，从而推动课堂教学更加有效地进行。因此，教师应培养这样的意识。从另一个层面来说，教师的眼界或者思想，对课堂中的学习主体，即学生的作用很大。比如孙云晓、佐藤学、雷夫·艾斯奎斯、朱永新、魏书生、陶继新、肖川等专家或学者，他们都用自己对学生的无条件关注和包容，使课堂上的学生有信心和勇气去敞开心扉、表现自己，进而绽放光芒，让课堂生彩。因此，教师要关注课堂流动情境下学生的学习行为、动向和变化，从而抓住教学的契机，提高课堂教学成效。

总之，在大学英语教学中，教师要学会不断探究、总结、凝练和反思，把握教学的本质特点，从而更加自如地把握课堂，引导和推动学生积极参与课堂，促进学生学习，提高教学成效。

2022 年 1 月 15 日

第五章　大学英语教师专业成长

为什么参加博士研究生考试

尊敬的张教授：

您好！首先请允许我自我介绍一下。我叫吴玉玲，来自南昌航空大学外国语学院。今年我报考了您的博士研究生，考试刚刚结束，在此以这种方式跟您联系，详细阐述我报考的原因，希望您能明白我的真诚、急切以及渴望进步的心情。

2006年6月，我从重庆大学毕业之后来到南昌航空大学任教，已经有五年之久。在这段时间里，我从教学之初的青涩到如今的逐渐成熟，可以说酸、甜、苦、辣、咸五味俱有。回首看来，刚开始我的教学是机械的，仅仅停留在教好书的层面，所以对具体语言点比较关注。这既是熟悉教材的过程，也是传授语言知识和培养学生语言技能的过程。没有这一阶段的努力，所谓的教学是不能成体系的，我也不能担负起做一名合格教师的责任。如果说浅层次的微观教学是基础，是必经之路，那么如今我开始意识到宏观教学，即教师所教和学生所学系统化的重要性。如何进一步提升自己，从而使理论和实践相结合，更好地引导学生？实际上，对于目前的教学瓶颈，我提醒自己"问渠哪得清如许，为有源头活水来"。本着对学生负责，对自己负责的态度，我决定报考您的博士研究生，为学生和自己搜寻活水。我认为，这是一名教师应尽的职责。

说到理论知识素养，我很惭愧。曾经在工作之初，我尝试写过几篇文章，但终究因为教学经验的浅薄和理论知识的欠缺，没有继续完善它们，也没有尝试发表。客观地讲，在论文方面我一度很迷茫，也倍感压力。我曾向指导老师询问过意见，也曾读过不少书刊。但是在他人的意见和自我的兴趣点方面，我始终没有找到一个突破口。可以说，这几年我一直在不断地思考。聊以慰藉的是在教学方面，通过课堂观察、学生访谈、问卷调查、自我反思等手段，我积累了丰富的课堂教学经验和素材。但是如何把实践上升到理论方面，是目前的我亟须认真思考的问题。另外，我曾反思过论文找不到重点的原因，在于我太过浮躁和贪心，没有集中精力去潜心研究一个方面。事实上，在报名的过程中，我一度很迷茫。我曾经咨询过读硕士时的导师。在我向他倾诉烦恼的时候，我说："虽然我在教学方面积累了很多经验，但是我发现仍然不能突破难关，所以我很苦恼，也很忧虑。"导师耐心地告诉我："在外语教学方面，所谓的'突破'，可以说很少有人能真正做到。'大家'毕竟是少数，你所能做的就是面对课堂教学的问题时，采用有效的手段解决它们。在这个过程中，你肯定会有收获。"在那一刻，我突然醒悟：理论知识是一个"风向标"，它的作用就在于引领老师解决教学中存在的实际问题，从而提高课堂教学质量，并最终使学生受益。于是，我放弃了我认为非常实用的翻译理论。如果说，读硕士的时候，我没能选择它，那么读博士的时候，我还是决定选择自己比较熟悉的方向，即语言教学。从某种程度上来说，它让我更加自如。毕竟对于我来说，原有的语言知识的引导作用还在。

　　实际上，在准备考试的过程中，我发现自己有了不小的进步。首先，我能静下心来学习各种语言教学理论和实践知识；其次，在复习的过程中，我找到了一些研究的重点，虽然微小，但是它们能引领我少迷茫、少困惑；最后，在收获知识的同时，我对以前的教学实践进行了及时梳理，力求让自己对外语教学的认识更加清晰。如果说之前的教学和学习是机械的，那么有意识地准备考试的过程则是一个自我完善和自我提升的过程。在这个过程中，我收获很多。

　　张教授，我之所以报考您的研究生，还有一个最重要的原因，那就是我想向您学习词汇学的系统知识。曾经有同事对我说："目前关于词汇的研究已经有很多了，所以你不要再去深入。"但是，现在看来，我认为不是研究深入与否的问题，而是教师责任的问题。因为在教学实践中，我常常发现，词汇和语法是很多学生学习英语的难题。在上课的时候，我经常能观察到一些学生带有迷茫和绝望的眼神，他们普遍反映记不住单词。针对这个问题，我在课堂上不断地向学生讲授单词记忆的相关内容。但是，我发现收效甚微。因为每个学生都有不同的单词记忆的方式和方法，加上他们没有专门学过词汇学的相关知识，所以零碎的词汇知识讲解产生的作用并不大。因此，我产生了这样的思考：在教学中，教师应如何使词汇教学更深入实际，从而使学生真正受益。或许，在学生大一刚入学的第一堂课上就应该教他们大学英语怎么学以及大学英语词汇怎么学。

我曾经在报纸上读过一位作家的话，很受启发。他说："虽然现在忙碌的生活让我很累，但是当灵感不断在头脑中涌现的时候，我还是要紧紧抓住它。对我来说，这是创作的高峰，非常珍贵。"对于我来说，又何尝不是如此呢？在学习热情高涨的时候，抓住它，也许这意味着一种自我的突破，无论是知识的，还是内心的。

万物复苏的季节，春光明媚。在去武汉考试的火车上，我碰到了许多去武汉大学看樱花的人。从大家洋溢着幸福的笑脸上，我读懂了什么才是真正的幸福，即做自己喜欢的事情。回到南昌的那个夜晚，我在想，今年的我是否能如他们一样，在樱花盛开的季节里，收获自己的幸福。张教授，我真诚地希望能得到您的赐教。祝您生活愉快，工作顺利！

吴玉玲

2011 年 4 月 1 日

与林老师的对话

尊敬的林老师：

您好！很抱歉以这样唐突的方式与您联系。

首先请允许我自我介绍一下。我叫吴玉玲，来自山东潍坊。2006 年重庆大学硕士毕业之后，来到南昌航空大学外国语学院担任英语专业的教师。在近六年的工作经历中，我从最初的不成熟到现在能够对教学有一个相对深入的了解。虽然在此过程中有些不顺利，但我认为它是值得的。在教学经验积累的基础上，为了从理论上更深入地理解教学，我去年报考了华中师范大学的博士研究生，在专业排名中位列第四，但最后还是没能如愿。在考试的过程中，我发现了自己的不足，从中受到了很大的启发。所以，我今年又报考了贵校的博士研究生。我认为，我应该接受新鲜的事物，充实自己，拓展自己的教学和研究视野。作为英语专业的教师，其实我也有很多充实自我的机会，比如出国留学、做访问学者等，但我还是选择了在国内高校读博士。

  我是在2009年《大学生》杂志上了解到您的。2011年底，我又读到了您的文章。对于我个人来说，我最大的爱好就是买书。在买杂志的时候，老板好奇地问我："你是老师，怎么会买这样的杂志？"其实，教好书的前提有很多，老师了解学生和紧跟潮流都很重要。一个不了解学生、不与时俱进的老师，在我看来，不能被称为好老师。在看到您文章的那一刻，我就产生了要给您写一封信的想法。前一阵子，我还读了您翻译的《终究悲哀的外国语》，于是我更加坚定了这一想法。也许一直以来我的矛盾之处在于能否学会倾听自己内心的声音。之所以这样说，是因为我读硕士的时候，没有能够选择自己喜欢的翻译专业，而是学习了语言教学。在毕业后的六年时间里，我在课堂上主要强调的还是翻译和写作这两个方面。我认为，如果没有很强的语言功底，哪怕口语表达得再流畅，也是有所欠缺的。但是，要想像您那样达到炉火纯青的境界，还需要付出很多的努力。其实，在六年多的教学过程中，我对外语教学也是很热爱的。但是，在报考博士研究生时，当我看到"翻译研究"这几个字时，我还是停留了许久。考博士之前，我咨询过以前读硕士时的导师，他建议我继续攻读语言教学这个方向，毕竟它是我熟悉的领域，学习起来比较自然和流畅。我觉得导师的建议颇有道理，所以我没有盲目更改方向。但是考完试后，我又动了学翻译的念头。

  讲了这么多，我就是想听听您的意见。如果您有时间的话，请联系我。最后祝您工作顺利，全家幸福，身体健康，万事如意！

吴玉玲

2012年4月8日

玉玲老师：

谢谢你对我的信任。

我觉得，你的硕导意见是对的，硕博之间有关联性会降低一些难度。

至于翻译，以我个人体会，搞学术研究同样是比较枯燥的，也很难有所创新。若要翻译实践，利用课余时间就是了，这与翻译研究并没有多少指导与被指导的关系。而且，在翻译实践过程中兼做一点翻译研究，不但有可能，而且更有说服力，更容易用在课堂教学上。

一得之见，未必正确。说到底，一切取决于"自己内心的声音"。

林少华

2012 年 5 月 1 日

高校英语教学理论与实践专题讲座心得体会

作为一名大学英语教师，从最初的懵懂到如今的熟练，我经历了不少的磨炼。磨炼带来成长，成长又会产生新的困惑。因此，对如今热议的教师职业发展问题，我深有同感。在这样的教学困惑中，我聆听了本期"高校英语教学理论与实践"专题讲座，犹如醍醐灌顶，我对教学和与之相伴的科研有了深刻的理解和体会。

在长期的教学实践中，我积累了不少关于课堂教学的实战经验。但是，如何将教学和科研有效结合起来呢？我一直都没有找到方向，教学和科研分离的问题很严重。对此，王海啸教授告诉我们，首先应明确教学研究的目的——是基于改进教学效果的应用研究，还是基于加深理论的基础研究。在明确了研究目的之后，要如何进行教学研究呢？对此，他阐述了两种方法，一种是对教学现状或教学失败进行探究的"自下而上"的方法，另一种是对某些理论或方法进行验证的"自上而下"的方法。其实，要想充分地进行大学英语教学研究，必须明确研究的对象，比如教学内容、学生、教师、评估、技术和教材等都是不可或缺的步骤，这些因素相互作用，从而对大学英语教学效果起着一定的作用。因此，教师应熟悉教学对象，并且熟练掌握教学方法的应用。另外，关于学生的研究，王海啸教授重点总结了以下四个因素：学习需求与动机、学习者风格、学习过程与效果，以及学习语言研究。从这些因素中，可以看出对教学对象，即学生的研究有多么重要。但是，在教学实践中，我们往往忽视了这个主体的重要作用，而仅仅站在教师或其他角色的角度看待教学，从而割裂与学生这一主体的关系，所以教学的效果就难以达到理想状态。

既然课堂教学的主体是学生，那么在倡导"以学生为中心"的教学理念时，教师应如何扮演好自己的角色？首先教师应更新教学理念，把课堂还给学生。在课堂教学中，教师要注重与学生的互动协同，明确学生课堂交际的意图，在学中用，在用中学，在用中完善。为此，王初明教授特别强调，在教学中首先应明确交际意图，从而驱动学生学习语言，而不是先学好语言再进行交际。在有了一定的交际意愿后，教师应加强与学生的互动协同，同时重视交际语境的融入。此外他还强调，语言的创造性使用是教师特别容易忽视的一个问题。这种创造性使用是基于说话内容的变化而发生的。内容的变化决定语言的变化，也就是说内容决定语言形式的使用。同时，他强调在教学的过程中，教师应明白理解和产出的不对称性。一个人所理解的语言总会超出其语言表达水平，因此理解与产出存在永恒的不对称性。身为教师的我们在上课时应有意识地知晓这一差距。正如王教授所说的，人们说话能力的发展总是滞后于理解能力，而滞后成为语言发展的特点。有差距才能促发展，水平相当，提高便失去了动力。因此可以说，理解与产出的不对称性是提高语言水平的不竭动力。如何实现理解与产出的紧密结合，也即语言模仿与创造性使用的结合？王初明教授告诉我们，一切创新都从模仿开始。基于此，教师在教学中应学会激发学生学习的无限潜力。如何做到这一点呢？首先要看教学的主体对象，一切从学生的实际需要出发。针对学生的兴趣，设计英语使用任务，从而使学生取得交际的需要，以此激发学生外语学习的动力。另外，不断寻求学生新的学习动机，使其压倒考试动机，这是对外语教育工作者提出的巨大挑战。王初明教授认为"学相伴，用相随"是外语学习和教学的普遍原则，外语学习的成功一定遵循此原则。所以，身为教师的我们应将其上升到理论认识，并赋予它新的意义。"不变的是原则，万变的是方法"，教师在教学实践中要做到灵活运用。从王初明教授的发言中，我深刻认识到要想教好课，教师的教学理念应及时更新，不坐井观天，不故步自封，从而与时俱进，紧跟时代的潮流。尽管改变自身的做法在实际教学操作中可能存在一定的困难，但是固守传统的教学理念，很难解决教学困惑。在教学改革不断创新的今天，面对思维活跃，善于从周围快速汲取知识的大学生，无论如何教师都很难完成一堂令人满意的课。

  在确定了教学主体的重要作用之后，教好课的前提之一还包括设计好一堂生动而有效的课。邹为诚教授认为课程设计应注重语言的功能、形式和意义。对于语言功能，教师应引导学生有意识地进行积累，注重语言风格的不同。对于语言形式，很多大学英语教师（也包括我）很困惑，在课堂上到底要不要重点讲解词汇和语法，如何有效地进行讲解以及在多大程度上讲解比较合适。困惑归困惑，在实际教学中，面对学生考试的压力，教师有时不得不做出让步。因此，形象生动的课堂，演变成了老师的"一言堂"。而面对考试的压力，学生从自身实用的角度出发，也认可老师这样的做法。对此，邹为诚教授强调，教师应树立正确的教学观，教学中的办法远比困惑更多。教师应根据学生的语言发展来教授词汇和语法，从而使学生表达出内心真实的想法。就英语写作而言，邹为诚教授坚持写作应先流利，后准确，而不是先准确，后流利。此外，他在教学中注重传授给学生正确的语言形式，而不是事后改正学生的语言错误。一语惊醒梦中人，我突然知道在今后的教学中应该如何去做了。在语言意义方面，我认为这是邹为诚教授课堂教学的精彩之处。他认为，教师应加强与学生的课堂互动。这一点，与王初明教授的观点不谋而合——互动是学习的源头。对于课文内容，教师应放手让学生主动去挖掘和探究，在"任务型阅读教学"的实践下，增加输入的内容。因为，在阅读过程中，学生不仅仅是在阅读，而且伴随着思考。在此情形下，学生有机会深度加工语言，从而将内容变成自己的东西，进行一定的观点输出。所以，他总结道："一堂成功的课，应基于学生的实际情况，取决于教师设计的内容以及学生获得教师对其表达内容的反馈。客观地说，教师可以引导学生主动去发现，将语言课堂扩展到自己的生活中去，从而进行体验式学习。这样的教学方式，无疑是新颖的。但是，邹为诚教授也在提醒我们，这种体验式教学，有它的前提所在。对于教师而言，要对教材非常熟悉。对学生而言，应自觉营造这样的学习氛围，毕竟它有别于传统的课堂。

因此，体验式教学对教师和学生都提出了一定的挑战。

　　总之，在以上几位教授的发言中，他们都不约而同地强调了学生作为教学主体的重要性。首先，明白学生的需求和动机，从情感上理解学生。其次，对学习过程进行监控和引导，加强师生互动，从而激发学生的无限学习潜力。最后，对语言学习明确重点，鼓励学生在输入和理解的基础上，增加产出，表达想表达的东西，从而做到"学伴用随"。听君一席话，胜读十年书。听完讲座，对于今后如何使教学与科研有机结合，以及如何进行教学设计和掌握新的教学理念和方法，我受益匪浅。所以，在未来的教学生涯中，我决心将专家讲座的内容和自己的具体教学实践结合起来，针对课堂中暴露的问题，不断反思自己实际做法和专家的理念的不同，从而不断修正做法，及时解决问题，进而获得更大的进步。比如在课堂中，除了重视学生的语言发展，教师还应注重培养学生的认知策略以及体悟学生的情感问题。教师不要太多干预学生，而应给予学生足够的支持，让学生有机会表达自己，从而促进学生思想认知的发展以及社会文化认知的发展。专家们的讲座，如一股清澈的泉水，让我思绪更加清晰。我怀着一颗感恩的心，结束今天的总结。希望这样的讲座继续办下去，从而不断丰富教师的思想，提升教师的教学水平，实现为社会教书育人的目的。当然，我希望今后能有机会参加类似的培训，同时我也希望能在全国高校教师网络培训中心平台上回看相关的讲座视频以及相应的课件。

2013 年 5 月 20 日

高级英语课程培训心得体会

　　客观地讲，在培训报名时，我是颇为迟疑和犹豫的。其一，去年我参加过大学英语课程培训的学习，我很疑惑，今年的高级英语课程培训是否存在相似的地方。其二，作为一名大学英语教师，我本身并没有上过高级英语的课程，我不确定会不会对培训内容生疏乃至跟不上主讲老师的思路，甚至摧毁这样一次好的培训机会。后来，真正让我下定决心报名的是主讲老师。当我从相关网站上看到对主讲老师颜静兰的介绍时，我一下子就被吸引住了。她的讲课风格如此吸引人，怎能不去好好地聆听和欣赏一下呢？事实上，在整整两天的网络集中培训中，我无时无刻不在震撼和感动着：一位有着如此人格魅力、独特教学风格以及敬业精神的老师的培训，怎能不吸引学生慕名前来聆听呢？

理论与实践相结合，才能产生好的教学效果。事实上，教师在教学中往往不自觉地重视教学实践，而忽视了相关的理论学习。因此，颜静兰教授首先利用一个上午的时间带我们重温和学习了与高级英语课程教学有关的理论。它主要涉及以下四个方面：高级英语的特点和教学改革的回顾与展望，课程定位、课程目标及教学内容的整体设计，高级英语的教学法以及如何展开互动教学，高级英语教师的教学能力提升和专业发展。其中，英语专业教学大纲精神包括一种基础、三种知识、三种能力和三种素质，我们从宏观上将这一精神牢记在心，明确21世纪人才培养主要目标的总体框架，并且以此精神为指导，从而更好地服务于教学实践。在谈到如何开展互动教学时，颜静兰教授给我们提供了五点有益的尝试，同时她认为，中国的课堂缺乏互动，这在一定程度上与中国的文化有关。之后，她将西方文化和中国文化进行对比，告诉我们应首先从文化上理解学生在课堂上不愿互动的原因，进而采取有效的应对方法。在采用启发式、讨论式、发现式和研究式的教学方法方面，颜静兰教授认为应充分调动学生学习的积极性，激发学生的学习动机，最大限度地让学生参与学习的全过程。此外，她强调教师应鼓励学生有所发现。所以，对于教师而言，应努力探究学生如何最大限度地参与教学全过程。其实，颜静兰教授从自身的课堂实际出发，对看似枯燥、宏观的理论给予具体的阐释，并且不断激发在场教师进行相关的思考，这也被称为思想上的"互动"教学。对于外语习得互动理论，颜静兰教授从源头到发展过程详细地阐释了它的重要阶段和意义。除了理论，她也在实践中和大家分享了其课题组的"255复合互动模式"，从而让在场教师对这一理论有了更深刻的理解。对于高级英语教师的教学能力提升和专业发展方面，颜静兰教授分享了教师的教学能力的定义并引用了吴一安教授关于优秀英语教师的学科教学能力的标准。通过理论阐述，颜静兰教授让大家对教师的教学能力和优秀教师的专业素质有了明确的了解，更加清晰地理解了这些重要术语的含义，并为达到具体的目标而努力。虽然理论的分享看似有点枯燥，但是它为我们指明了高级英语教学实践的方向和目标，而且在颜静兰教授的理论分享中，我记住了跟课堂密切相关的互动理论和交际理论，它们无不是当今课堂研究的重点和要点。

理论之后就是实践。对于如何教好高级英语，颜静兰教授从以下四个方面进行了具体的论述：教学方法和课程单元设计，高级英语教学重难点讲解，掌握实际教学要点，切实提高高级英语教学效果。之后，颜静兰教授对大家比较关心的语言点讲解问题进行了具体而详尽的阐述。在此过程中，她传授了具体的教学方法并且生动演示了如何在教学中进行语言点的有效处理。此外，在高级英语教学中，不可忽视的一点就是跨文化交际能力。颜静兰教授从交际理论中发现跨文化交际能力的重要意义，并且分析了跨文化交际能力的三要素：语言能力、交际能力和文化能力。三个因素相互作用，从而构成跨文化交际的核心所在。对于跨文化交际能力包括什么以及怎么教，颜静兰教授结合实例，一一给出了解释。对于我来说，印象最深刻的就是跨文化教学模式的探讨以及课堂文化导入十则。从另一方面来说，在当今社会，要想教好高级英语，多媒体课件的制作意义深远。如何制作精良的多媒体课件，技术和素材都很重要。关于如何把握好的素材，让它为课堂服务，颜静兰教授给在场教师提供了一系列有效的信息。在网络资源的搜集与运用方面，她则提供了详尽的英文信息资源网站列表，不仅包括知名英文新闻及报刊网站，而且还有英文电台。她告诉我们，教师应及时了解视频网站，学会下载视频学习资料。比如，网易公开课，学生可以随时随地上名校公开课。关键在于教师如何指导学生，以及怎么充分利用网络资源从而促进教学。总的来说，颜静兰教授的上述分享，不禁让我联想到了现代教师角色转变的话题，教师有时也是学生的信息提供者。教师应随时随地保持新角色意识，从而为学生的语言学习提供足够的材料，进而引导他们学会独立自主地学习。因为，自主学习在当代不仅仅是一句口号，更应成为一种行动。那么，如何让学生有效地行动起来，颜静兰教授在讲座中为我们树立了良好的榜样。之后，针对当今英语教学的一些不足，颜静兰教授与在场教师分享了重要的"4P"（即 performance, presentation, project, practice）课堂教学法研究与实践。这不仅拓宽了教师的教学思路，也开阔了教师的教学眼界。更为重要的是，颜静兰教授在讲座最后与在场教师分享了后幕课时代在线学习模式。慕课本身具有免费、公开、在线三个特点，因此慕课是对传统大学的延伸而不是威胁或者替代。虽然它不能取代现存的以校园为基础的教学模式，但是它将创造一个传统大学在过去无法企及的、完全新颖的更大的市场。

上述心得包含了我深刻的收获和感悟。我试图把颜静兰教授的讲座内容重述一遍，梳理其中的精华。教学有重点，讲座也有重点。颜静兰教授在开始讲座之前，对讲座内容有着较为深刻的理解和把握，从而为我们勾勒了一幅高级英语有效教学的美丽画面。对于我本人而言，虽然我没有从事过高级英语的教学工作，但作为英语专业学生的班主任，了解高级英语的教学法和特点，有助于我更好地对学生的学习展开积极的指导，从而有效促进学生的学习。

培训已经结束一星期了，我的心情还是很激动。我不仅学会了如何进行高级英语的有效教学，而且学会了如何做一名真正的教师。名师不是吹出来的，而是做出来的。在多年的教学实践中，颜静兰教授以教学理论为导向，不断思索好的教学方式，从而形成了自己独特的教学风格。然而，她自身的教学魅力不仅在于好的教学方法，更在于她的人格魅力。她不满足于名师的光环，而是脚踏实地，坚持根据学生的特点和时代的发展趋势，不断更新教学内容，紧跟时代潮流。从传统的教学方式到多媒体课件教学的一等奖，美誉不会自己到来，背后一定包含着艰辛的付出和努力以及教学理念变革的阵痛。因此，与时俱进，不故步自封，就是最好的说明。在为颜静兰教授感动的同时，我也在反思自己。身为高校教师，我们应该不断加强自身专业素养，不应囿于实用主义的引导，从而错过许多提升自我的渠道和途径，进而跟不上时代的脚步，阻碍自我和学生的发展。

在网络课堂学习中，我捕捉到了颜静兰教授许多有意思的教学理念和想法，它们强烈地激发了我的教学灵感和科研灵感。因此，我将牢记在心，并且不断实践。总之，每一名成功的老师背后都有青葱的岁月和艰辛的努力，以此自勉和共勉。让我们牢记新世纪英语教师的特点：基础扎实，视野开阔；学会教学，勤做科研；独立性强，善于合作；师生互动，教学共长。让我们为自己所热爱的英语教学工作做出自己的努力和贡献。

最后，以一位知名教授的话结束全文："一名优秀的老师，不仅要讲清知识，更应着力运用自己科研工作中所积累的研究能力和对内容的深刻了解去向学生揭示那些'火热的思考'，引导学生去发掘和领会那些'火热的思考'。那些'火热的思考'的积累,就是学生创新思维的基础。而学生发掘和领会'火热的思考'的能力,就是学习能力的核心,也就是他们的创新能力的重要组成部分。"

2014 年 6 月 15 日

江西省高校第七届"外教社杯"英语教学大赛启示

在这次教学大赛中,我观摩最多的就是听说课。听说课不像精读课那样,有内容,听说课更注重的是通过听和说的练习,从而培养学生的听说能力,这也是大部分英语学习者所追求的目标之一。听了这么多的听说课,包括复赛和决赛,我感觉收获很大,特别是在听说课的有效设计方面。

第一,对听说课的基本步骤有了比较清楚、比较系统化的了解。在以前的课堂教学中我虽然注重培养学生的听说能力,但往往比较随意,也没有很系统地想过如何有效地通过听说课培养学生的听说能力。客观地说,信息时代的教学,教师角色发生了很大的变化。在听说课的设计上,这一点体现得比较明显。为了将课程设计得更合理,教师应把多媒体看作一个基本的工具,然后找到并合理利用上课素材,比如,与课堂主题有关的图片、图形、视频、音频,甚至是自制的材料。有一位老师自制的视频给我留下了深刻的印象。她在英国留过学,英语基础很扎实。所以,为了准备这次讲课的课件,她特意录制了两段与外国人交流的视频,既给课堂带来了趣味性和真实性,又向学生展示了她的教学功底,给学生带来学习英语的信心。另外,为了讲好这堂课,她运用了很多的个人照片作为图片资料,非常有说服力。唯一不足的是,既然她的讲课主题是服装,那么她在着装上应该更用心,注重教学的仪式感和比赛的礼仪,而不是穿着很随意的 T 恤,从而让她在讲课比赛中失了分。以前我也这样认为,觉得不过是一次讲课而已,何必那么大动干戈呢?可是,当我坐在台下,听别人讲课的时候,我觉得在正式的场合,着装也有着重要的教学意义。一个穿着太随意的老师,在课堂上往往给人带来的是不严肃的感觉,这又怎么能说服别人相信自己的实力呢?其实,这些因素,在面试中也起着重要的作用。

此外，在这堂听说课中，我掌握了一种方法，那就是利用图片来引导学生进行思考和表达。以前上课的时候，我经常采用的方式是给出学生足够的词汇提示，从而让学生针对某个话题进行具体阐述。现在看来，图片也是一种不错的提示方式。它更具有画面感和真实性，更容易刺激学生的思维，从而激发他们进行思考和表达的欲望。当然，使用的图片也要结合具体的课堂教学情境。因此，教师应根据不同的教学内容和教学场景，有意识地收集和积累不同的图片，从而使课堂教学更加丰富和生动。

第二，逻辑性在讲课中扮演重要的角色。一个清晰且颇具逻辑性的课堂，给学生以目的性和条理性。即使某些学生听不懂老师在讲什么，但他们至少从老师的课堂上感受到了逻辑性，从而在今后努力做到学习和做事清晰而明确。什么时候该对个别术语进行有针对性的解释，什么时候该进行必要的内容上的过渡，什么时候该给学生提供必要的背景知识，以及什么时候该对学生进行必要的启发式提问等，都需要教师在上课前梳理清楚。也就是说，教师在上课前应进行有效的教学设计，明确一堂课的重点和难点。只有这样，教师才能吸引更多的学生进入学习的氛围和情境中。

第三，作业的布置应多样化。比如，有的老师布置作业时，让学生根据课文主题课后做宣传海报，要求既要有图片，又要有深刻的宣传语。这一做法比较新颖。有的老师要求学生结合课文主题，充分利用信息时代的特点，用英文写读后感，从而达到深刻理解主题的目的。有的老师则要求学生结合老师提供的拓展性素材，对上课所学的主题进行深入探究，以此达到对主题的深化。还有的老师，结合课文主题，布置与其相关的翻译作业或写作作业。客观地说，上述作业安排，突破了传统作业的限制，有利于充分发挥学生的课外学习积极性和主动性，培养学生的小组合作能力，拓展学生的思维以及提高学生在听、说、读、写、译方面的能力，从而使学生在对主题的深化中，提高批判性思维能力。更重要的是，在各种不同的作业任务和活动中，学生用不同的形式和手段，提高了英语的应用能力。当然，上述作业不仅限于一项活动，有时甚至是几项活动的叠加，从而充分保证学生对作业的兴趣和完成度。

第四，要注重学生能力的培养。教师应注重学生观点的表达，引导学生学会用英语表达自己的观点。比如，针对听说课的话题，有位老师设计了非常有效的句子模式，从而帮助学生学会用完整的句子来表达观点。对此，我在课堂中称之为功能性表达。对于一个话题，学生首先要有自己的想法。其次，学生应掌握一些功能性表达。只有这样才能提高学生听英语和说英语的信心和勇气。那么，教师应如何激励学生表达出他们的真实观点？对此，教师需要采用更多的教学技巧和方法，从而智慧地挖掘出隐藏在学生头脑里的观点，然后让这些观点悄悄"爬"出来，并且让学生在思维的激荡中，不动声色地将观点表达出来。

第五，针对听说课的课件制作，还需要进行更深入的学习。这一技能一直是我的弱点，但是通过观看参赛教师的课件，我受益匪浅。比如，在每一个听力题目的后面，既有录音原文，又有相应的答案，这样学生不仅看得很清楚，而且学得比较明朗。对于答案中的生词，教师要在必要的地方进行有效的设计，从而使学生在听说中掌握词汇。这种潜移默化的方式，比学生课后死记硬背单词有效得多。另外，很多教师在这次讲课比赛中提到了在语境中记忆单词的方法。可见，教师对单词的教学策略和方法有了很多新的认识，这使得学生的课堂词汇学习更有效。让我印象深刻的是，对于一直困扰学生的长对话和课文听力问题，我似乎找到了答案。有一位参赛教师播放了一段英语新闻，这其实对学生很有挑战性。然而，在随后的视频播放中，我发现这位教师以动画的方式，将这段新闻的主要内容生动形象地展示了出来。即使学生听得不明白，但是通过动画这一有效的形式，他们应该能掌握大部分内容。以前针对这一难点，我在听说课上强调要在头脑中形成画面感，抓住听力材料的关键词、关键句并借助笔记回答问题，从而理解材料大意，但是效果常常不佳。其一，这是因为学生早就将注意力集中到了每个句子甚至每个词的理解上。在个别词语或句子难以理解的情况下，学生对听力材料的理解是破碎的。所以一段录音听下来，学生的理解是不完整的，哪还有心思来体会画面感呢？其二，由于受到以前听力习惯的影响，学生还没有形成这样的意识。学生认为听就是听，为什么要弄那么多花样出来？所以在接下来的听力教学中，我有了更多的想法和经验。另外，在听力材料的问题设计上，也应具有多样性。既有正误题，也有听写题，既有理解题，也有思考题。学生不仅要输入，还要有效输出。这些不同形式的输出，在反映学生真实听力水平的同时，又无形中检验了学生的听力材料理解和掌握程度，从而使学生学会通过不同的形式，达到对听力材料的理解。

第六，对话题的讨论要深入。比如，有一位讲解 future jobs（未来的工作）的参赛教师，她在学生表达观点时，采取了很好的启发方式。她不仅在讲课中分析了未来找好工作的原因以及学生必须具备的素质，还谈到了未来工作的趋势以及如何运用工作能力为社会服务。因此，整个过程层次清晰、明确。在讲解过程中，她引导学生一步步达到深刻理解话题的目的。事实上，这不仅有助于锻炼学生的思维，还有助于拓宽学生的眼界。同时，在讲解过程中，她还有意识地加上了自己对话题的理解。其实，教师的观点在某种程度上会潜在地影响着学生。另外，为了帮助学生更好地理解"identity theft"（身份盗用），一位参赛教师还借助现场示范这一教学手段。总之，通过体验式教学，教师努力营造教学情境，从而促进学生的知识掌握和理解。

总而言之，听课和看课不是根本目的。讲课中的诸多收获，是我作为一个"旁观者"所重点关注的，比如，哪些教师讲的课真正提高了学生的听力能力，教师的个人能力或素质如何，教师的讲课节奏如何，教师的穿着是否随意，教师的课堂讲解是否不够严谨，等等。另外，教师掌控课堂的能力和课堂总结的水平也很重要。在学生完成话题讨论后，有一位参赛教师在课件中及时展示了对该话题的总结。因而，教师的话题总结既有及时性，又有针对性。学生不仅学到了话题的表达方法，而且吸收了其中的思想精华，从而为自己所用。此外，还要关注教师讲授知识的层次或能力与学生学习的层次或能力如何相互作用和影响，从而间接影响课堂效果。最后，不同的教师讲课的风格不同，不能统一限定。教师讲课的风格分很多种，如激情型、严肃型、幽默型、温柔型、权威型等，因此，很难对教师的教学风格一概而论，我们应该辩证地对待不同教师的不同教学风格，从而取长补短，达到有效教学的目的。

总之，这是一次很有意义和价值的教学观摩和听课之旅，让我有学习，有思考，有反思，进而有行动！行动胜于言语，身为教师的我要做的就是，将今天的收获化作今后课堂教学实践的行动，从而提高大学英语教学的成效。

2015年6月30日

选题挖掘与研究设计研修班教学反思

听了黄国文教授的选题挖掘与研究设计，启发很大。其中，他对学术研究的态度深深影响了我。"好玩""有意思""过程""体验""训练""复杂"，这些关键词将学术研究的"高深莫测"转化为一种思维的训练和实践的行动性，提醒我们这些普通的大学英语教师应将教学与实践紧密结合起来。他特别强调了论文写作的难点、科研的要求、学术训练的重要性以及问题意识。此外，他更是将论文的选题与研究的本质呈现了出来，给教师以深刻的启发。黄国文教授的幽默和智慧将学术讲座渲染得光彩亮丽。比如，他说每一份事业都要有"宁死不屈"的人去做。同时，他让我们知道了解研究动向、了解现有文献的重要性。这些话语虽然平实，但是蕴含着深刻的道理。其实，了解文献的现状，并进行表述，不仅是我的弱点，也是我今后应该努力去提升的部分。另外，张文忠教授的演讲细致而详尽。他从应用语言学的角度出发，用问题引入，层层推进，教我们如何从问题中挖掘选题，搞好研究设计，从而形成论文的雏形，并进一步在实践中做好研究。

王卓教授在基于案例的选题挖掘与研究设计的讲座中，指出文学研究要注重研究课题的新、小、巧，让人耳目一新。如何做到课题新、小、巧，她以自己的研究作为案例，向我们展示了课题研究的过程和方法。当然，她也就如何定义外国文学的学术前沿、当代外国文学研究的几个命题、如何跟上研究前沿等问题，从宏观和微观的层次展开了具体论述，教会我们在课题研究方面如何去做，怎么去深入挖掘，从而找到研究的方法和途径。对于论文的逻辑和结构，她从评审人的角度，引用具体例子，强调了论文写作的逻辑以及重要性，从而让学术成为一种生活方式，融入生活。多读书，勤写作，善思考，这些建议也让我受益匪浅。王克非教授从翻译的角度具体论述了如何进行选题挖掘与研究设计。阅读的重要性、信息的捕捉、外文文摘，以及问题意识，这些关键点详尽而具体地阐述了这一研究过程。同时，他还以自己的教学实践和学术研究为例，带领我们学习和巩固研究的具体步骤和方法以及向学术期刊投稿的策略。

总之，他们的讲座，不仅内容丰富，而且方法独到。

2008 年 6 月 24 日

大学英语 3 学习通教学体会

自 2018 年 6 月第一次接触学习通以来，客观地说，我对运用学习通教学还停留在比较肤浅的层面，尽管暑假里我在为本学期的学习通教学比赛做一些知识和技能上的准备。比如，我把偶然间在学习通里看到的关于去年的学习通教学比赛的一些经验和体会（当然也包括学生对学生通使用的体验和总结）都下载了下来。在仔细研读这些体会和经验的时候，我还特意将其中的一些重点和难点做了笔记，这些笔记或多或少给了我一些信心。虽然我知道现代化信息技术教学的浪潮和趋势是不可避免的，是教师在教学过程中与时俱进的、不可避免的一步，但当我真正接触它时，我还是手足无措，就像技术人员第一次对我们进行培训时，我手忙脚乱地试图跟上培训教师的步伐。我还时不时地问旁边的同事培训教师已经教到哪一步了，以及具体怎么操作。旁边的同事倒是很淡定，他就像课堂里成绩优异的学生一样，不需要老师面面俱到，只要老师稍加点拨，他就能明白一切。而我感觉似乎只要漏掉一步，就什么都进行不下去了，这就是我第一次接触学习通的真实感受。后来，我又去参加了一次学习通教学培训，虽然还不能很熟练地操作，但我知道了大体的操作步骤。幸运的是，我碰到了热心的曹老师。曹老师把他的宝贵资料拿出来跟我们分享。虽然我对学习通的使用还是一知半解，但资料拷回来后，无形中增加了一丝安慰。

暑假的时候，曹老师和他的同事们在网上开展了专题教学，但我并没能很好地学习。幸运的是，细心的曹老师和他的同事们专门将暑假的讲座整合在一起，方便我们再学习，这也让我有很多机会彻底搞明白学习通的功能和特点。

开学后伴着学习通的使用，我有些紧张，也有些茫然。如何建设班级，到底是合班还是分班，如何让学生加入学习通，这些看似简单的问题，还是有些我无法独立解决。我不断地请教曹老师，曹老师很耐心、很真诚地为我一一解答。在曹老师的帮助下我把课程建设好了，并进入了学习通的具体使用环节。

签到、讨论、发通知，一切都在正常进行，但是，我在教学中还发现了一些实际问题。比如，签到的时候，总有学生忘记带手机或者手机信号不好，导致无法签到，因此学习通记录是空白的。有的时候，采用手势签到，但总有部分学生的手机签不了。发通知是特别顺利的，没什么实质性问题。通过实践我发现，以通知的形式让学生了解教学的具体任务和要求，包括一些必要的作业要求，是一种很不错的方式。不再像以前一样，有些学生因不清楚老师的教学任务而感到困惑和茫然，进而完不成老师的任务，对学习失去兴趣和耐心。然而，这似乎是我使用学习通过程中一厢情愿的观点。在后来的教学中我逐渐发现，虽然大部分学生看了学习通通知，但他们并没有就此完成任务或活动，从而实现英语学习的课外拓展。在讨论板块，即便我让学生去做他们感兴趣的四级阅读，真正完成任务的学生也并不多。后来，通过跟学生聊天得知，他们还不太习惯使用学习通，甚至对我们为了方便学习而使用的微信群，个别学生也采取了屏蔽消息的做法，因为觉得太吵，懒得去看那些信息。但是，有些信息对英语教学是非常重要的。尽管我一再在课堂上强调，学习通的学习记录是平时成绩的一部分，有些学生还是提不起兴趣来使用学习通。

后来，通过对学生的深入观察和访谈，我冷静地分析了原因。首先，英语不是他们的专业课程，学生的重视程度不够。其次，大二是比较不讨好的学年，学生的其他课程比较多，学习任务比较重，学生有时候也是有心无力。再次，由于有的教室不能上网，所以无法进行投屏，在课堂上我只能采用传统的教学方式，课后再借助学习通辅助教学，学习通的魅力就无法真正展现出来。让学生体会到使用学习通学习的快乐，进而爱上使用学习通学习，这是一个必不可少的步骤。

总之，与其说这是一场学习通教学比赛，不如说这是一次在新时代背景下对自我教学技术的修行和提高。这背后凝聚着太多人的努力。值得庆幸的是，在2018年我认识了很多掌握学习通技术的专业老师。在他们的影响和感染下，我也加入了这个队伍，试图通过使用学习通开展一场英语教学的自我改革，从而给教学增添一些色彩，进而逐渐唤醒学生年轻而富有创造力的头脑。通过在课堂上讨论、分析和思考，学生才能迸发出应该有的活力。确实，针对一些值得在学习通展开讨论的话题，学生打开思维，使用英语的机会随之而来。在学生不同观点的碰撞和融合中,我看到了学生的价值观以及一些值得学习和需要引导的地方。所以借助学习通,教师可以让课堂变得通透起来,从而做到教与学的互动和统一。

其实,学习的机会无处不在。每当我在朋友圈里看到有关学习通的信息,我都会很认真地收藏起来。有空的时候,针对不懂的地方,我会仔细记录并认真学习。此外,学校为今年参加学习通教学比赛的老师们专门建了一个QQ群,方便参赛老师和掌握学习通技术的专业老师展开适时的在线交流。客观地说,在具体的教学实践中,每位老师都有各自不同的问题。通过在群里不断地进行互动交流,不断地进行自助和他助,老师们进步都很快。虽然有时我对那些老师说的技术问题还有点模糊,也不敢在群里发言,但是我把老师们的问题特意做了归纳和整理。对于一些我尚且不懂的专业术语,我做了专门标记,留待日后再厘清这些问题。在悄悄做这些工作的同时,我心里明白,教学比赛不是最重要的,最重要的是在此过程中的自我提升,是今后大学英语课堂的改善和与此相伴的教学和科研思考。所以,我很感谢学校教务处的相关人员给老师们提供了一个这样良好的平台,我也很感谢因为学习通而结识的老师们。谢谢你们有形和无形的帮助,使得我在茫然的教学路上增添了信心和勇气,从而坦然地面对今后教学技术的变革。

凡事预则立,不预则废。未来社会的发展,不可预期。身为一名普通的高校教师,唯有紧跟时代的步伐,才不会在滚滚向前的教学改革大马车上被甩下。学习通对于我来说是一个契机,它让我深刻地认识自我、改进自我和提升自我。所以,我是幸运的,也是感恩的。希望在今后的学习通教学实践中,我能逐渐掌握它的使用方法,不断摸索出适合英语专业学生的一些学习通教学方法,从而更好地为学生服务,为课堂服务。

2018年10月22日

学习通教学经验分享

我很认真地观看了以"互联网 + 教 & 学,我们正在改变……"为主题的学习通在线直播讲座，觉得肖老师的总结非常到位。一个学期的教学实践训练下来，肖老师把自己的经验总结处理得得当又妥帖，实实在在给了我很大的触动。在那一刻，我对学习通的热情突然像被点燃了，觉得自己有理由也有必要好好地反思和总结一下这学期的学习通教学实践。没错，肖老师的直播在那一刻点醒了我。也有老师在群里说："我也想试试直播。"那种跃跃欲试的感觉，就像饥饿的人找到了食物，很兴奋也很快乐。

事实上，第二届移动教学大赛的分享在群里有很多。从不同老师的学习通教学笔记里，可以看出他们的态度：教学，我们是认真的。虽然我不能一一去体验老师们笔下的各种教学经历，但是我会把它们全部收藏起来，争取一有时间就拿出来学习。同时，对于学习通中自己不懂的地方或者还没有接触的地方，我会特别关注一下，甚至会在手机或电脑上实践一下。学校本科教学评估的压力让我很焦虑，为了缓解这种情绪，我开始"玩"起了学习通。每学会一个技能，我就有一点小小的成就感。暑假的时候，我一度对这个学期的两样东西很焦虑：学习通教学和本科教学评估。但没想到，来自教学评估的焦虑，反而被学习通的学习缓解了。在这个过程中，我得到了一点启发：对于大学生的英语学习来说，如果他们像我一样适时地增加一点成就感，也许就能缓解学习带来的疲倦感，从而增加学习的信心和动力。

教学不仅需要思辨，还需要思政性。以前，在课堂上进行课文主题讨论的时候，我采取的惯常做法是让每名学生在跟同伴进行主题讨论后拿出一张纸来，在纸上一一写下小组成员的观点，然后进行师生互动。由于课堂时间有限，学生展示口语的机会并不多。为了更好地了解学生对主题的看法，我往往会把作业收上来，以待课后进行批改和评价。客观地说，这一做法并没什么不好，就是特别费时，反馈也比较滞后。现在有了学习通，反馈也及时了。重要的是，它加快了师生之间以及生生之间互动和交流的节奏。因此，它不仅增加了教师认识学生的途径，也为教师对学生的学习进行再探究提供了新的途径和渠道。同时，它增加了课堂的互动和交流。对于投到大屏幕上的有意思的观点，学生或哄堂大笑，或会心一笑，这既调节了课堂的氛围，又调动了学生学习英语的积极性。

事实上，使用学习通进行教学实践，解决了长期以来一直困扰我的问题，即大学英语班级互动问题。学生的上课积极性,在互动活动中得到了极大的促进。对于学生的进步,我看在眼里,喜在心里。另外,对于大学英语课堂教学设计来说,学习通的使用也是很有帮助的。以前我往往按部就班地进行课堂教学,而现在的我,也在适当做出改变。我会根据具体的教学情境,分析学生的学习情况,从而调整教学任务或活动的顺序,比如,先讨论还是后讨论。在这一点上,学习通提供了增加课堂教学趣味性和丰富性的平台,从而使师生受益。记得有一次上听力课,话题是"fear"(害怕、担忧)。学生们首先在主题讨论中罗列了很多个人生活中担心的问题和内容,我也趁机在班上分享了几个学生的答案。然后就有学生提到了害怕蜘蛛,于是我即刻改变教学计划,先从关于蜘蛛的教学视频出发,让学生了解蜘蛛的基本知识以及应对蜘蛛的正确方法。从这方面来说,学习通给了我新的教学启发。教师可以提前做好课堂教学设计,也可以根据具体的课堂情境进行适当调整,这也正是教学设计的稳定性和动态性。而学习通恰恰为教学设计的动态变化提供了可能,从而使教师努力优化教学设计,最终为课堂教学成效服务。

以前发通知的时候,学习通中只有班级列表。后来我无意中发现,学习通增加了新的功能,教师还可以单独发通知给某个学生。对此,我很兴奋,这样我就有机会与一些学生进行单独交流了,这在无形中增加了教师实施个性化教学的有效途径。由于课堂时间有限、教学内容繁多、学生学习任务多等因素,我似乎很难找到与一些学生进行课堂内外交流的机会。对此,我一直比较遗憾。现在通过学习通的教学实践,我找到了实施个性化教学和师生交流的途径和渠道。

曾经,我在教学中调查过学生对学习通的看法,学生普遍反映在学习通上布置任务不会有消息提醒,有的消息因为没有打开学习通而收不到。这是很多老师和学生需要面对的问题。在昨天的沙龙中,曹老师对此给出了恰当的解释,这一问题的解决指日可待。此外,有的学生非常直接地肯定了学习通的优点:"课上布置的作业有时候记不得,可以在学习通上找到,上传学习资料也方便许多。"也有的学生说:"可以远程学习这点很方便。"说这句话的学生,因为生病回家没有在课堂上参与学习,但是通过她的回复,我确定她认真使用了学习通,并且对这一功能持有肯定的看法。让我尤为印象深刻的是,有的学生在课堂上问我:"老师,可以在课堂上分享笔记吗?"那时候,我对笔记的功能还不太了解。所以,在昨天的智慧课堂教师沙龙上,我特别请教了学习通的工作人员。另外,曹老师和一些小组代表在这方面也给了我很多启发。其实在小组讨论中,基本上我们每个人都对学习通使用过程中产生的困惑进行了及时而有效的讨论和分享,获得了自己想要的答案,其中包括学习通的平时成绩比重问题。一直让我比较烦恼的平时成绩问题,借助学习通我终于学会了如何有效而合理地设置。当然,学习通的学习记录为课堂教学中的形成性评价的改革提供了无限可能。学生的学习通记录,与其说是简单的记录,倒不如说是包含了学生学习态度、方法、能力以及整个学习过程的印记。虽然它隐藏在学习通的各个角落,但是一旦被学习通捕捉到,就"无所遁形"。因此,我非常认可曹老师的观点:未来的工作招聘,或许会以学习通的学习记录为依据。我认为,学习通反映了学生在校学习的一面,非常真实而客观。

我认为,学习通对于老师来说,需要掌握的不仅是技术,还有方法和经验。同时,我非常期待学习通技术的更新和改进。新的功能正在源源不断地加入进来,比如,每堂课都有课堂报告,PPT 投屏下增加大屏按钮,任何界面都能快速返回 PPT,以及投屏下所有讨论都支持词云分析。课堂报告让教学变得立体。学生有没有问题,老师一看就非常清楚。大屏按钮,我认为非常方便。以前在课堂上进行内容切换的时候,并没有那么及时,虽然只有几秒的时间间隔,但在静默和等待中,学生似乎失去了继续学习的兴趣。至于词云分析功能,我很喜欢。事实上,在课堂教学中,我经常实施主题讨论。纷繁杂乱的观点,在词云分析中有了重点和要点,学生就会立刻明白主题讨论的关键点,从而在今后的讨论中,提升乱中有序的思维能力。当然,对于不完善的功能,学习通也在及时进行改进。在昨天的沙龙上,曹老师说的一句话,让我非常感动:"请助教把这一点及时记录下来。"这样的话,他重复了好几次。他们既在虚心地征求老师们的使用意见,也在为老师们提供认真而妥帖的服务。

有人说,与什么样的人在一起,你就会成为什么样的人。很庆幸在 2018 年,我碰到了一群运用学习通的高人。与他们交流,其乐无穷。

2018 年 12 月 2 日

学习通移动教学和教学设计反思

在与曹老师的聊天中，曹老师鼓励我对学习通的使用进行一下总结。我很困惑，具体要总结什么呢？或许这学期我在学习通上的探究还不够，所以值得我学习的东西还很多，于是我暂时放弃了这一打算。但看完其他老师的教学分享，我忽然有了一种总结的动力。不管好还是不好，我都应该把教学经验及时总结一下，以此为未来的教学提供一些建设性意见。实际上，在教学中我也经常鼓励学生及时进行总结。就像我读完研究生的时候，我好像有点困惑，不知自己学习了什么，但我记住了导师曾向我提出的几个问题：你想研究什么？你为什么去研究？你通过什么方式去研究？你的研究过程如何具体实施？你的研究结果给你什么样的启发和意义？换句话说，就是"what""why"和"how"的问题。所以从那之后，我在生活中也经常问自己这几个问题。事实上，只有明确了思路和问题，才能有计划、有组织地进行各项教学任务和活动。所以，从这个角度来说，在学习通使用过程中，教师应该常常自问这几个问题，从而为未来的教学提供一定的方向和参考，以此达到好的教学效果。事实上，在本次总结的过程中，我收获很大。以前常常说课堂教学要与科研相结合，现在我真切地体会到了这一点。其实，在本学期的移动教学大赛刚开始的时候，我只想选择其中一个班的学生作为教学对象。原因在于该班学生思维比较活跃，师生互动良好，所以比较适合开展学习通教学活动。后来，为了获得更多的教学启示，也为了使学习通教学活动的开展更广泛，我最终还是选择了我所教的三个班级的学生作为教学对象，在课堂上全面实施学习通移动教学。没想到，在学习通的教师年度教学统计中，我惊讶地发现了这一结论：无论有意或无意，你始终在我的视野里。所以，从这个角度而言，只要教师心中有目标，有学习通，有学生，最后的结果一定会朝着这个方向前进。

关于如何有效使用学习通进行移动教学和教学设计，在第二届移动教学大赛中我发现了很多老师的精彩观点，以供分享。

M：平台总结数据当然也很重要，它能让我找出自己的不足并与群里其他老师沟通，共同提升教学水平，努力提升信息化教学能力。

M：信息化教学手段很重要，教学质量不能只看数据，过程化教学与监督不可或缺，信息化教学设计最关键。

F：平台也好，数据也好，都只是手段，教学的核心是老师对课程的设计与解读以及对学生的爱心，做自己该做的就好。

Y：技术有很多，达到教学目的才是唯一标准。

W：混合式教学实践持续深入，混合式教学研究也要持续推进。

另外，我非常赞成曹冬铭老师的一句话："分享得越多，老师们对于移动教学、混合式教学的实施才会越来越灵活多变。"这是我今天分享的感受，也是我今后实施课堂教学设计改革的动力。

最后，引用学习通工作人员在微信朋友圈发表的一句话结束本文："课程像老汤，设计是配方，教学是熬制，评价是品尝。"愿各位老师在课程"烹饪"的过程中，掌握教学的精髓，服务好学生，也服务好自己。

2019 年 1 月 24 日

省级教改课题结题反思

《任务型教学法在大学英语精读教学中的实践与研究》这一课题快要结题了，除了心中些许忐忑，我还有一丝欣慰。首先，感谢省教育厅给了我这样一个宝贵的机会，让我学会在教学中发现问题和解决问题，更重要的是让我学会如何有效使教学理论和教学实践有机结合起来。在课题研究过程中，我曾经遇到了很多困惑和不解。但是面对它们，我不再像以前那样茫然无措，而是开始正视这些问题，在理论著作中寻找答案，在教学实践中寻找解决办法。其实，教师的成长不仅仅在教学中，还在科研中。正是在教学与科研的结合中，我找到了一种所谓的"捷径"，那就是教师自主。因此可以说，教师的成长往往伴随着教师自主意识的觉醒和自主能力的提高。其实，这正如任务型教学法所提倡的"做中学,学中做"。这次科研课题活动让我真切地体会到了科研带给我的困惑以及快乐。所以,我在报告中总结道:"这次任务型教学法研究与实践,不仅使学生受益,身为教师的我们也从中取得了巨大的收获。"

尽管这次课题组的研究有着这样或那样的不足,但是课题组的成员都非常有信心,希望在接下来的教学实践活动中继续进行深入探索。因此,我们有理由相信,在这次科研课题的基础上,接下来的研究与实践会更加深入和充实,课题组将在后续教学中,继续补充相关教学资料和记录,为《任务型教学法在大学英语精读教学中的实践与研究》这一课题而努力。同时,我们将继续探究学生的情感因素对任务型教学法的影响和作用。客观地说,任何一种教学法的实施,都离不开参与实践的学生和教师。对于学生而言,新的教学法的实施,可能会产生良好的作用,但也可能影响不大。部分学生的特殊反应和特殊学习状态,往往会对教学法产生反作用。因为在他们身上实施教学法有一个接受的过程,这正是科研的火花。如果教师及时抓住了它,继续开展深入的探索,从而发现新的途径和方法,就可以有效解决这部分学生的学习问题。我认为这恰恰是任务型教学法的魅力所在。所以,实施任何一种教学法,教师都应该视具体情况,灵活对待。

教学是教师与学生的双向互动过程。因此,在动态的课堂中,任何可能的教学情境都会发生。如何在教学中发现这些教学情境,并及时抓住它们,使其成为科学研究的基础,这是课题组成员需要深刻体会的。当然,面对不同的班级,对于不同的教学情境,教师不能一味地重复教学内容,应及时调整教学设计,让情境与设计相结合,从而达到提高教学有效性的目的。而任务型教学法的探索,恰恰让教师拥有了有效设计课堂的经验,从而及时地捕捉到教学情境,为提高课堂教学的有效性提供机会和可能,使学生从中受益。

另外,结题不是课题的结束,而是新的开始。课题组成员希望在新一轮的任务型教学实践中,将获得的经验进行推广,为任务型教学法在大学英语精读教学中的实践与研究提供新的平台,从而达到提高教学成效的目的。

身为教师的我,经常看见学生带着他们的创新性想法,跟随导师研究课题,从而实现梦想。我一直在课堂上向他们强调团队合作的重要性。正是在各种各样的小组任务和活动中,学生的实践能力得到了很大的提高。实际上,在"做中学，学中做"的任务型教学理念下，身为教师的我开始停止抱怨、不断探索，从而努力做科研的"主人"，达到教学和科研的有机融合。尽管在任务型教学法的研究过程中，我对此了解还不够深入，但通过教学实践，我对任务型教学法有了深刻理解，改变了传统的做法，从而让课堂变得有趣起来。客观地说，在我提高自身专业素质的同时，学生也改变了。对于我们师生双方而言，均是有所收获的。

最后，我再一次感谢省教育厅提供的这次机会，同时我也非常感谢各位领导、同事和朋友的倾心支持。课题组所有成员非常珍视这次机会，并且希望通过后续持续和深入的探究，为大学英语教学贡献一份力量。

2015 年 12 月 26 日

个性化教学反思实录——对教育的思考与反思

一直有一种情绪激发着我，很多想法在心中涌动，这使我不得不停下来记录一下这些年对教育的理解和反思，以期对我的教学和学生的发展能够有所帮助。当然，如果我在教学反思中总结出来的观点尚有一点意义的话，我希望对其他人也能有所启发。

事实上，这两年我申请了一个省级教育规划课题——《大学英语个性化教学探索与建构》。说实话，对于这个课题，我常常感觉很困惑，我不断地在问自己："我到底在研究大学英语学习的哪些方面？我将如何去做？"其实，这两个问题并不难回答。因为在计划书里，我已经写好了具体的方案。虽然我已经有了一些研究的基础和材料，但我总觉得思路不够清晰。有时我很想快速推进课题，但却总有一种深陷泥潭的感觉，直到今年，思路才清晰起来。为了督促学生真正参与大学英语在线教学，我采用了让学生用学习通写笔记的方法，从每周一次调整为固定的每周两次，学生写完后在规定的时间内上交。在阅读学生笔记的过程中，我深刻体会到了学生在大学英语学习过程中的困难、疑惑以及收获，甚至包括解决办法。思路似乎明朗了起来，只有真正了解学生的学习过程，并深入其中，教师才有可能了解学生的个体学习问题，才能有针对性地给学生一些具体的意见和建议。如果教师对学生的学习过程了解浮于表面，是不可能真正理解学生并帮助学生解决实际问题的。对于大学生而言，在平时的学习中，除了教师指导，就是自主学习。那么，教师如何通过一定的教学手段，真正了解学生的困惑，并努力解决其困惑，从而辅助学生的课外自主学习？从这个方面来说，教师的个性化教学过程，应该形成一个闭环。教师应该从课堂内外的学习入手，通过不同的手段（传统的、新颖的），了解学生的问题，然后进行相关的指导，进而推动学生课堂内外的学习。这个过程，不仅需要教师的角色调整，还需要学生的积极配合。否则，个性化教学的效果就很难实现。在这个过程中，教师需要不断地进行角色调整，从以往的课堂的主导者，逐渐转变为课堂的引导者和资源的提供者等。因此，从这个方面来说，教师应该体面地退出学生的学习过程，然后在学生有需要的时候，又能及时地介入和引导。另外，由于每个学生的学习习惯、方法和能力不同，因此对于学生展现出来的不同表现，教师要进行适度的引导。比如，WE Learn 随行课堂的学习进度提醒，为了解学生提供了途径。因此，在不断了解学生学习进度缓慢的原因的同时，我明晰了学生真实的学习问题和困难，从而为深入开展个性化教学提供了条件。客观地说，在开展个性化教学的过程中，我深刻体会到了个性化教学的动态性和稳定性相结合的特点。稳定性较好把握，动态性就需要教师用心去发现和了解，然后针对具体问题，提出相应的解决办法。与此同时，对于个别学生学习中的一些懒散和不作为的行为，教师还需要进行耐心、适当的引导。

总之，实现个性化教学的路径有很多，研究也有定量和定性的方法。可以采取定量方法的，其实是很容易实现的。对于定性的方法，则需要教师耐心而细致地了解每个学生的特点，然后通过定性的方法逐一去探究。针对大学英语大班教学的局限性或现实条件，虽然有在线课程教学的记录，但还是难免有纰漏，这也是研究过程中的遗憾之处。当然，个性化教学设计中的创新性也是不可忽视的。因此，在对2019级学生开展个性化教学探索的时候，教师应该更新一些做法。而各种在线教学软件的使用，似乎为课题研究提供了有效的素材。在以前的个性化教学中，了解学生的途径和渠道有很多，但难免持续时间长，工作量大。现在的这些教学软件，使教师了解学生的周期缩短，从而更便捷。针对昌航工科类专业学生的个人特点和优势以及班型的特点对学习的影响，教师应该给出怎样的教学计划将个性化教学实施到位，是接下来需要解决的问题。

2020年6月3日

省级教育规划课题结题反思

在2018年省级教育规划课题结题之际，我的心里百感交集。从课题开始立项，对如何做课题的不确定，让我时常陷入一种莫名的紧张和焦虑的情绪中。在课余时间，我阅读了一些书籍，研读了一些资料，咨询了一些专家，但归根结底，还是要回到课题本身以及课题相关的课堂上来的。因此，在大学英语个性化教学中，课堂教学实践和理论的结合具有极其重要的作用。对于研究中每一个学期、每一个阶段的教学，课堂都会生成蕴含着无限的教与学的资料。我一度发现自己的研究似乎有点偏离，但这并不是问题的本质。最根本的是，这是我一直想做的事情，而目前的状态，只是其中的一个侧影而已。有时候，我也会这样自我安慰。在众多的课堂教学资料中，如图片、文本、音频、视频等，选出符合个性化研究又有代表性的东西，确实让我大费周折。我一度怀疑自己能否胜任这项工作，成功地将符合研究过程以及研究结果的重要资料分离出来，并且进行分析、概括、归纳和综合，从而找到问题的本质，实现研究的目的。虽然其中的分离过程很痛苦，但收获还是有的。同时我认识到，真正的研究立足实践，又结合理论。因此，从实践中提炼出符合理论的一些精彩教学片段，才是研究的真正目的。事实上，自2006年进入南昌航空大学以来，我一直最想做的事情就是进行"以人为本"的教学。从最初的情感教学，到对归因理论的探究，再到任务型阅读教学的探究，到如今的个性化教学，在这个过程中，我经历了"只见树木，不见森林"的窘迫。如今，我认识到了教学中的一些宏观层面，并试图将宏观层面与微观层面的东西结合起来。其实，生态化教学就是"以人为本"，促进学生的个性化发展，激发学生的潜力，从而推动学生学习的自主、自觉和自发。与此同时，我要感谢这个课题给我带来的困惑、思考以及个人发展。它给我提供了对大学英语个性化教学进行探究的机遇，让我在教学中变得自主、自觉和自发，也让整个团队富有自主性和活力，从而在智慧的光芒中，开展真正的教学与科研探究。最后，我还要感谢陪伴我一起成长的2017级和2019级的全体学生，是他们让课堂发光、发亮，让自己发光、发亮，让我发光、发亮，也让整个研究发光、发亮。我更要感谢今天的专家们，在本次答辩中，我不断思考研究过程中的问题和不足，从而推动下一阶段的深入探究。实际上，基于"问题导向"的大学英语个性化学习，同样适用于本课题的结题过程。客观地说，在课题研究的各个阶段，我主动记录了很多教学反思，特别是课后反思，它不仅让我明白了课堂教学中的主要问题，而且让我产生了很多进行课堂教学设计与探究的火花。有些是即时的，有些是预设的。不管怎样，基于课堂的大学英语个性化教学，既有动态性又稳定性，不能一概而论。所以，要用发展的眼光看待整个教学过程，而这也符合"以人为本"的教学理念。

总之，大学英语个性化探究的过程，给我带来了新的教学思考和实践，给学生们提供了认识自己和发展自己的机会，更给我们团队的教学带来了新的生机和活力。因此，我希望沿着以前的探究之路，继续努力下去，从而挖掘学生的个性化学习活力，让每一位学生都能在大学英语的课堂上找到属于自己的闪光点，提升大学英语学习的自信心，提高大学英语能力和水平！

2020年12月10日

大学英语课程创新创业建设课题结题反思

每次课题结题，我都会写课题结题反思。几乎每次课题结题之时，我都百感交集。这一路走来，点点滴滴，都深深印在脑海中，它们昭示着课题每一步的发展。

在申请大学英语课程创新创业建设课题的时候，我感觉它类似于大学英语教改，但因为有"创新创业"这几个字，我又感觉它并非传统意义上的教改。因此有一段时间，我努力在新华书店里搜寻有关这方面的书籍。但是，在查找这些书籍的过程中，我还是有些茫然。目前大学生创新创业建设的需求很强烈，那么大学英语课程创新创业建设是否与之有什么联系呢？于是，我极力寻找两点之间的契合之处。尽管目标还不是很清晰，但至少我已经在路上了。接着，我参与了大学英语课程教学视频的录制，回首来看，当初的教学还略显稚嫩和粗糙，还有很多值得改进和提高的地方。不管怎样，我发现我在大学英语课程中已经尽力做到"创新"二字了。创业还谈不上，因为我的领悟还没有那么深刻。对于大学英语课程在学生创业方面有哪些影响，我有点茫然。但基于之前做省级教改课题的经验，我发现了一个"真理"，那就是教师应该积极改革教学方法、教学内容和教学手段等，从而促进学生的课堂参与、互动、交流和沟通，以此促进学生的成长。"成长"这两个字，不是传统意义上的成长，还有很深的内涵。那就是教师要使学生在课堂上有参与感，从而产生学习的获得感。在进行课题研究的过程中，我常常看到或拍摄到学生眼里的光以及脸上的快乐和开心。也许，这就是创新带给学生的收获。后来，2018年我开始在超星学习通平台的帮助下，进行大学英语课程创新建设的推进。虽然在整个过程中我有点茫然无措，甚至紧张不安，又或是对现代化教学手段充满害怕，但无论怎样，我还是积极参与了。在进行学习通移动教学的过程中，有些活动我组织得比较多，有些活动则鲜少让学生参与。不管怎样，在学生参与活动的过程中，我积极思考了大学英语教学设计如何与现代化教学手段有机结合的问题。这与我之前按部就班进行的大学英语教学略显不同，因为有了对设计的思考，所以在教学活动、教学内容、教学手段甚至是教学策略方面，我产生了新的思考和认知。因为它直接与课堂效果有关。学生来上课的时候，身为一名老师，你让学生从课堂上带走了什么？这是非常值得思考的问题。自然，在各种手段的灵活运用下，大学英语课程的创新活动开展得如火如荼，因此留下了很多有用的教学案例以及伴随着案例展开的一些思考和探究。这并不是研究的终点。因为借助现代化信息教学手段的大学英语，应结合传统的大学英语教学，二者相互促进和提高。也就是说，在课堂开始前，教师应努力思考每一堂课的教学类型以及应对手段。这就意味着，并非所有课的教师都必须用现代化手段来实施教学；同理，并非所有课的教师都要用传统手段来实施教学；应该有折中的地方和动态的地方，这些折中和动态的地方，正是教师在课前或课后需要认真思考的内容。同时，在对困难学生的帮扶方面，结合省级教育规划课题，我研究得比较深入。客观地说，这是我较为擅长的地方。虽然我曾有很多困惑，但是把省级教育规划课题的个性化与困难学生的帮扶结合起来，就是科研的价值所在。因此，身为一名大学英语教师，进行教改或教育规划课题都不是目的，而只是一种手段，促使教师不断在课堂内外思考，从而让更多学生获益。所以，教师对学生的影响，不仅在课内，而且会延伸到课外甚至今后的人生中。因此，教师不要轻视自己的教学产生的作用和影响，学生会在影响下形成世界观、人生观、价值观，同时也能获取知识，提高对事情的批判性思维能力等，从而在未来的人生路上走得更稳。成绩、奖励和荣誉等，也能激励学生内在的获得感，促使他们未来成为更好的自己。正如大学英语课程创新创业的影响一样，促使学生未来在社会中有所成就。

因此，不管是什么课题的研究，必须是以学生为本，一切建立在学生的基础上。在做课题前，教师应保持初心，以学生为本，耐心、细致地对待学生以及自己的教学与科研问题。研究课题的本心是什么、研究主题或内容是什么、为什么研究以及如何研究，这几个问题，我曾试图在课堂上教会学生。而我更应该时刻谨记这几个问题，从而认真、细致地把课题做好，不要为了做课题而做课题。实际上，当你承受了来自课题的烦恼、担心以及不安之后，最终将收获一份属于它的甘甜。而这份甘甜，最终使学生受益，使教师与学生一起成长。

教学相长，教研相长。是以记之！

2021年10月4日

信息化教学能力提升在线学习总结和思考

在本次在线活动中，倾听了专家们的信息化教学能力提升讲座之后，我受益良多。专家们对一些问题的思考和认识，不仅使我开阔了眼界，而且使我加深了认识，更重要的是我学会了今后如何在在线课堂教学活动中有意识地实施和思考。因此我将这些收获一一总结，从而使其更加可视化，真正达到提升信息化教学能力的学习目的。具体归纳如下：

（1）关于信息化教学能力如何提升，专家们在一开始基本上都以框架结构的形式清晰而明确地呈现出来。专家们提供了一个很好的在线教学示例。因此，我归纳为"what""why""how"的问题。他们不仅清楚地讲授了信息化教学中的有关概念,而且还运用对比和比较的方式,在阐释一些概念的同时,让其更加明确。同时,专家和教授也会以举例的方式,让概念阐释更加明白和易于理解。概念阐释之后,就是具体的教学实施过程。客观地说,具体的教学实施过程以及实施方法,通常是我比较感兴趣的部分。每到这些内容,我一般都会认真做笔记或者通过用手机拍照的方式,让自己尽量跟上专家的教学思路,在以后的教学中学会这些具体的实施过程和方法。从本质上来说,学习不能浮躁,要有实效。"纸上得来终觉浅,绝知此事要躬行。"对于我来说学习信息化在线教学理论,只是第一步。后续的具体教学实施过程以及实施效果如何,要不断琢磨和探索,从而达到学以致用的目的。

(2)讲座的关键点很多,比如教学、以学生为中心、教学学习活动、设计、新方法和新理念、策略、学习过程、管理和评价、平台、资源、工具、建构、课程开发等。如何在这些关键点中抓住在线教学的本质,这就显得尤为重要。我比较关注的是"以学生为中心"的教学以及评价与反思。不仅因为这两方面是我目前教学科研的重点,还因为这是每位教师应该秉持的理念以及宗旨。无论在线教学实施的方法和策略有多少,最终都要归结为这两个方面。因此,一位专家在讲座中说:"有时候,在线教学中教与学的相互作用非常有限。"因此她强调:"在线教学的关键在于重新构建教与学的相互作用关系。"另外,她提出的在线教学如何支持课堂教学改革的问题,引起了我极大的兴趣和深入的思考。

(3)关于在线教学中的学生主体因素,专家们进行了论述。在在线教学中,关于如何促进学生在线学习的问题,庄教授提出了基于团队共创的写作学习活动以及网络工具赋能写作学习活动设计。同时,在促进自主学习的在线教学活动设计中,她提出的生成作品概念以及学习日志打卡,对于我来说不仅是方法上的指引,还是教学上的再度反思。实际上,在大学英语2第六单元在线教学中,我无意识地使用了同样的方法。因此,对于在课堂上实施过的类似做法、大学英语在线教学的优缺点以及今后的改进方法,我进行了深刻反思,同时这又验证了教学实践与理论学习相互促进的必要性。对于评价与反思,庄教授给出了以下两个要点:第一,建立基于过程的反馈机制。实施形成性评价,教师要给予学生及时的支持和反馈。第二,引导学生记录和反思自己的学习过程,及时调整学习的节奏、策略，以及学习的动机、态度等。在教学中，我使用学习通笔记进行形成性评价。结果证明，不管是学生还是教师，都会从笔记中获得很大的收益。所以，评价与反思对于教学的作用不言而喻。事实上，很多专家在本次讲座中特别提到了形成性评价的重要性以及具体实施办法。而这也正是我本次讲座中需要重点学习的部分。同时，结合自己的教学实践，我希望融入专家和教授的做法，最终形成一套属于自己的课堂教学评价体系，从而达到有效促进教学的目的。

（4）还有关于导学、助学和促学的分享。学习了韩老师关于信息技术与教学融合的系统化研究的讲座，我对开展混合式教学的必要性、理论基础、研究方法和思路以及如何系统化开展混合式研究，有了明确的认知。韩老师以他自己的团队为例，对如何开展混合式教学进行了详细介绍，并通过实例，给我们展示了开展混合式教学的一些方法和途径。让我印象深刻的是，他提到教育的作用是教会学生新的学习方式。因此，不管教师实施的教学模式如何，最根本的是要教会学生学习，从而提高教学成效。正如韩老师所强调的，一切教学和研究最终还要回归"以人为本"的教育理念。所以，身为高校教师的我们，在实施每一种教学模式或开展每一项教学活动时，脑海里始终想的都应该是学生以及学生的反馈。只有秉持这样的理念，教师才能达到更好的教学效果。

郭老师在关于以学生为中心的课程教学设计的讲座中特别强调，这种教学设计的基本原则是学生主体、教学主导。同时，他在讲座中的一句话使我很受启发："教过了是否就等于学会了？"因此，教师在教学设计中要学会换位思考，体现"以学生为中心"的教学理念。那么，教师如何在教学中实现这一理念？基本原则是什么？对此，郭老师从八个方面进行了论述。具体如下：利用学生已有的知识和经验；考虑学生的需求和学习偏好；形成性评价和自我评价有助于学生学习；注重培养学生的核心能力；督促学生积极参与学习过程；鼓励学生协作学习；培养学生思考和解决问题的能力；利用活动来激发学生的学习兴趣；教师是学习的促进者而不是知识的呈现者。对于教学设计的三要素，郭老师强调，其一是教学目标：期望学生学会什么；其二是教学策略：如何进行学习；其三是教学评估：如何及时获得反馈。在学情分析与教学内容分析中，郭教师再次强调，要以学生为中心，以学定教。具体来说，就是研究学生的实际需要、能力水平和认知倾向。因此,教师应在教学中为学习者设计教学,优化教学过程。同时,教师要对群体与个体进行学情调研,对学习者特征的智力因素和非智力因素进行分析。对于学情分析内容,教师要针对学生掌握"十知道",即现有基础、认知特点、学习方式、思维特点、个性差异、学习需求、学习态度、学习习惯、生活经验和学习环境。此外,郭老师特别提到了常用的教学过程设计模式——五环节教学过程设计:引起兴趣、展示内容、学习领悟、归纳总结、实践运用。同时,他还给出了教学活动设计的样例。因此,在听完讲座之后,我计划对大学英语2阅读课进行示例分析,从而找到阅读课的一些特点,进行完善和提高。同时,对于如何促进学生参与教学过程,郭老师强调,要加强合作,让课堂卓有成效。郭老师在这方面提出了多种有针对性的方法和途径,比如课堂工具、弹幕派、种子时间、腾讯投票、课堂签到等。此外,他给出了一个很好的建议,那就是TPS(Think-Pair-Share)。举手还是不举手,这在课堂教学中是一个比较普遍的问题。对于这个让很多老师都深受困扰的问题,郭老师结合自己的课堂教学经验,分享了他的个人教学实践。以作业为例,他认为教师在教学过程中要想使学生积极参与作业活动,就应该做到作业布置明确、清晰。同时,他进行了对比分析,指出明确的作业对学生的学习成效有很大的促进作用,能激发学生的学习潜力和动力,从而使学生更加有效地参与一些课堂活动。同时他指出,教师可以使用一些现成的评价量表,让教师的评价与学生的表现关联起来,从而促进学习和教学。希望在今后的教学中,我始终谨记"以学生为中心"的理念和原则,真正在课堂中做到"以学生为中心",从而激发学生的学习潜力和动力,达到提高教学成效的目的。

(5)在这次信息化能力提升讲座中,对于在线教学中的一些技术手段以及方法,专家们给出了非常好的建议。这些实用的技巧和策略,让我受益匪浅,不仅使我学会了在线教学的一些实用手段和方法,而且刷新了我对在线教学实施过程的认知。同时,激励我在今后的在线教学中不断摸索和实践,从而克服对技术的惧怕心理,用信息化技术的手段武装教学,从而使教学变得更加丰富、生动和立体。另一方面,平时使用的在线教学软件以及目前学习的在线教学软件,它们让我在不同功能的对比中,对不同在线教学软件的不同教学手段和方法有了新的认知和体验。

(6) 在讲座中，冯老师对在线教学的五阶段理论、探究社区理论、在线教学交互层次塔进行了详细而具体的介绍。因此，我对在线教学五阶段理论中的自我发展产生了极大的兴趣。自我发展指的是结合讨论之外的资源，向原有的课程、系统提出挑战。这是我在今后的教学过程中在学生发展方面的一个目标，即对高水平学生的发展期望。对于探究社区理论中的杜威理念，我非常认同，希望今后能继续深入探究和学习，从而把握该理论的真谛，更好地实施教学。对于在线学习设计，冯老师提出了三个转变。第一，由教学设计向学习设计转变。这主要强调从帮助教师"教"到帮助学生"学"。第二，从知识传递转变为能力培养。教师应努力克服设计中的惯性，从而避开难以将教学内容与教学目标区分开的泥潭。第三，由前端设计转向全过程设计。教学设计不仅包括在线课程的设计与开发，还包括在线学习支持服务。如何在课程初期、中期和后期，特别是课程后期，进行综合展示，是学生自我发展的一个体现。同时，教师要注重学生的自我反思与评价，比如核对单、学习反思、自我评价、同学互评、测试等。在讲座中，刘老师强调了课程与教学的多样性，包括基于资源的学习模式（自主式学习）、案例式教学、分布式教学、任务驱动式学习。在这四种在线教学模式中，刘老师特别强调学生能力的发展、教师角色的转变以及核心素养的培养。对于学生能力的发展，她强调，在课堂中教师应提出有价值的问题，从而使学生的能力得到发展。对于教师角色，她认为，在不同的教学模式中，教师角色会发生相应的变化。因此，教师本人需要具有良好的教学基本功。最后，她在讲座中总结了教师角色的变与不变，以及效率和效果的问题。在郑老师的讲座中，他分析了师生同步在线直播课、录课加答疑辅导、以活动为中心的网络课程、以分享研讨为核心的群体协作课程。在这些模式中，我提取了一些关键词和短语：促进课前预习、集中答疑或个别辅导（根据学生反馈和练习情况）、反馈、脚手架、讨论参与度、自我知识的生成情况。特别是反馈，教师应为学习者提供相关的答案、思路或资源，从而使学习者对自己的行为结果有所了解。对于脚手架，教师要注重不同类型的合理利用，从而为学生搭建充足的脚手架，借助讨论中的脚手架，促进学习的良性发展。同时，教师要关注学生的讨论参与度和自我知识的生成情况。在后面的讲座中，专家依次介绍了什么是评价以及评价的四个作用，即诊断、激励、指导和干预。事实上，我们对教学评价非常重视，特别是形成性评价，本质上是为了发展学习者的能力。对于教学评价的目标与内容，专家分别介绍了布鲁姆的教育目标分类法以及加涅的学习结果分类法。基于在线学习的评价与传统评价的不同，如何进行有效的评价，应做到以下几点：其一，评价体系与学习目标相符；其二，评价标准能够让学生有清楚的期待；其三，评价结果能够反映学习者的进步和对知识的理解以及对知识和技能的迁移能力。客观地说，我在教学评价方面做得不够好，需要进一步提高。因此，传统的课堂评价体系与在线学习的评价体系相结合，有助于教师把握评价的本质，从而更好地实施在线学习的形成性评价，以此对学生的学习做出客观而真实的评价。另外，评价策略的选择，应与学习活动一致。所以，技术赋予教育新评价、新契机、新方法和新环境。总之，科学评价是科学干预的核心基础。针对学习目标和学习活动，设计学习评价，是相互融合的过程，而非独立的过程。

（7）客观地说，专家们的点评语录很真实，也很接地气。他们指出了教师在科研过程中对一些科研理论的理解和认识不足，因而概念混淆不清。同时，对于这些理论，教师如何在课堂教学中真正落到实处，需要考虑学生的水平和需求。因此，对于学习者的认识，是教师需要重视的。同时，对于学习者共同体，教师要在教学实践中不断探究，并且关注学生的学习过程以及学习是如何发生的。教师面临的另一个挑战，就是提高对学生的评价能力。对于学生的评价，应从不同的层面去开展，从而推动和促进学生学习能力的提升和发展。以英语能力等级量表为例，教师要结合英语能力等级量表，对学生在学习中达到什么样的目的做到心中有数。因此，从上述分析可以看出，教师要培养自己的语言能力、学科素养、信息素养以及科研素养，从而成为综合素质达标的良师，以引导学生向着更好的学习目标迈进。

2020 年 8 月 29 日

第二届南昌航空大学教学创新大赛参赛思考

虽然第二届教学创新大赛已经过去了一段时间，但现在反思当时比赛的得与失仍然很有意义。对于我来说，参加比赛不为结果，而为过程。在这个过程中，我试图把教学和科研中的一些想法梳理清楚。因此，在面对其他同事完美的教学设计、清晰漂亮的PPT以及干净利落的演讲时，我有过不安和恐慌。但是，当我站在台上开始讲解的时候就释然了。对于自己的不足，我有一定的认识；评委老师点评时的坦诚，面对面提出问题的勇气，让我觉得本次比赛非常有意义。它不仅让我发现了自己的缺点，而且让我从其他同事身上学到了很多宝贵的经验。更重要的是，我知道了今后努力的新方向。本次比赛我准备得比较仓促，自然有很多不足。比如，大学英语课程的创新，还是大学英语教材的创新？事实上，对于这个问题，我在比赛开始前也问过自己，甚至在笔记本上也记录过我的思考。另外，对于创新报告，我甚至连封面和摘要都漏掉了。创新报告中的内容与我最近想写的书有关联，所以内容被我一删再删，但仍然难逃冗余和含糊不清之嫌。它正如我的PPT一样，文字太多。我想表达的东西太多，结果词不达意。至于形式和细节，我处理得不是很妥当。这是我总结的深刻教训，值得我在今后的教学中加以重视。

本学期，在一次又一次修改自己论文的过程中，我逐渐养成了对自己的论文进行思考和批判的能力。换言之，除了在必要的文字上进行修改和调整，我开始真正自主修改论文，并加上一些相关评语。我希望以"第三方"的视角，客观地看待论文的好与坏。因此，当我得知省教育规划项目在校选中失败时，我很难过。但同时，我获得了一份坦然。毕竟这是我一直想做的一个项目，努力过了就对得起自己。当然，我也不是毫无收获。教学中的形成性评价，一度让我很困惑，一度迫使我在教学中停下来不断进行探究。所以，通过不断地教学实践，它激发了我要做成课题的决心。失败不是终点，反而是新课题的起点。于是我打开课题申请书，试图找到自己课题中存在的问题，比如，课题与以往的研究关联度不高，参考文献的时新性不够以及项目的设计性不强。因此，我决定将它做成小论文的形式，在这方面继续探究和完善，以此达到以教促评、以评促教的双向目的。

细细回想，这些年来我有很多次申请课题失败的经历。曾经申请的项目有很多，特别是省教育规划、省社科规划、省教改、校教改等项目。其实每一次申请都代表了我的一次认真思考的过程。所以，我决定将这些话题重新梳理出来，作为后续教学和科研的助力。不是每一次失败都是失败。真正的失败，在于自己的放弃。而重新开始，则是对失败的重新审视和挑战。客观地说，这些年的课题申请，注定会成为我下次课题或论文思考的一个方向，因此，这些失败的经历并非没有价值。

总之，在"以学生为中心"的信息化时代，教师注定要接受很多挑战。新的学期开始了，与我的学生共勉：过去已经过去，未来仍在自己手中。只要努力地思考着、行动着，一切皆有可能。希望在今后的教学和教研中，我能与学生共同成长、共同进步。

2022 年 2 月 6 日

大学英语 2 教学与科研总结与反思

几乎每周都有各类讲座，教学的、科研的、思政的，类别多花样多，让我应接不暇。有些讲座，在忙碌中不经意错过了；有些讲座，我听了一部分，虽然没有全部听完，但也很有启发。对于讲座的重点内容，我会用笔记本记录下来或用手机拍下来，为今后的学习所用。但后来发现，忙碌的生活常常让它们不知不觉变成了过去式。当时我觉得很有启发的东西，时间一长便在记忆中变得模糊了。于是，我重新将手机里的讲座图片以及笔记本中的讲座内容仔细整理，然后保存在电脑上，我希望它们能重新回到我的记忆中。对于颇有启发的东西，我标注了重点。而对于有些内容，我试图在今后的教学、科研中深度学习和探究。另外，专家推荐的书籍，我会去图书馆或电子阅览室好好查阅并认真学习。

客观地说，专家和讲课老师的内容或观点，都比较有深度，视野很开阔。当我学习这些内容的时候，它们常常使我大开眼界。在过去的一段时间里，我常常纠结在线教学的弊端，总想回到线下。我后来想通了，信息时代不仅给学生赋能，而且给教师赋能，这是教师必然经历的一个过程。所以，教师应以开放的心态，接受信息化教学手段，并下决心让其成为一种常态，虽然教师本人需要努力度过一段适应期。然而正如专家所言，我们不应该，也不能回到过去的教学状态。因此在这段时间里，除了熟悉腾讯会议的上课模式，我也在慢慢摸索教师应采取什么样的途径才能更好地进行在线教学。此外，我还认真聆听和学习了学校举办的各类在线教学讲座，受益良多。不过，学习毕竟是理论上的，还要付诸教学实践，需要不断地进行探索。客观地说，我已经适应了腾讯会议和其他软件上的在线教学。无论怎样，在线教学总是机遇与挑战并存。昨天我下载并浏览了学生的在线教学反馈以及期中考试反思，我发现其实学生对在线教学有很多问题和想法。概括来说，不同的学生对在线教学有不同的体验。有的学生适应得快，有的学生适应得慢，还有的学生介于两者之间。今天上课的时候，我鼓励学生要学会接受信息技术的挑战，因为在线学习更是学生现在及未来应该接受的一部分。与此同时，我发现部分班级的课堂互动还是不太好。上课的时候，学生不仅仅需要进入腾讯会议，他们要像线下一样，带着一颗学习的真心来进行学习。然而，从课堂互动来看，有些学生显然并不在学习状态。于是，我只好让学生课后把课堂上所讲的翻译实践内容发到微信群，从而督促部分学生达到在线学习的效果。不过，在线教学探究，也有很多乐趣可言。所以每次课后我都会问问自己，今天的教学有什么突破。答案是多样的：有时是教学软件使用方面的突破，有时是在线教学模式和方法的突破，有时是学习内容和材料整合的突破，有时则是对学习主体，即学生的关注和认同的突破。比如，我今天尝试让学生分享完成翻译作业的方法，以此来引起其他学生的思考和学习。这一做法，比起第二单元时单纯在线讲解翻译内容的做法，还是有一定突破的。翻译实践对于学生而言，是一次很好的使用英语的机会。而且，在这个过程中，很多学生都有很多创新性的表达。在这些创新性的表达中，教师不仅要表现出对学生翻译能力的肯定和认可，而且要对他们的常见错误给出相应的指导和帮助。这其实比教师单纯讲解翻译标准答案要有效得多。以前，我采取的方法是让部分学生提前上交翻译作业，从中发现翻译共性和个性的问题，然后有计划地在课堂上讲解。而在在线课堂上，我并没有采取这样的方式，可能与我最近的关注点在学生上交作业以及考勤方面有关。因为对学生的作业、课堂表现以及活动和任务进行适度的反馈，这是教师必须认真对待的事情。在这个过程中，教师很容易发现学生的在线学习状态、学习过程，从而对他们进行有针对性的指导。因此，对于学生来说，教师及时的作业反馈，不仅必要而且有效。从一定程度上来说，它会激发学生的学习动力。作业不是最终目的。

教师希望学生通过作业，达到自主复习、及时巩固和提高的目的。另外，作业是学生学会学习、学会掌控学习以及学会管理自己的一种体现。事实证明，在一个班级中，当上交作业已经成为一种学习习惯时，学生的学习就会形成一种紧迫的节奏感。当学生慢慢在作业中形成对学习的掌握和对自我的掌控，那么学生对在线学习就不再那么抗拒，而是开始慢慢接受这一教学新常态，从而成为在线教学的受益者。当然，改变也不是立竿见影的，这需要教师和学生的积极配合。然而，变化中孕育着挑战和机遇，希望教师和学生都能以一种开放和宽容的心态接受，并最终找到最适合自己的方式。

　　各种形式的在线讲座，使我受益匪浅。所以，回到大学英语2的在线教学中，我努力与学生一起热切地拥抱在线教学。然而，学生的学习涉及很多方面，所以教师还需要回到"立德树人"的教学初心——用精神力量潜移默化地感染学生，并使他们悄悄地发生改变！

2021年4月20日

省社科规划课题申报教学与科研反思

　　最近这段时间，我总是为2022年省社科规划课题的申报而烦恼和不安。此次课题申报我本来不打算参加，可当同事来问我相关的事情时，我又开始有点摇摆不定，最终还是参加了课题申报。然而，真正行动起来，我发现很有难度。为此，我把前些年申报的课题拿出来，试图比较有什么特点以及相同和不同之处。其实，现在回头来看，当年申报的课题，还存在很多漏洞，因此没有申报成功，也在情理之中。但是，每一年的课题，其优缺点都代表了当时我的教学和科研思考。在那个阶段，这一度成为我申报课题的动力。我仔细分析下来，试图从中找出一个可以继续深入的课题，但是我发现很难。经过分析，我发现有些课题并不能代表我现在的研究想法和真正的研究兴趣。对于我来说，真正的研究兴趣在什么方面？在人，在"以学生为主体"的教学过程以及附着在学习过程上的有效教学设计。思来想去，我还是没有找到一个可以着手的地方。而这些课题，似乎只有其中几个可以作为我今后继续开展研究的出发点，但是我发现我很难把它们真正融入我的科研想法中。于是，我把以前的教学和科研思考重新拿出来，试图整理出一些想法，作为研究的一个切入点。但我还是没有找到最中意的点，从而顺利切入科研课题中。

为了减轻今天的负担，昨晚我把很久以来一直想阅读的书拿出来，企图从中找到一点灵感和思路。我仔细地研读下来，一一划出重点，试图找到能进行深入探究的方面。这些书尘封在时光中，尘封在记忆里，只因我一直没有找到阅读的兴趣和动力。其实这些年我也阅读了不少书，但是与它们相比，都略显肤浅。而这些书我始终不太敢去碰。昨天晚上和今天早上当我读起这些书时，对于书中的一些观点，我突然深有同感。教书十几年，其实我缺少的不是经验。但是，当经验和理论结合起来，我重新看待这些书中的理论时，我竟然有了别样的感受。而这种边学边用的做法，也是我一直在课堂上极力推崇的。于是，在混乱的思考中，我终于找到了一个切入点。而先前论文中记录的一些思路或想法，虽然我勾画了不少重点，但我最终还是放弃了。教学法，是一种提高教师教学能力和学生学习成效的有效方法。研究教学法对于师生皆有裨益。而现在的我，只想回到教育的初衷——以人为本，从中探究教学法之上的教学过程。学习是怎么发生的，学生在学习过程中遇到什么问题，学生对教师的教学反馈，教师对学生的学习反馈，以及学生的个性化学习等，这些都在潜移默化地影响着教学。而我只想从中窥探一些奥秘，并以此为契机，从而提高教学的成效。换句话说，当学生的学习积极性、主动性和创造性被激发出来时，所谓的教学成效，实现起来也并不那么难。

我曾经感叹：身为教师，还是应该多读书，才能把教学搞好，把课题做深。今天，我终于开始了真正的以读促学、以学促研和以教促研的历程。开始永远不晚，有思考、有探究、有收获就够了。就我个人而言，接下来的任务就是继续修改今年的两篇论文，并对我一直想研究的其他课题进行再思考和再探究，从而作为专著写作的资料。这些都是无形的财富，值得珍视和深入研究！

2022 年 5 月 6 日

大学英语教学形成性评价课题申报启发

  在阅读《促进学习：二语教学中的形成性评价》一书过程中，启发最大的地方在于作者"以学生为中心"的教学以及身为研究者的良好心态。比如，在文章的最后，作者并没有刻意强调形成性评价的意义和价值，而是以"逃离分数的洞穴"为结尾。作者强调教育的意义原本在于弥补我们看待事物和社会的不足之处，帮助我们全面地看待世界，如果我们只以分数来衡量教育的价值，会使教育变得可悲。而对于课题，作者则总结道，当时心态很好，申报成功，可以带着我的研究生一起研究；申报失败，仍然可以自己做着玩，也可以将《英语课堂教学形成性评价研究》一书进行修订。因此，作者对待教学与科研的平和心态深深地影响了我。对待教学和科研课题的态度和看法，不同的作者在书中都会阐述自己的观点。比如，清华大学颜宁教授特别强调在科研探索的过程中，无形的财富是别人拿不走的。即使是没有结果的科研，在这个过程中培养的能力，对于研究者也是很重要的。这给了我很深的启发。作为一个科研"小白"，我在科研中面临过无数的忐忑、不安。但在那一刻，我释然了。其实不为结果，关注过程，心态平和地面对来自教学和科研的挑战，本身就是科研人员应该具备的精神。正如刘波所说："事实上，教师只要处于成长的状态中，不功利的目标往往会带来水到渠成的结果。"

  在 2021 年底申请省教育规划课题的过程中，我失败了。对此，我曾经那么难过和不安。但是现在回过头来看，遵从自己的内心，潜心研究课堂教学中的困惑，即便失败了，也是一种有益的探索和尝试。比如，在形成性评价相关文献的阅读过程中，我了解了别人的科研重点和方法，由此我获得了一些深刻的启发。这些启发是我在课堂上不曾想到或做到的。同时，对于新文科背景下的大学英语课程形成性评价探索与实践这个课题，我有了一些更深入的思考。比如，评价过程的研究相对较少，研究方法不佳（不足），关于如何使形成性评价目标具体化以及如何开发针对二语课堂的有效形成性评价体系即形成性评价体系构建问题的思考，形成性评价实验的效果及反思（包括教师反思，教师和学生的感受与反馈）等。这些核心和细节的问题，实际上是我在课题设计过程中没有想好或者没有想清楚如何去做的地方。同时，在研究形成性评价的过程中，教师要特别关注教师和学生的角色转变以及形成性评价与教师发展的关系。形成性评价不仅要求教师转变角色，而且对教学方式的转变也提出了要求。因此，其对教师和教学都具有重塑作用。在形成性评价过程中，教师可以清晰地看到教学设计和教学效果之间的差距，从而采取一定的应对措施，弥补这种差距。所以，为了达到上述目的，教师应该重点关注能够使学习发生，并对学生的学习产生成效的教学方式。如果其对学生的学习没有产生作用，教师则应努力收集和利用这些信息，使之成为改进教学的依据。因此，从这个角度来看，教师应思考如何提高实践水平，从而在课堂中点燃和挖掘学生的学习热情和潜力，激发学生的学习动力，从而实现形成性评价的作用和价值。此外，对于教学任务或活动的形成性评价，还有待于在课堂中进一步探索和实践。比如，我曾经尝试利用超星学习通，让学生开展基于学习过程中的任务或活动的反馈和评价，从而发现有利于提高课堂教学成效的方法。对于不足的部分，在学生的意见和建议以及专业文献的引领下，我继续开展深入探究，不断完善课堂教学活动或任务，使之真正产生作用，从而促进学生学习的发生。

在线评价的方式包括自我评价和小组互评。对于小组互评，我在学习通中使用得并不多，所以在这一方面，我并没有探索出真正的价值来。但是，自我评价是我在教学中经常使用的一种手段，因而我从中获取的教学信息很多，起到一种有效的促进作用。对于过程性档案袋，即根据学习通笔记记录学习过程的学习档案袋，在2020年大学英语在线教学中，发挥了巨大的作用。对于教学中的反馈，我在阅读文献时有所感悟。那就是改变以教师为中心的反馈，关注以学生为中心的反馈。只有教师从关注学生的角度出发，才能真正起到形成性评价的作用。比如，Clarke（1998，2001）的研究发现，教师往往更善于告诉学生要做什么，而不善于清楚地表达期待学生学什么并让学生意识到他们努力要学的东西有多么重要。因此，"以学生为中心"并不是一句简单的口号，有待于教师在教学中真正实施。所以，在形成性评价中，除了达到知识、技能和情感的三重目的，教师应拓展学习和科研的眼界，从而达到教学与科研的相互促进，提升大学英语教学的层次，实现大学英语教学的有效性。

Moss & Brookhart（2009）总结道："教师在进行教学与科研的过程中，不仅促进了自身的专业发展，而且形成了一定的教学反思能力，因此优秀的教师每天每堂课，每次与学生互动时都会批判性地考查自己的知识和工作假设，他们具有探究性的思维习惯，可以敏锐地意识到，教学中哪里需要改变，哪里需要提供反馈或信息，从而帮助学生推进学习。"从这个角度来说，教师要利用好每天的教学"实验室"，在里面精耕细作，利用行动研究法，利用探究式教学法，利用任务式教学法，利用PBL教学法等，从提高教学成效的目的出发，不断将它们转化为一种自我培育方式，从而更好地促进教学，发展自我，最终达到提高课堂教学成效的目的。

2022年6月30日

与吴老师的科研论文讨论

1. 文章的观点要明确，不能总是在文章中重复一个观点。

2. 文章改不下去或写不下去的时候，要适当停下来，重新拿起笔时思路会更加清晰，也更能发现论文的优缺点。

3. 多阅读优质期刊中的论文，提高科研的水平和层次。

4. 寻找一个安静的地方，不要浮躁，静下心来，潜心修改论文。

5. 在文献综述方面，要跟上时代发展，对文章的主题背景要有一个全景式的概述。

6. 每个阶段都有阶段性的任务，只要开始去做就意味着新的进展和进步。不要焦虑，不要浮躁，要心态平和。

7. 职业倦怠带来的疲倦感，可能会持续一个阶段，但最终会过去，因此不要迷茫。重要的是，要找到内心想去做的事情。

8. 在教学和科研的不同阶段，对论文的解读不同，视野不同，因此也不必过于纠结。一切都是最好的安排。

9. 每个人都有各自的思想层次和水平，不管是谦虚的还是傲慢的层面，都要学会正确看待。

2022年5月24日

关于文献的反思——对文献的新认识和新理解

早上在搜索文献的过程中,我发现文献的作用还是很大的。以前觉得补充文献,是一件很令人烦恼的事情。但是我现在觉得,文献的作用除了在于引用过程中表达对作者的尊重,还在于帮助我们观察到不同研究者在这一方面的研究进度、趋势以及深度。此外,文献还可以增强文章的说服力和可信度。一篇没有文献或者文献不严谨的文章,无论如何,都有那么一点瑕疵存在。在写教学论文的时候,我往往对自己的教学实践论述着墨很多,但对于文献,我常常重视程度不够,因此我对文献的引用相对不规范,甚至有些文献的作用不是印证作者的观点,而只是阐述事实。很显然,基于这样的文献,作者只是让读者对文献的来源以及文献的信息有所了解,而这对于文章的学术性和论证程度是不够的。所以,在不断地查阅相关文献的过程中,我发现一些文章似乎也有类似的瑕疵。因为在试图查阅与我的写作主题相关的文献时,我不知道作者引用的文献与文章的主题到底有多大的相关性,这使我感到困惑和不安。因此,今天的文献学习对我来说意义很大。当一个人开始对文献表达认同的时候,在一定程度上意味着这个人今后的教学和科研开始注重严谨性。虽然日子匆匆忙忙,但有些文献还是要静下心来仔细研读。此外,在阅读了文献之后,要学会及时记录感想和启发。否则,重新回来查找文献时,就会有一种无从下手的无助感。所以,今天的教学实践让我对文献又增加了不少真实的认识。希望在今后的阅读和学习中,我能做到更加严谨和谨慎地对待文献,充分发挥文献的作用,从而使文献在论文中发挥应有的作用。

2022 年 6 月 25 日

大学英语论文修改反思与启发(一)

首先,我对《南昌航空大学学报(社会科学版)》2022 年增刊进行了系统研究。我认真学习了学校学报在形式上的要求和内容上的特点，对其进行了系统归纳和总结。针对论文中的参考文献，我进行了深入追踪，从中发现了有关教学设计的书籍和论文，并计划进行二次深入阅读和学习。

其次，我对自己的论文进行了思考和修改。我将继续对论文中的不当部分进行删除、修改、总结和凝练，从而体会大学英语创新创业课程建设的核心或本质以及有关论文写作的技巧、方法和特点，摒弃浮躁，寻找论文写作时内心的宁静。同时，我开始客观地看待过去一年的论文写作和思考，发现它并非完全没有意义。只是有些时候我太过于浮躁，对一些想法并没有深入研究，所以浪费了论文发表的一些时间。对于论文写作，我需要一步步脚踏实地地进行。同时，对于论文写作中的困惑，我应当以一种开放、乐观的心态坦然接受。只有放下和接受，才能真正写好论文。因为论文写作的过程，不可能一蹴而就。总需要过程和时间，论文值得去探索。

2022 年 2 月 11 日至 2022 年 2 月 14 日

早上起来头脑是最清醒的。于是我开始问自己：我的论文存在哪些问题？除了语言、内容和主题的问题，还有一个问题一直困扰着我，那就是我的论文平淡无奇，亮点和新意不够。所以，亮点或新意是我需要进行深入思考的方面。另外，虽然我在大学英语课堂上进行了很多教学实践，但我似乎还没有把它们提炼出来。于是，纠结于纷繁复杂的细节，我忘记了论文发表的关键：总要有那么一点新意才行。

于是我终于安静下来，浮躁渐渐退去，我又开始修改论文。我大刀阔斧地删掉了一些不必要的细节，因为论文的核心在于简洁。删掉的部分仍然可以作为其他论文的重要部分。当论文中又有新的框架时，不应在一篇论文中试图进行所有相关内容的阐述，以免显得冗余。与此同时，我在论文中加入了两个表格，体现出创新创业教学做法的一些亮点或特色，以此增强论文的说服力。

总体来说，我还需要继续深入修改和完善论文。论文的写作和修改，如果带着一定的目的进行思考，就会进展得更顺利一些。同时，对于每次删掉的重点部分，还应当进行系统的记录。所以，只有记录常在，我才会更加清楚地抓住论文修改过程的痕迹，包括其中的收获。

2022 年 3 月 6 日

对 2022 年 4 月 9 日修改的部分重新进行修改，并且开始思考本文的弱点是什么，有哪些硬伤，接下来应如何有效改进。实际上，这是一两年来，我对这篇文章始终犹豫不决，甚至烦恼不堪的真正原因。至于与论文有关的评审问题，现在看来似乎也不那么重要了。当我们开始对一个事物从"只见树木，不见森林"的狭隘视野中脱离出来，问题就清晰明确多了。修改和凝练都不是问题。重要的是，在这个过程中，我逐渐走向科研的进步，从小视野转变为大视野，开始从宏观的角度看待问题，进而脱离论文写作问题的局限性。与其烦恼，不如持续不断地行动起来。自主摸索和探究，正是科研的乐趣所在。

2022 年 4 月 17 日

历时一个月，我继续修改论文，有些部分需要重新梳理，有些部分需要继续凝练。总体来说，这篇论文有一定的特色，但也有中规中矩之嫌，太拘泥于创新创业课题的开题报告。可以说，在一定程度上局限了思想的表达。这篇论文的写作意义何在？这是目前值得我深入探究的地方，更是当初我进行大学英语创新创业改革的起点和目的。兜兜转转我又回到了论文写作的原点，也算是回归初心了。因此，从某种意义上来说，当不以发表论文为目的的教学改革在课堂中实施时，课堂教学改革才会产生真正的活力。总而言之，任务型阅读教学部分还需要重新梳理，翻译教学部分同样需要继续凝练，而文献部分则需要重新整理和补充。

2022 年 5 月 16 日

大学英语论文修改反思与启发（二）

时隔一年，我终于将 2021 年 4 月 19 日修改的这篇论文继续完善起来。应该说与去年的论文相比，2022 年 10 月 16 日写成的论文已经有了很大的进步。它不再是单纯的提纲式论文,在论文的丰富性方面也有所充实。但在逻辑性上,还是略显不足,需要进一步厘清核心所在。2022年通过一个月的在线教学,我对大学英语在线教学又产生了新的理解和认识。因此,我试图将2020年大学英语2在线教学中的一些亮点和不足与2022年的大学英语2在线教学进行比较,从中提取两者的亮点,摘取在线教学的精华部分,并逐渐形成自己的在线教学体系。本篇论文基于2020年的大学英语2在线教学,因此,在论文修改的过程中,我并没有将其纳入2022年在线教学的部分。等我对2022年在线教学的部分有了更清晰的认识后,再进行整合。从目前的修改结果来看,总算是有了一点眉目,不再像过去一样混乱不堪。因此,我接下来的任务就是在相对清晰的思路中,继续修改,直至完善。总之,论文的部分文字需要润色和修饰,论文的结构及部分内容需要调整和删除,论文的文献部分需要增加和补充。

大学英语论文修改反思与启发（三）

从2020年开始构思大学英语思政教学论文,当时的我把大学英语思政教学中的一些做法初步进行了归类和整理,并将论文写作中获得的一些灵感,纤悉无遗地记录下来。然后,我开始阅读有关思政教学的文献,我试图查找一些与论文相匹配的观点和看法。同时在这两年中,我不间断地聆听了学校或校外组织的一些思政讲座,获得了不少灵感和启发。但可惜的是,我始终没有将它们真正变成自己的东西。在一遍又一遍的论文修改中,虽然我不断地调整和修改论文的语言、内容、结构以及逻辑,但我却始终没有信心。同时,在2021年下半年,在修改大学英语创新创业论文的过程中,我开始记录一些自主修改意见,以此作为下一次重新自主修改论文的基础。事实上,这些做法让我开始从"旁观者"的角度看待自己论文的优缺点以及需要补充的部分。同时,对于论文中一些表达不清晰或者逻辑性不强的地方,虽然我很苦恼,但我也开始以一种平和的心态接受,因为这本来就是重新思考和琢磨的过程。人不可能一下子就把所有的事情都想清楚,思考也有一个过程,关键是在这个过程中,要学会进行持续不断的探究,从而使头脑中略显抽象的东西,开始一点点具体化,并逐渐变成一些有条理和逻辑的东西，最终转化成大学英语思政教学和科研体系的一部分。坦白地讲，在这个过程中，我有疑惑，有迟疑，有忐忑，有不安，但同时也有惊喜。这惊喜，就像浓雾散去之后的明朗。其实，在教师职业生涯中，不可能有一蹴而就的事情。每一步付出的汗水，总会有收获！因此，我们不要对教学和科研中的艰辛耿耿于怀。学会放下和接受，是承认自我思维局限的一条必经之路。所以，与其天天为教学和科研而烦恼，不如学会享受这个过程。

2022 年 2 月 25 日

最近，我又聆听了几场有关思政课堂探究的讲座。与之前相比，这次带给我的启发更大。事实上，在大学英语教学中，进行思政教学的手段和方法有很多，值得教师不断地挖掘和利用。但是，在进行思政教学探究的时候，教师要始终考虑学生的感受和心理状态。换言之，教师的思政教学不是以教师的意愿为主，而是要对学生和课堂起到实实在在的作用，从而达到一定的成效。因此，大学英语思政教学的模式以及成效，是值得我继续去认真思考和探究的地方。同时，教师对于思政教学的探究不能停留在形式的层面，教师应透过现象看本质，真正抓住思政教学隐藏的意义和价值，从而达到教书育人的目的，真正起到思政教学的作用。

这些思政讲座带给我很大的启发。同时，我试图不让这些讲座影响我的一些教学做法。这也是一种积极的思政教学尝试。与此同时，我深刻地意识到这些讲座带给我的启发。这些启发使我时刻警醒自己要回归教育的初心。

2022 年 4 月 17 日

夏日的午后，闷热得让人心情烦躁，突然窗外下起雨来。雨水滴落在纸上的声音就像春蚕发出的声音。此情此景，让我有了修改论文的想法。于是，我端坐在书桌前，开始修改论文，渐渐地内心也没那么浮躁了。

我把论文重新翻看了一遍，发现还是有些小错误以及需要修改和完善的地方。于是，我把以前的资料拿出来，查看是否有必要再次调整。做这些事情的时候，我忽然看到 2020 年 5 月 19 日写的大学英语思政教学设计与探究，内心很是感慨。至今，我还清晰地记得那个时刻。那是一个上午，我在进行思政教学论文素材的积累和总结，突然灵光乍现，于是，我迫不及待地把这些思路和想法记录了下来。在不知不觉中，我已经度过了两年的论文修改时光。回看这些资料，我发现进步也是很明显的。两年前的我对论文只有一些很模糊的想法，而且理解也不够深入，而现在的我能从客观的角度看待、理解和认识思政教学。这就是一种进步，属于时光流逝中的进步。虽不曾察觉，却在真实发生着。

如此看来，两年之久的大学英语思政教学探究并非毫无裨益。希望我能在内心的安宁中寻得一些亮光，从而照亮未来前行的路，寻得一些光彩，从而展现属于自己的大学英语教学发现。

2022 年 5 月 15 日

大学英语论文修改反思与启发（四）

当我试图把作业教学中的一些做法和想法形成论文的时候，一些混乱的、不清晰的观点在脑海中盘旋。对于一些有利于形成论文的资料，我努力梳理出逻辑。甚至，当我把以前有关作业教学的文章拿出来重新阅读的时候，我慢慢地发现，有关教学心得的文章及时记录了当时的做法或思考，而有些做法和思考还是很有价值的。但同时我又发现，所谓的教学心得中事实与观点常常是交互在一起的。在我尝试编写大学英语教学专著的过程中，我曾经将它们一股脑儿地放在一起，以此达到资料的完整。但实际上将它们整合在一起，是不合适的。概括来说，它既不像一般的教学叙事类文章，又不像正式的学术论文。因此，在二者之间兜兜转转，我似乎被困在里面，始终没有头绪。后来，在不断修改论文的过程中，我发现主要问题在于叙事语言和论文语言的不同。单纯的叙事语言在教学故事的论述中，会增加一些叙事的色彩和情感。而论文语言则要求客观、真实、简洁。论文与叙事教学心得，还是有明显不同的。因此，我曾经试图将叙事语法从论文中剥离出来，但我却发现这个过程很难。因为对于当时的我来说，既没有剥离的技巧，也没有足够的思维高度。当我在寒假中准备第二届大学英语教学创新大赛的时候，也遇到过类似的困惑。值得庆幸的是，我终于在实践中发现了问题所在。但对于这篇有关作业教学的论文，我还没有想清楚怎么去整理和总结。但是今天的实践，又一次让我体会到了论文写作或修改的精髓，即掌握方法，使所谓的专著更加专业化。这使我想到，以前我在写论文的时候，总是很抗拒。我总觉得写一般的教学日记、教学心得或教学反思就可以实现论文的写作了。但是回过头来看，我当时的想法是很幼稚的。当我们将这些教学心得融入论文中的时候，也许需要大刀阔斧地砍掉一些不必要的细节。其实，这是整理思路的过程。将教学做法融入科研理论，并且升华为理论，从而提高教学做法的高度，有助于今后在教学中更加深入、持续地践行这些做法，提高做法的成效，这远非写一篇教学心得就能够实现的。而教学论文的写作，显然在一定程度上达到了这一目的。

其实，在这个过程中我惊喜地发现，有些教学心得以及其中的观点，是多么珍贵！因此，它们不应该被教师随意丢弃在时间的长河中，而应以论文的形式，散发出独特的光芒，从而继续推动教学和科研的进步！

2022 年 3 月 15 日

大学英语论文修改反思与启发（五）

关于这篇论文，从开始有一些思路，到现在把一些零零散散的内容拼凑和组织在一起，我花费了大半年的时间。客观地说，这篇论文是我在教师发展这一方面，基于自身十几年的教学和科研经历而进行的探讨。因此，在理论方面，我觉得还比较欠缺。虽然在教学之余我阅读了一些相关的书籍和文章，但我还没有厘清理论的核心。在研究方法方面，也不够严谨和客观，还需要具体琢磨和深入体会。在语言表达方面，比较口语化，缺乏一定的学术性和专业性。但无论怎样，这篇论文以一种"拼凑"的方式完成了。今天，当我开始站在宏观的层面，对论文的写作和修改有了一定的想法和见解的时候，我开始感谢当初那个敢想敢做的自己。因为如果不开始做，论文在脑海里就永远只是一个想法而已。想法也许很好，但如果没有行动，那么它也只是一个虚无缥缈的想法。所以，当我今天重新开始修改这篇论文，重新完善和思考有关论文写作主题的一些事情时，我突然释然了。无论这篇文章发表与否，它都是我在教师专业发展过程中的一个必然历程，也许还可以作为我的专业书籍的一部分，必不可少的一部分。因此，它对我来说有很大的教学及科研价值。与此同时，它促使我不断进行反思、梳理、总结和凝练，使我在写作之前的一些想法，逐渐变得明确，帮助我积极探讨论文本身的意义和价值，而不是为了发表论文而写论文。因此，我想对自己说："你很棒，请继续加油！"

2022 年 7 月 8 日

大学英语论文修改反思与启发（六）

从 2020 年开始写创新创业论文、思政教学论文以及多维平台在线教学论文，断断续续地进行了一年多。虽然每次修改都有收获，但总体来说进展很慢。怎样才能把所写的论文改到可以发表的标准？这个问题一直困扰着我。于是，从 2021 年 11 月 16 日开始，我突发奇想，从旁观者的视角来审视自己所写的论文，并根据自己的意见进行修改。刚开始的时候，我的修改意见写得并不多。我只是把论文需要提升的地方进行叙述，以便提醒自己进行有效修改。后来，在修改的过程中，我边修改边记录，灵感和意见混在一起。于是，我将这些想法及时记录了下来。如今回看这些记录，我发现它们也是颇有意义的。这些灵感和想法不仅提升了我论文写作的质量和高度，而且给我提供了写一篇好的论文的有益的方法和策略。而今，我试图将自主修改论文的策略和方法一一总结和凝练出来，希望能对今后的论文写作产生真正的指导作用。当然，它还有一个非常实际的作用，那就是给了我继续修改下去的信心和勇气，不至于让我陷入论文写作和修改的泥淖中，难以自拔。

客观地说，写一篇好的论文，语言、结构和内容是三大要素。因此，下面我将从语言、结构和内容三个方面出发，论述如何写一篇好的论文。当然，还包括论文修改带来的其他启发，在此进行共同论述和说明。

一、语言

论文的语言需要进行持续不断的修饰。因此，为了达到语言具有凝练性和简洁性的目的,对于表达中的冗余成分,要果断处理,以便更清晰地梳理论文的文脉和提高语言表达的学术性。与此同时,对于论文呈现出来的口语化,要特别注意,避免这种口语化带来的不适感。比如:"历经一个月,重新回看本论文,发现在语言方面有些口语化,缺乏一定的学术性。"这就是语言口语化的真实例证。此外,除了文字上的修饰、润色和调整,论文写作中的细节冗余部分、句与句之间或段落与段落之间略显生硬的衔接,同样需要引起重视,从而达到语言流畅以及清楚和准确表达的目的。

二、结构

论文的结构在论文写作中扮演着重要的角色。因此,在修改论文的时候,要特别注意论文的逻辑性。所谓论文的逻辑性,即表达的东西要清晰、明确。因此,一篇好的论文首先要在逻辑上行得通。所以,对于论文中逻辑性不强的地方,要注意重新调整和修改。比如:"翻译教学观点的一致性以及任务型教学部分不清晰,需要继续完善和厘清头绪,从而让文章更有连贯性。"另外,在句与句、段与段以及全文的逻辑性方面,要注意从宏观上调整和理顺,从而使文章言之有物。通过下面的文字叙述,我们可以看出结构对于文章的逻辑性所承载的重要意义。比如:"经过2020年4月9日的修改,我对论文的重新架构有了一定的想法和思路。今天重新把论文结构调整了一下,以此达到逻辑的清晰。与此同时,我发现论文的核心部分还需要进一步清晰和明确:本文探讨的到底是大学英语作业设计还是大学英语作业教学的想法和措施抑或是二者兼有?其次,对于细节是否需要大刀阔斧地砍掉冗余部分或者补充一些必要的成分?"所以,论文的逻辑性不是事实或细节的简单堆砌。因此,对论文中的逻辑问题要进行深度解读和修改。

其实,论文的逻辑性,不仅体现在文字表达上,句与句、段与段以及观点与观点之间的逻辑性,同样很重要。甚至句子本身或者段落本身,都存在一定的逻辑性。因此,在修改论文的时候,在审视和厘清这些逻辑关系的同时,我们要对论文整体表达的观点进行重新调整,从而使论文的框架更清晰、观点更明确。同时,特别值得一提的是,论文中的部分要点在文中承载着论证意义。比如,某个段落中的部分文字,虽然表达了作者一定的观点,但是与文中的观点不太一致或者关联性不强。因此,这样的文字,在论文中并没有发挥实质性的作用,可以适当舍弃。所以,为了体现论文中观点的逻辑性,作者在写论文的时候要注意观点的一致性,即所表达的观点要前后有关联,不能相互矛盾。否则,文章的观点容易呈现出多样化,从而影响论文核心观点的表达。总之,在写作过程中,要特别注意论文的结构以及结构中的逻辑问题,并不断进行审视和调整,使文章有重点、有层次地表达出清晰的观点来。

三、内容

在修改时,对论文的内容进行适当的删减或增加,有利于论文内容的丰富性。因此,删除无用或无效的部分是常事,增加有用或有效的部分更是惯常的做法。比如,对部分内容进行精简,并从中厘清所表达的主要意义。再如,为了增加教改课题的有效性或证明教学做法的有效性,在论文中适当增加一些图片、图表或文字论证是其实现路径之一。又如,在写思政教学论文时,我曾经反复思考:"在进行思政教学的探讨时,是否需要增加效果方面的相关材料?"在写创新创业论文时,我反思道:"如果需要在论文中增加重要的一部分,那就是对创新创业实践的理论支撑部分。希望今后我能有效厘清创新创业发展的趋势和动向,从而使该课题更加可信和有说服力。"因此,要对论文中的不足部分进行多次审视,从而达到论文写作严谨的目的。此外,对论文中杂糅的、含混不清的内容,进行不断提炼,从而准确传递出论文表达的观点。

总之,无论怎样补充、剔除或凝练论文的内容,都是有一定目的的。在一定程度上,它体现了论文写作过程中的实效性,即教学改革效果。因此,论文的内容要丰富、充实,同时还要适宜、恰当。

四、心态

除了上述因素,论文写作的心态同样值得重视。要学会在论文写作时安抚"内心的小孩",不要着急和浮躁。因为总有一些事情,值得耐心等待。因此,面对论文似乎难以完全成形的窘境,不要焦躁。因为今天付出的每一步,都会迎来明天点滴的进步。比如:"时间已经过去一个月,我忙于线上教学,没有时间回看论文,有些烦躁不安。其实,我也并不是一无所获。在这段时间里,我对2020年在线教学和2022年在线教学进行了对比、总结和反思，找出各自的优点以及不足，并试图进行全方位的整合。"再如："前一段时间，我还因为不能在微信群教学而烦躁不安，觉得腾讯会议也不那么如意。不过，今天看来，腾讯会议还是有很多优点的。正如学习通工作人员所说的，将腾讯会议与学习通课程结合起来，也许是一件好事。我对此表示认同，同时决定在接下来的教学中，尝试大学英语2线上教学新模式，以此促进课堂互动，提高教学成效。"这是我论文写作过程中真实心态的记录和描述。客观地说，这样的句子在论文中不计其数。后来，每次修改论文的时候，我总是叮嘱自己："要做的事情还有很多，但还是要淡定，不要烦躁。"有时候，我会刻意改变修改论文的环境，从而让自己找到一种心理上的舒适感。比如："在办公室修改论文也是一种难得的逸趣。我好久都没有静静地欣赏这美景了。每天匆匆又匆匆，每年匆匆又匆匆，时光都被无情地留在身后。所以，我要珍惜平心静气地修改论文的日子。把那些烦恼抛在脑后，努力追求积极的生活。"

其实，一旦心情放松下来，进入修改论文的状态中，是很容易实现从烦躁到喜悦的。特别是当修改完论文后，我总能发现一丝成就感和愉悦感。为此，在论文修改后的自我评价中，我尝试分析了浮躁心态产生的原因。比如："其实，浮躁源于我对论文写作的一种不知所措的无力感。"与之相对的，则是论文修改后的成就感。比如："行动胜于言语，做起来之后发现之前的担忧就不见了，只剩下继续完善论文的冲动和激情。"因此，在修改论文的过程中，心态很重要，要努力克服浮躁的心态，心平气和地修改论文，使论文质量更好。

五、论文的意义和价值

一篇论文，要重点论述其意义和价值所在。在论文修改进入停滞状态的时候，我常常游离在旁观者的角度，从而让自己思考论文写作的意义所在。

（1）在修改这篇论文的同时，我在思考这篇论文的意义和价值。发表与否，也许不是最重要的，而真正发挥创新创业课题的理论和实践作用才是最重要的。

（2）论文观点清晰、论证合理，才能说服自己和读者。不得不说，这是一次有益的实践，写这篇论文的真正目的是让教学更有效。

（3）逻辑性方面还需强化，从而使论文主题鲜明、论点充分、论据完全、论证合理，发挥学术论文应有的意义和作用。

（4）论文中补充文献的做法很多，但系统性、理论性的东西还不够。同时，对文献的深入阅读，让我对论文中不够完善的做法有了深入的理解和认识，比如，作业的评价、反馈以及作业设计的主要类型。

（5）事实上，在修改论文的整个过程中，我发现，最大的问题在于论文的学术性还不够强。虽然教学的实践很多，但是如何将个人的实践与理论有效结合起来，这是值得深入思考的地方，也是论文写作的一个重要方面。

六、额外的收获

在论文写作中会产生副产品。这是我不曾想过或想到的。以下是我对副产品的总结，我将写作过程中的灵感及时记录下来，并作为今后推动科研长久发展的依据，从而使教研成为有目的的行为。

（1）论文中有用的部分，可作为大学英语教学专著的材料。

（2）有必要重新反思和总结2020年和2022年在线教学中的一些亮点，并补充到该论文中，或融入专著的写作中。

（3）该论文基本阐述了2020年在线教学中的一些做法，但在结合2022年在线教学中的一些优点方面，还可以继续补充，并使其成为专著写作的一部分。

（4）在这个过程中，我开始梳理2020年在线教学中的一些做法，从而为后续的专著写作提供一些思路。同时，反思和总结实践中的一些做法，并将其凝练，作为今后在线教学的参考。

（5）将2020年在线教学与2022年在线教学中的相同部分加以有效利用。

（6）整合和总结2020年和2022年在线教学的做法，并进行比较和分析，从中挖掘精华，找到该论文的意义和价值。

（7）在线教学中的一些想法并未很好地在论文中展示。因此，除了对论文继续进行修改和完善，我还应将2020年以及2022年在线教学中的一些亮点，作为专著写作的部分内容，将其综合起来，然后再进行凝练。论文中的内容很多，需要重新归纳和厘清，从而分清两年的在线教学中的亮点和不同，并作为在线教学经验的有效总结。

（8）对在线教学以及信息化教学相关资料进行归类整理，从而获取一些灵感和重要文献。

（9）结合2022年在线教学的做法，总结和凝练作业部分的精华。

（10）作业中的部分内容可作为创新创业课题的有效补充，这超出了我之前的预期。

从以上副产品中可以看出，在论文修改过程中，我反复提到2020年在线教学以及2022年在线教学，这是我目前写作的一个重点，也是信息时代大学英语教学中的重要部分。因此，对于将在线教学中的实践做法与科研探究结合起来，使其系统化，并成为常规教学的一部分，适度的总结和凝练显得特别重要。而论文写作，是将实践进行提炼，从而达到高度简化的一个过程。因此，在今后的教学中，这部分内容会起到举足轻重的作用。

七、审视

论文写不下去或修改不下去的时候怎么办？最好的办法就是把论文放置一段时间，从"旁观者"的视角对论文写作进行适度的凝练和总结，找出需要补充或删除的地方，从而达到对论文进行更深层次探究的目的。

（1）本来是修改创新创业课题论文以及多维平台论文的，结果在打开这些课题材料的时候，我突然觉得有些内容值得及时提取出来，并使其成为论文的一部分，而不是任由其躺在我的论文写作思路或者教学和科研记录里。于是，我趁机将以前的视听说论文拿出来，并结合新增加的内容，对原来的视听说论文草稿进行了一番有效的整理。

（2）不得不说，当我们的思维局限在一方面时，我们很难将其宏观化。但是现在，当我开始思考和整理以前论文写作的优缺点以及处理论文写作的结构和细节时，思维有了很大的提高。因此，不要急，慢慢来，只要努力，总会有收获。

（3）不知不觉，论文又被我放置了一个月。今天的修改比较顺畅，虽然有一些问题还有点模糊，但总算有了一个相对清晰的框架。

（4）今天我对论文进行了补充，然后对补充的部分文字进行了重新梳理、总结和归纳，使其成为后续论文写作的组成部分。事实上，论文写作持续了两年之久，随着大学英语教学的推进，我又产生了新的想法和做法。因此，论文写作应与时俱进，而不应囿于原先的思路和做法，从而使论文写作陷入死胡同，缺乏新意。而这正是创新创业课题的出发点，在实践中实施创新教学，然后在论文中体现创新创业课题的新思路和新做法，使课题起到应有的效果。

（5）我选择性地在论文中加入了一些细节，可以作为今后专著写作的素材，再进行适度扩展。

（6）我对论文中的部分内容进行了删减、修改，理顺了部分句子、段落，并厘清了逻辑。其中最重要的一点，与论文修改的层次和视野有关。半个月以来，我并没有去修改这篇论文。但现在我吃惊地发现，半个月前和半个月后我的论文修改视野已经发生了变化。客观地说，我似乎很容易发现论文中的一些问题。而这正印证了我与吴老师交流时，吴老师深刻体会后说的一句话："把论文搁置一段时间，你就能发现它的问题。"

（7）我计划将论文中的口语化成分删掉，但我还没有想清楚如何将论文的内容有机联系起来，从而形成一篇实用的作业教学设计论文。

八、结尾

论文写作的过程从来不是一帆风顺的。因此，如何清晰、明确地梳理论文写作的思路就变得格外重要。这需要我们在论文写作和修改时，不断地深入思考和探究，然后进行大刀阔斧的修改，直至将论文中不清晰的部分砍掉，从而使论文的本质显露出来，达到贴合论文写作主题的目的。与此同时，不要试图写出完美的论文。我们总是在一次又一次的修改中，不断提升论点、论据以及论证的有效性，从而提高文章的思想高度。因此，每一次修改，自然都有意义。而对于投稿者来说，论文被退回之后的修改看似很麻烦，但正是不断的"麻烦"创造了思考和提炼的机会，使论文具有可证性、合理性、清晰性和逻辑性。因此，在修改论文时我提到："客观地说，本次修改是基于论文发表而开展的一项限时自主修改活动。论文一拖再拖，一改再改。但只有在真正发表的那个时刻，论文才算彻底投入使用。以前的写作或修改，可以自然而然地进行。换言之，只有论文真正进入发表阶段，它才能真正活跃起来，同时我们才能释放内心的写作压力，从而轻松前行。"

同时，论文的写作和修改要有一定的计划性，从而使论文的论点清晰，逻辑合理，语言学术化，论证合理。比如："论文写作的计划和重点：对主体部分进行解读，进而完善和清晰；及时对相关文献进行阅读；本文第三、四部分为重点部分；对论文进行重新整理和补充，使其大致符合论文的基本架构。"再如："同时，对论文的第一部分进行补充，如作业的定义、目的、意义及研究现状。此外，我认为作业的帮扶这部分很重要；对于作业中反映出的与学习有关的情感问题，应增补不同风格的活动。然后对学生课外作业的目标、计划、行动和措施进行适度概括和总结。"又如："对思政作业中思政素养的提升，需要进行适度的拓宽，同时补充论文中的参考文献部分。""对论文中的部分内容继续进行补充，以此达到保证论文完整性的目的。时间为一到两天。同时，对摘要和文献部分，进行有重点的补充。"还如："快速整理论文，使之成为新的论文。""后续的计划是对以前的听力教学做法、实施措施和科研计划进行适度总结和凝练，从而为大学英语视听说教学提供一些启发和思考。"

最后，从论文修改的角度来看，教师专业发展可分为自评自助式、自助加他助式（阅读、思考和评价）以及继续进修或学习式。尤其是论文修改中的自评部分，真实地反映了我在作业方面的认识以及想法，因此特别值得回顾、反思以及总结。比如："反思本文的重点在哪里。2022年7月28日我对历年作业教学中的做法进行总结凝练，以此作为本篇论文的一部分。对于相同或者不同之处，可加以整理。"

总之，面对论文写作和修改的困惑，除了从技术上、从心态上进行调整，我开始学会从"旁观者"的角度来看待自己的论文。但对于论文写作中的一些具体的细节、规范或观点的表达、论证等还有待进一步加强和提高。因此，论文修改的过程，是对论文进行系统化的过程。所以，要在实践中提高修改论文的能力，从而提高论文的质量，以此达到揭示论文主题的目的。

2022年8月2日

历年大学英语思政教学探究总结

客观地说，在大学英语1、2、3、4的教学中，随着认识的提高和学习的深入，我开始对一些思政元素进行有意识的挖掘和探究。之前我对大学英语思政教学探索的意识还很缺乏，实践性不够，顺其自然地进行，导致我对思政教学的探究缺乏一定的顶层设计。

近几年，一直在强调思政教学的重要性。其实，思政教学在我的大学英语教学中早已生根发芽，只是我从来没有注意到它或者仅仅把它理解为一个简单的教学事件。现在来看，原因在于当时的我对大学英语教学的认识还不够清晰和深刻。随着教学的不断推进，我逐渐意识到，身为一名大学英语教师，在做好本职工作的同时，应该兼顾学生在不同教学场景下的不同表现，并且给予必要的引导。大学生正处在世界观、人生观和价值观相对不成熟的阶段，因此来自教师的适时引导很有必要。这不仅有利于引发学生对一些现实问题的思考，还有利于教师帮助学生解决思想的困惑，从而为学生未来平稳地融入社会创造条件。

一、大学英语思政教学研究脉络

客观地说，在大学英语思政教学探究中，身为教师的我经历了从最开始的无意识探究到现在的有意识探究的过程。自 2006 年进入南昌航空大学教书以来，我一直非常关注对学生的思政教学。从思政教学的角度出发，我试图分析学生的情感因素对大学英语学习产生的正向或负向作用。后来，结合具体的教学情境，我开始将教学或生活中的一些故事融入大学英语教学中，这可以说是思政教学的雏形。比如，我在教学中刻意引导学生掌握英语学习的一些方法。此外，我还让学生思考下述问题：在大学期间应如何减压、表达对幸福的看法，以及阅读《不要让任何人偷走你的梦想》？事实上，这些内容一方面给学生提供了有关英语学习的方法和策略，另一方面达到了大学英语教学与思政教学结合的目的。

面对初入大学的学生的英语学习问题和思想困惑，教师应如何帮助学生有效地解决？可以说，大学英语思政教学探究对学生的成长起到了促进作用，不仅启发了学生的思维，而且使学生开始自发、主动地去探究英语学习的问题以及自身存在的问题，从而达到解决问题的目的。因此，在教学反思中，我总结道："除了传授知识，最重要的还在于教师对学生学习方法的传授和品德的培养。"面对生活中的不如意，我以"塞翁失马"的故事，引导学生凡事顺其自然，开心的时候居安思危，遭到挫败的时候泰然处之。客观地说，那时的大学英语思政教学探究不仅包含对学生的引导，还有对教师自身的引导。只是在那时，我还没有意识到在课堂上进行大学英语思政教学实践的重要性。随着对思政教学的深入学习，我开始在大学英语课堂上有意识地进行一些探究。比如，在口语练习中，我引导学生通过对"My View on Success or Failure"话题进行价值观判断，以此引导学生对成功或失败形成正确的认识。同时我进一步发现，其实在课堂上的思政教学形式可以多样化。比如，通过阅读、写作、口语、听力以及翻译练习等形式，教师可以实现对大学英语听、说、读、写、译的思政教学探究。因此，通过不同的途径，教师极力挖掘学生的人生观、世界观和价值观，探析形成的原因并对此进行正确的引导。

再后来，我开始在教学中有意识地挖掘不同教学情境下的思政元素，并及时开展思政教学探究。比如，针对四级培训，我在学习通上开展了"为什么参加或不参加四级培训"的讨论。根据学生对待培训的不同看法，我从中努力抓住一些有利于教学的情境，从而实现大学英语思政教学的探究。因此，在这个过程中，我有意无意地积累了很多大学英语思政教学案例。结合具体的案例，我尝试凝练和总结案例的思政元素并挖掘思政教学的价值和效果。因此，在大学英语思政教学论文中，我采用案例的形式，从不同角度展现了大学英语教学中的一些思政教学实践和做法。应该说，我对大学英语思政教学探究的体系还不明确。但在平时的阅读中，我注意积累了很多其他专家、学者和同行的思政教学做法。但遗憾的是，这些做法仅仅保存在我的手机或电脑文件里，它们并没有对我的大学英语思政教学发挥真正的作用，因为缺乏一个消化吸收的过程。同时在潜意识中，我并不希望别人的做法对我的思政教学起到先入为主的作用，那样可能会影响我对思政教学的最初判断。思政教学到底是什么？怎么有效开展和实施？我认为，教师首先应有自己的想法和做法，然后再结合他人的案例，才有可能起到积极的作用。

2020年，我曾经申请了校级思政课程，但是落选了。通过分析，我认为，对大学英语思政课程我并没有很清晰的思想脉络，并且我之前的做法过于呆板，还没有完全达到建设一门思政课程的标准。2021年，我把大学英语教学中的思政教学案例归纳在一起，开始思考如何使它们成为思政教学体系的一部分。2020年10月，在学校举办的思政教学讲座中，我第一次接触到了"三全育人"。客观地说，我虽然已经在大学英语教学中进行了思政教学探索和实践，但我并没有很认真地去研究相关理论知识。2021年6月，在学校举办的工科类思政教学讲座中，一位专家用时间表将这些年的思政教学理论知识以及教育部发布的有关思政教学的文件和材料有机串联起来，非常形象生动。这一做法，让我突然意识到了我的思政教学理论知识的不足。所以，该讲座让我印象深刻。总之，专家们理论脉络清晰，实践探索有的放矢，真正做到了理论和实践相结合。2021年11月，很多专家和学者在思政教学讲座中同样提到了类似的理论知识。经过一轮又一轮的理论知识轰炸，我开始对思政教学理论有所了解和掌握。2021年9月，在江西省举办的思政讲座中，我受益匪浅。我注意到，一些专家和学者并没有刻意或生硬地将思政元素融入教学中，恰恰相反，他们将思政元素在教学中融入得恰到好处。为什么会产生这样良好的效果？我个人认为，在开展思政教学的过程中，那些专家和学者从心底油然而生的对学生的那种大爱，本身就是一种思政教学探究。因此，融入了爱心的思政教学探究，自然会产生好的效果。此外，2021年11月，我特别关注了如何在大学英语教学中有效融入思政元素的问题。石坚教授在讲座中提到从听、说、读、写、译到读写思辨创能力的培养，这给了我很大的启发。同时，很多专家和学者提到了"育人""育才""获得与学习"等关键词，说明大家对思政教学的整体认识比较一致。同时，专家和学者对思政教学中存在的问题以及难点，进行了详细而认真的解读，特别是针对"两张皮"的问题。另外，专家和学者纷纷以自己的课程为例，对如何进行思政教学探究做了详细的阐述。在这里，我想特别强调的是，有些学科看似与外语类思政课程无关，但恰恰是不同学科的思政教学探究方法拓宽了我们开展思政教学的视野，而且有的思政教学探究非常形象生动，打破了我们之前的偏见。总之，专家和学者的讲座让我对自己狭隘的想法进行了反思，同时，也让我认识到不同学科之间思政教学探究的广度以及彼此的联系和相互的影响。

二、大学英语思政教学思考

了解学生的三观，有助于教师对他们进行正确引导。教师对学生进行思政教学的手段有很多,其宗旨是使学生思考,身为大学生为什么读大学,学校究竟教会了大学生什么,或者大学生应该成为什么样的人。对此,每个学生都有不同的想法。以我的一个同乡学生为例,对她来说,上大学不仅意味着考试得高分,增加就业机会,而且是一个重新认识自我、客观看待自我的过程。原香港中文大学校长金耀基曾说过,在大学里,学生实际上是在学习四种东西:一是学怎样读书(learn to learn);二是学怎样做事(learn to do);三是学怎样与人相处(learn to be together);四是学怎样做人(learn to be)。他说,现在的大学生在知识和心理教育方面是比较缺失的,很多人都不知道大学四年应该如何度过,如何规划自己的大学生活。在《我的大学我做主》一文中,它提到了大学要做的几件事:我们要做好哪几件事情,才能使大学生活变得更加有意义?可以概括为四个要素,即三个追求和一个准备,包括追求知识、追求友谊、追求爱情,以及为工作做好充分的准备。所谓追求知识,我们要分成两个方面讲,即专业知识和基本常识。对待专业,一种态度是我喜欢所以我学习,另一种态度是让它成为生存的工具,因此,选定了专业,一定要把专业领域内最经典的三本专著读得滚瓜烂熟,把三本书中的任意一个思想观点转化成你自己的思想观点,最后你就有可能变成这个专业的顶级人士。从这个角度来说,它帮助大学生奠定了所有的理论基础,未来想要在这个领域纵深发展,是绝对有潜力的。

　　基于上述理念,教师应关注学生对待事物的不同反应,倾听学生的不同声音。首先,我在教学中常常会以自身或他人的故事或经历启发学生,从而帮助学生解开困惑,促使他们做好未来生活的预备。其次,对于时事学习中的思政教学探究,比如 2020 年在线教学总结、开学第一课、奥运会感受,这些都是以学生为主体开展的,教师在时事教学中了解学生的三观,从而对学生进行适度的引导。比如,通过观看《开学第一课》,学生不仅明白了开学第一课的意义,而且知晓了学习的意义以及大学生对未来社会的价值,从而激发了学习的动力,提高了学习的积极性。事实上,在 2021—2022 年大学英语 1 思政教学探究中,针对初入大学的学生的思想状况,教师在课堂上有意识地采取了一些手段,从而使学生在思政的探究中找到学习和前进的方向。再次,对于课堂中的一些话题,教师借助超星学习通、微信群和 QQ 群在课堂中及时开展讨论。最后,在有些话题的讨论中,部分学生呈现出不同观点,值得教师进一步关注、重视和引

173

导。事实上，借助超星学习通、微信群和 QQ 群等平台，教师很容易在课前、课中或课后收集学生的观点，深入挖掘和探究观点背后的原因，从而对学生进行有针对性的引导。比如，在《梁山伯与祝英台》(The Butterfly Lovers) 的课文学习中，有些学生对于这种爱情观并不认同，因此他们会呈现出一定的个性化看法或观点。甚至，有个别学生还将问题反抛给老师，期待老师给出对这一问题的看法。所以，这些都是很好的大学英语思政教学的时机。事实上，它反映了新时代大学生对问题不同的思考和认知，值得师生共同努力。

赫伯特·斯宾塞（Herbert Spencer）曾说："教育是以造就人的品质为其目标。"在课堂中，教师要通过多种思政教学探究的手段，使学生得到精神上的滋养。教育的目的就是教导人和塑造人，这是教师的使命。正因为学生还没有成熟，才会有这样或那样的不足。教育是动态的过程，只要教师倾注了爱和理解，学生就会不断地进步。其实，这正如约翰·纽曼（John Newman）在《大学的理念》中所强调的，大学是传授知识的地方，教学的重点不是具体事实的获得或实际操作技能的发展，而是心灵的训练，这是一种博雅教育和自由教育，狭隘的专业划分会使学生的认知变得狭窄。大学英语思政教学从本质上来说，正是契合了心灵的训练这一角度，使学生的精神得到滋养和丰富，从而达到"三全育人"的根本目标。

2022 年 5 月 29 日

基于个性化教学的大学英语帮扶措施实践与思考

在对困难学生的学习帮扶措施方面，教师试图从不同途径和渠道帮助学生。课堂观察、课堂内外面对面交流、作业、学习反思、教学反馈等形式，在一定程度上反映了学生学习的实际困难。借助这些途径，教师了解了学生的大学英语学习现状、个人思想和生活状况。通过对症下药，教师帮助学生设立可以达到的大学英语学习目标，找到适合学生自身的英语学习方法，从而提高学生英语学习的信心、兴趣和动力。

一、对不同层次的学生进行不同的引导

影响学生学习的因素有很多，比如四级、六级考试。过或者不过，都会在某种程度上给学生带来一定的触动，从而激发他们的学习动力。以前的我，对学生的分数并不是很重视，认为学生只要进行了有效学习就行。现在我渐渐地发现，学习的效果与学习的成绩有一定的关联。对于学生在结课总结中提到的考试成绩带给他们的积极正向作用，我深入地思考，并且开始认同，认为这是促进学生有效学习的途径之一。尽管应试教育有着一定的弊端，但它对学生在大学英语学习方面还是起到了积极、正向的促学作用。

对于不同层次学生面临的学习困境，教师应积极地探索有效途径，从而达到解决问题的目的。不同的学生，在不同的教学时段和教学情境下，呈现出不同的特点。针对这些不同的特点，教师如何积极应对呢？比如，有的学生平时学习非常认真，但考试结果却不理想；有的学生学习基础薄弱，自制力偏低，最终陷入失去信心的境地；有的学生学习动力不足，导致英语学习陷入一种得过且过的状态；有的学生学习兴趣或成就动机比较强，或者说学习的内驱力比较强，试图在学习英语的过程中找到适合自己的独特学习方式。比如，借助自己喜欢的音乐剧，在在线学习之余，一边学习音乐剧，一边提高英语水平。通过这样的方式，学生让自己保持对英语学习的热情和兴趣，找到学习的成就动机，达到促进学习的目的。对于学生在学习过程中的变化，教师要进行积极引导。从一名学生的学期结课总结来看，由于脱离了课堂，脱离了老师的指导，她的学习明显进行得缓慢且收效不大。这是让我感到比较遗憾的地方，没有及时发现学生学习过程中的思想或情感变化，从而导致学生陷入一种迷茫的状态。而有的学生的学习，不仅受自身学习动力的影响，而且受周围学习环境和氛围的影响。比如，在长期的教学实践中，教师发现不同的班级呈现出不同的氛围。班级氛围较好，因此学生学习动力较强，学习态度和学习习惯较好，反之亦然。因此，教师要特别关注班级的氛围给学生带来的影响。同时，班级的氛围也因环境的影响而发生动态变化。因此，从这个角度来说，教师应以积极和变化的心态，对待班级氛围的动态性，及时进行调整，从而给予学生最大的支持和鼓励。

二、解决问题，有效反馈

对于大学英语学习，最大的问题在于语音、语法、词汇以及听力。出现听力问题，并不可怕。可怕的是因噎废食，从而丧失进行听力探究和提高听力水平的动力。通过学生的听力测验和反思，教师找出学生产生听力问题的原因，并帮助学生有效提高。但无论怎样，教师的反馈应及时，指导应有效。既有过程性指导，又有结果性指导，二者有效地结合起来。比如，针对学生普遍的发音问题，教师应结合学生的学习需求，给予学习方法和资源上的指导和帮助，从而帮助学生克服对听力的恐惧心理，实现听力方面的突破，进而实现在大学英语口语方面的突破。

（一）教师要在课堂创新实践中，给学生提供锻炼和展示的机会

教师要以实践为导向，在满足学生差异化学习的基础上，引导学生建立起自主性认知。比如，在大学英语2线下课堂中，教师要求学生对第二单元课文的泛读材料进行课堂小组表演活动。在课堂上，教师不再是课堂的主导者，而是引导者和启发者，学生成为课堂学习的主体，从而让整个班级弥漫着快乐的学习氛围。在改编英语课文和合作创作剧本的过程中，学生尝试着用英语进行互动、合作、探究和展示，享受英语学习带来的快乐和成就感。在课后反馈中，学生写道："上大学之后，我发现英语课变活跃了。老师喜欢让我们回答问题，喜欢活跃的课堂氛围，喜欢让我们表演话剧和小品。我喜欢这种欢乐的氛围，在学习的过程中收获乐趣和友情，还有和老师之间的信任。"

（二）教师应努力抓住大学英语教学情境，发现学生背后的故事并有效利用

比如，针对个别学生的吸烟问题，教师在教学中采取了让学生对吸烟的原因进行分析然后写小作文的方式。在写作中，某名学生不仅谈到了吸烟的坏处，而且提到了放弃吸烟的好处。通过这样的教学实践，学生意识到了自身存在的问题以及如何有效解决。同样，针对学生沉溺于打游戏的问题，特别是基础不太好的学生，如何解决他们的英语学习问题？通过小组合作的方式，教师让他们用英语论述打游戏的好处和坏处。这使学生不仅对打游戏有了客观和清醒的认识，而且达到了学以致用的目的。

事实上，在利用学习通进行课堂教学讨论的过程中，针对学生表达的有意思的观点或者值得教师关注的重点问题，教师采取了让学生课前准备然后在课堂上进行展示的方式继续深入剖析。这一做法既达到了对课堂教学探究的目的，又促使教师深入了解学生观点背后的故事，从而在今后的教学中进行有针对性的指导。因此，在某种程度上，这间接地促进了其他学生英语运用能力的提高，也使课堂教学得到了一定程度的改善。

（三）教师要结合不同层次学生的英语学习问题，帮助学生夯实基础，增强英语学习的信心

对于个别基础差、学习能力和意识欠缺的学生，教师要善于利用各种机会，抓住学生的需求，将大学英语学习方法融入平时的教学中，从不同方面启发和诱导学生，使学生认识到自身的问题并学会有效解决。比如，个别学生英语基础差，课外自主学习又没有跟上，所以课堂上只能被动学习。对于这样的学生，教师在课外要进行有针对性的个性化指导。再如，针对个别学生的翻译质量问题，教师让其进行重译并且再次上交。这一做法，使学生充分认识到翻译中的问题并且学会改进的方法。针对学生基础不扎实的问题，除了学生在第五单元总结中表达的对发音、音标和听力的困惑，教师对他的总结进行了一定程度的解读，如口语发音的普遍问题以及音标对英语学习的干扰问题。通过学生的总结，教师明确了学生的英语学习问题以及学习困难所在，从而有针对性地给予他一定的建议。一名学生在听力总结中阐述道："听力一直跟不上，还有单词量可能不够，不能迅速理解并记忆。多听几次也能听出一些，但还是不能完全理解，还需要多听、多记。单词和语法也要理解。"同时，他在听力总结中也提到："其他方面，老师做得特别好，特别照顾那些基础不是很好的同学。"事实上，学生在对教师的认同性理解过程中，无形中提高了自己对英语学习的信心。因此，教师深入思考大学英语教学中的一些普遍问题和关键问题，也为今后的创新教学提供了有利条件。

对于中等水平的学生，教师应及时关注其思想及行为的变化，从而有效激发学生的学习潜力，提高学习动力。比如，学生说："我不再积极地回答老师的问题，不再跟着课堂进度学习，我醉心于做自己的事情。我总是想着自己去学习，把课本上的每一篇文章、每一个句子都仔细琢磨透，所以我与老师的进度

落了一大截,我再也不能在第一时间回答老师的问题,所以当老师提问到我的时候,我通常需要问问我身边的同学才知道老师问的是什么问题。然而我自学的进度真的十分缓慢,我试图弄懂大学英语4里的每一字、每一句,可惜结果却不尽如人意,因为我总是搞懂了第二单元却把第一单元遗忘了,所以我不得不'一步两回头',只求知识能够更加牢固一些。"

对于高水平的学生,学习问题同样不容忽视。"课外学习就是用一些单词App,我个人觉着扇贝单词很不错,听力方面就是在网易云音乐中找到一些歌单,听完感觉毫无头绪,有时候听到了单词,但是意思在脑海里反应不过来,目前认为听力很难提升……"

(四)老师要重视大学英语学习中的情感问题,并以此为契机,引导学生进行调整

除了与学生的交流,教师在课堂内外对学生的观察和访谈也不容忽视。借助其他学生或特定的学习情境,教师了解到学生课外所呈现的一面,从而对学生进行客观的判断和积极的引导。比如,在大学英语3教学中,我发现有名学生学习状态明显不好。通过访谈,我发现他遇到了情绪上的问题,从而对学习失去了兴趣。针对他的问题,我给予了很多及时的引导和鼓励,但学生似乎还需要一段时间来调整自己的问题。为此,学生在期末学习总结中说:"本学期,我的情绪问题严重损伤了我对学习的积极性,所以,在英语的学习上没有以前那么主动,有待提高。"不管怎样,教师对学生及时的鼓励和帮助可以化作学生学习的动力和兴趣,不仅重要,而且必要。

(五)教师要以不同的学习风格、学习习惯以及学习理念和行为为出发点,打造科学合理的个性化教学

每名学生都自带不同的学习风格和学习习惯,如何让学习在教学中显示出来?教师采取的惯常做法是让学生多写总结和反思,而且总结要深刻。在总结中,学生往往传递了他们的学习理念、学习态度、学习行为、学习习惯和学习动力等。教师了解了学生背后的故事,这些故事往往代表了学生的学习理念,同时体现了学生的学习风格和学习习惯。通过学习风格和学习习惯的"外显",教师了解到学生背后的故事以及今后开展个性化教学的必要性和重要手段。比如,来自某名学生的总结:"……而且最大的问题是从高中起我就对自己产生了

一种印象——我不擅长背,尤其是单词的中文含义,就是背不下来,根本没有办法不翻字典来进行精准的翻译,于是学英语通常要花费更多时间通过段落来理解大意,每个单词都是大概读一遍,通过语境来猜意思,而单词的拼写则完全是通过语法来推断,高中就是这么过来的,所以对英语不会投入太多心思,也不想取得高分。"借助这样的总结,教师对学生学习过程中的很多问题,都有了明显的了解,从而进行有针对性的指导和帮扶。

(六)教师应该结合实际情况,对于在线学习和线下学习中不同学生呈现出的不同学习状态,进行及时的反馈和有针对性的帮扶

在 2020 年春季大学英语 2 在线教学过程中,大部分学生认真配合教师,积极开展在线教学互动,取得了一定的学习成效。与此同时,部分学生表现出对大学英语在线教学的不同反应,呈现出不同的在线学习特点。在线学习过程中,一部分学生表达了他们对在线教学的不适应。其实,不适应的学生的学习行为往往代表着他们的学习风格和学习习惯。比如,一小部分学生存在不适应在线教学和信息化教学软件、自律性不强、学习基础差、学习兴趣不够、学习习惯不好以及学习态度不端正的问题。因此,教师不能在在线教学中一味地给予批评和指责,而应针对具体的教学情境,借助不同途径,积极引导和帮助他们。总之,教师应努力让学生从心理上克服对在线学习的不适应状态,并适度完成一定的教学任务。线上和线下相互补充,教师不再用统一的标准要求学生,而是针对不同学生的个性和行为、学习风格和学习习惯,尽可能以客观、积极的态度,衡量学生的学习效果,并且有效地指导他们,带动他们追赶教学进度,从而提升英语学习的信心。

(七)根据学生的不同需求,教师要有意识地调整教学方式和教学方法,争取达到教学效果的最优化

了解学生的不同学习需求的方法有很多。教师在教学中经常采用的方法是结合教学活动,有目的地让学生写学习反思。通过学生的反思和总结,他们的真实学习心态和过程就展现在教师面前。他们在课堂上不曾表达的想法或强烈的学习需求,在反思中淋漓尽致地表现出来。通过学生的反思,教师了解到学生学习的所得与所失以及对教学的期盼和需求。同时,从学生的反思中,教师能及时地发现提升课堂有效性的有利和不利因素。对于不利因素,教师积极进

行修正和调整。针对学生的教学需求，教师及时调整教学策略和方法。教师的这一做法对于学生的课堂参与和学习成效提高，都是有积极意义的。此外，根据学生每学期的评教意见，教师会进行横向和纵向反思，以此解决不利于课堂的因素。但是，对于大学英语教学显性和隐性的特点，比如，每个班级有各自的特点，教师要因势利导，在不同的班级，采取不同的教学活动和教学任务，以此发挥学生的学习潜力和激发学生的学习动力。虽然学生偶尔在课堂上的表现不那么尽如人意，但是当学生在特定的活动中展现出学习的风采、创造力并且迸发出学习的热情，教师所有的教学探讨都是值得的。此外，教师利用学习通进行问卷调查，对学生开展教学反馈，这也是了解教学不足和学生需求的方式。

总之，在大学英语教学中，教师要注重课堂上对学生的引导，在课外教师要利用信息时代的特点，引导学生加强课外的自主学习。课堂内的学习，毕竟只占一小部分。因此，在大学英语教学中，教师要注重对学生课堂内外的引导和帮助。通过个人或小组的拓展和探究，培养学生的学习能力，提高大学英语学习的自信心。因此，教师的作用，在于进行适时的引导和启发。

2022 年 6 月 18 日

大学英语阅读教学及反思

在大学除了读专业书籍，还应广泛地读其他类型的书。文科学生读理科类的书，理科学生读文科类的书。哲学史、科学史、文学史、生物史，还有社会学、地理学、心理学、政治学、经济学，还有随笔、散文、诗歌，大家都得去读。读书其实很简单，一个星期两本书是轻轻松松的事情，毕竟需要精读的书很少。

读书本身，是筛选的过程，也是丰富自我的过程。起初读书时，我还没有学会甄别。现在回过头来看，我读的书主题内容基本上都集中在以下几个方面：有关思想、心理的自我调节和修养提高的书，有关英语学习方法的书，有关英语学习资源的书，有关英语教学理论或实践的书。总体来说，我读的书门类比较杂，但不外乎以上几个方面。

再次阅读这些书，也是一个重新审视自我和调整自我的过程。如果说之前的阅读太过仓促和忙碌，那么现在的阅读则是在看过"繁花"之后有目的的阅读。它不仅有选择性，而且有针对性。其实，等几年或十几年之后再翻看这些书，还真有一种"过尽千帆皆不是"的感觉。

有些书是"闲书"，是放松精神的产品。有些书，是从哪里买来的，似乎头脑中还有一丝印象。而有些书，则是我从别人的推荐书单、自己的兴趣所及以及时代充斥的信息中得知后，再一一买来的。这些书与时俱进，提醒身为教师的我，不要忘记跟上时代的步伐。所以，在买这些书的时候，它们带给我灵感，比如，信息时代的教学如何进行改革，以及在我进行传统教学改革的时候别人早就已经进行了实践。这些实践从以学生为本的理念出发，本身就带有时代特色。即使这些书已经年代久远，但是它们蕴含的教育思想在当代仍然熠熠生辉，散发着光芒，指引着我们去努力追寻，并且担起教师应尽的责任。

在书的海洋中，希望我们尽享知识的浪花，从而使自己成为一个有智慧的人。

2021 年 8 月 25 日

教学专著写作修改与启发

在修改本书文字的过程中，我发现有些词汇和句子比较口语化，有些表达比较啰唆。另外，有些句子不太通顺，前后语序需要调整。同时，分段太多，比较混乱，也许这与当时的教学记录有关。因为教学记录和反思往往是课堂结束之后的真实记录，面对突如其来的灵感，思维和语言的表达就有失准确。因此关于灵感，我在后记中写道："灵感是一些不可捉摸的东西，我一敲键盘，它们就悄悄地溜到我的头脑里。可是我一低头，它们就如精灵，跑出了我的头脑，再也寻不到它们。即使偷偷把它们抓回来，也已经味道大变，找不回原来的感觉。因此，这使我想到人生中的机遇，它们也犹如灵感，时间稍变，感情就会淡漠而回不到从前，机遇就会飘然而逝，空留人间许多感慨和悔悟。"

同时，我在文字的记录中，仿佛看到了当年那个很努力、又很无助的自己。但是，我也惊喜地发现，这些记录中留存下来一些教学火花，对我今天的教学仍然很有价值和意义。因此，我在反思中记录道："美好的东西可以储存在大脑里，但是当大脑超负荷运转时，至少我们还可以勤快一点，让文字记录成为我们永恒的记忆，这不是很好吗？记忆是稍稍不同于灵感的东西，但是无情的时光也会让我们人生中一些美好的记忆渐渐在脑海中模糊甚至消失，这正如灵感的消失一样正常。所以唯有记录，才可以让生活的美好保留下来。也许若干年以后，我早已忘了第一次在大学里代课的情景。但是无论怎样，我还有这一段记录了我的快乐、幸福甚至痛苦的文字，所以我的精神已经足够满足。"换句话说，二十年之后的我仍然能体会到这些文字中蕴含的教学思考，虽然当时的我并不懂得，也不太知晓其中的意义和价值。客观地说，教学之初的经历并不愉悦，也不顺畅。但是，现在看来，当时所有的烦恼都是值得的。对于当时经验不足的我来说，不经历这一切，怎么会获得成长和成熟？尽管有些想法略显片面，但是这一切都是我当时最真实的记录，代表了我曾经的努力，以及焦虑、不自信，甚至自我怀疑的痛苦历程。值得庆幸的是，面对教学的困境，当年的我并没有停止前进的脚步。"我思考""我反思""我求教""我交流"和"我学习"等，这些关键词构成了我当时大学英语教学变化的生态。在记录教学的同时，我也在思考科研的一些东西。这些经历都在丰富着我最初的思考，最终化作今天的我对大学英语教学与科研的深刻思考。所以，现在回看这些记录，我感谢当年的自己，没有被糟糕的课堂和敏感的情绪打败，而是一路向前，勇敢地追求自己的价值。因此，面对当时教学的窘境，我在教学反思中安慰自己："记得一位老师这样说过，人的大脑只有不断地忘记，才能不断地吸取新的东西进来。在那一刻，我忽然醒悟。原来人生里的一切不快都可以用忘记的方式过滤掉，然后便可以吸取新的东西进大脑里，从而在生活里轻松前进。于是，我开始对过去的一些不如意学着释怀了。"

事实上，我到现在仍然清醒地记得2013年对我产生的影响。客观地说，这个时候的教学，从教学的思路、方法到视野，都已经产生了一些变化。特别是在2013年春季我申报了任务型大学英语教学实践与探究课题，更是从单纯的教学开始迈上科研的路途。尽管那个时候我对科研的一些想法还不成熟，但无论怎样，我已经迈上了从"以教师为主体"转变为"以学生为主体"的教学之路。这对我来说，就是一个巨大的进步。与此同时，我阅读了大量有关大学英语教学、阅读和教育的书籍，因此，头脑中对大学英语教学产生了一些创新性想法。也许，我还在成长的路上。但现在来看，曾经的一切，都是对现在大学英语教学与科研的铺垫。而现在的一切，也将是对未来大学英语教学与科研的铺垫。

今天早上起床的时候，虽然情绪不太好，但是我在心里暗暗告诉自己：认真对待每一次课堂，做好每一次教学记录，记录好每一次师生互动，在心与心的真诚交流中，收获教学成效。

2022 年 8 月 31 日

第六章　在阅读中探寻成长的意义

寒假生活

　　生活在阳光里，心情总是很舒适和惬意。早上我醒了很多次，想起床，却又在不经意间昏睡过去。其实，我知道自己睡得也不踏实，因为心里惦记着有事情要做。因此，一个早上，我就这样很不安心地在睡梦中度过了。放寒假了，虽然没有了平时上课时的压力，可我似乎也没轻松下来。我每天都在提醒自己，一定要提前备好课，下学期的课才不会上得很辛苦。这个学期作为新老师，我没有太多的经验，上课对我来说一直很有压力。整个学期，我感觉自己就像一个不停旋转的陀螺，被动地接受着自己该做的事情。我决心在寒假提前备好课，这是下个学期走向主动教学的一个基本前提。坐在宿舍里，虽然在备课，但是我的心却没有安静下来，很浮躁。于是，我决定出门逛逛，放松一下心情。

　　我给姐姐姐夫的小宝宝买了一套围巾，准备寄过去。想起那个可爱的小宝宝，便觉得生活充满着无限乐趣。什么时候我也会生一个可爱的小宝宝，但这似乎很遥远。因为年纪已经不小了，所以打算明年结婚。结婚于我和他，其实也不过是回老家摆摆酒席，让亲朋好友知道我们已经结婚的事实。婚纱照还没有拍，他说时间来不及，要等明年春天再拍。在人生的道路上，有时就会迫不得已。大家都要工作，我们都没有时间，结婚似乎变成了一项任务。坐在公交车上，看到婚车一辆一辆地驶过，我很是羡慕。我也是个凡人，渴望浪漫的婚礼，但现实条件似乎并不允许，至少现在是这样。结婚的目的除了在于两个人共同生活，还有一个朴素的愿望便是让父母放心和安心。长久以来，不断在外求学，我似乎很难让父母宽心。现在研究生毕业了，我也可以养活自己了。因此我想尽早把婚结了，也让父母不再担心我。我和他，虽然现在很穷，可是房子、车子以及温暖的家,将来一定都会有的。一个人走在马路上的时候,我就想过了:几年以后,目前渴望的,都会水到渠成。那又何必现在追求一步到位,让两个人都痛苦呢?人生到底是简简单单的幸福,有相爱的人,有可爱的宝贝,已经足矣。漂亮的房子、豪华的车子,如果没有相爱的一家人,意义又在哪里?这样说不是自我安慰,而是人来到这个世界上,首先应弄懂的生活的本质。

平时看电视的时候,我观看的片子多半是纪录片。看着别人的悲欢离合,我的心绪也会随之起伏。想想现在已有的幸福,觉得没有理由不开心,于是我更加参透生活的本质。最近我开始迷上了观看生活片。生活片和纪录片差不多,它们都在一定程度上反映着普通人的幸福和痛苦。其实,我也不过是个普通人,摒弃头脑中的浪漫因子,过着平凡的生活。这样想着的时候,我就已经很知足了。偶尔有学生发短信过来,询问我的情况或者跟我聊聊天。他们有他们的幸福,也有他们的苦恼。当我跟他们聊天的时候,一种为人师的满足感包围着我。其实,学生很信任我,而且我还可以帮助学生消除一些暂时的烦恼,做老师的幸福感就那么自然地蕴含其中了。当然,我和学生一样,属于芸芸众生的一分子,有着属于自己的快乐和痛苦。

逛了很久,我看到了婚纱店,很是兴奋。于是,我进去咨询了一下。我畅想着明年我们在一起拍摄婚纱照的样子,我觉得很幸福。看着街上或忙碌或悠闲的人们,我想他们一定也有属于自己的或快乐或痛苦的生活故事。其实,这样的故事每天都在上演。

回到学校,整个校园显得很空荡和安静,大部分老师和学生已经回家了。虽然有点累,但我还是尝试静下心来,看了一会儿书,心情也因此变得特别的轻松。其实,充实的生活给人带来精神上的快乐,这是其他物质无法比拟的。打开电视,看到《同一首歌》节目中那些贫穷的孩子终于可以得到上大学的机会,我不禁流泪。在困难面前,就要勇敢面对。他发消息对我说:"我的衣服被大风吹走了,找不到了。"我回消息道:"没什么的,下次注意点就是了。"说实话,丢失几件衣服,还不足以构成生活的负担。但是,在面对困难的时候,学会如何承受和解决问题,才是最重要的事情。

早上起床的时候,我忽然收到他的消息:"我的衣服找到了,房东帮我收起来了。"我回消息道:"那就好。"看着外面的阳光,我想生活本来就应该这样,以快乐的心境面对困难，一切困难都会迎刃而解。祝福我的家人和亲朋好友，在未来的日子，一切都会好起来。

2007年1月28日

春　游

  学院组织春游活动，爱好旅游的我很是兴奋。在春光明媚的日子里，出去踏青不仅可以放松心情，还可以充分享受生命的美好。在美好的日子里，看着美景就会觉得活着真是件幸福的事情。如此一来，当被幸福感包围的时候，即使以后的生活中遇到不愉快的事情，回忆起生命中曾经有过的美好，就会有面对困难的勇气。

  在明媚的阳光下，车子穿过市区往目的地驶去。一路上，同事们有说有笑，心情很是惬意。平日里紧张的神经，在此时彻底放松下来。离目的地越近，空气越纯净。道路两边尽是青葱的树木和巍峨耸立的群山。春日、阳光、青山、绿树，构成一幅极其美好的图画。

  目的地是一个被群山环绕着的学校。稍事休息，已经是午饭时间。看到满满的一桌菜，我胃口大开。接待人员很热情地为我们一一介绍菜品。虽然都是家常菜品，但很绿色和健康。大家吃得都很开心。说实话，被城市禁锢久了的我们，平时是很少吃到这样绿色和健康的食品的。吃饭完毕，大家各自开展喜欢的活动。我一向不喜欢运动，所以就跟几个同事在房间里聊天。平时大家都忙，所以彼此很少有时间停下来聊聊。在教学方面，因为大家都是青年教师，还缺乏一定的经验。因此，在相互交流的过程中，我们还是有一些共同的感受和体会的。一个晚上的时间，思想的火花在聊天中汇聚和闪耀。对于自己熟悉或不熟悉的教学经验，也因聊天增加了一些深刻的认识和体会。

  第二天，学院组织大家一起去爬山。山势并不陡峻，一路上全是水泥铺筑的山路，这给爬山带来极大的便利。满是绿树的青山，偶尔看到映山红，这给爬山增添了些许情趣。同行的接待人员，很是体贴。有人帮着采摘映山红，有人帮着照相，这让我们几个青年老师在享受无限美丽风光的同时，也深深地被同行接待人员的行为打动。在他们身上，我们学到了如何友善对待他人。实际上，自从去年进入外国语学院，作为一名青年教师，我从其他老师身上学到的不仅有知识，还有做人的道理。因此，这更让我深深体会到教学与做人的重要性。山路悠悠，大家玩得都很尽兴。

一个上午的爬山之行使大家都很疲倦。虽然身体上很累，但精神上很放松。休息了一个下午，大家决定按原来的路线返回。于是，在暖暖的阳光下，我们驱车回到学校。

坐在宿舍里，写下以上文字，以此记录真实的生活。若干年以后，当我的青春逐渐逝去，我会坐在房间的藤椅上，戴上老花镜，细细地欣赏春游的照片。甜蜜的回忆，承载着属于我的青春岁月，以及青春岁月里的感动和美好。毕竟，这一切都是属于我的。总之，一次美好的春游，其中的意义不言而喻。

2007 年 3 月 31 日

阅读·成长

如果说人生是一场戏，那么阅读也许就是这戏里的精彩之笔。在网络时代阅读的重要性似乎已不再那么明显。然而，阅读作为人们获取外界信息的渠道之一，如一只无形的推手，让我们摒弃浮躁，直达灵魂的最深处。伴随着阅读的人生，让我们时刻感受到被知识沐浴的快乐和满足。

在图书馆里看到塞缪尔·斯迈尔斯（Samuel Smiles）的《自己拯救自己》时，我顿时有种如获珍宝的感觉。此书名不仅如此恰当，而且正符合我此时的心情。在功利化心态的影响下，一切似乎都变得急不可待，人们也渐渐丧失了一步步追寻自己目标的耐心和勇气。人们的目光被追名逐利吸引，于是浏览各种所谓的"秘籍"，然后苦苦追寻他们想要的成功。名利诱惑着我们追寻金钱以及所谓的成功。其实，在这个过程中，我们忘记了自己内心隐藏的幸福。所以，读罢塞缪尔的《自助》，我才猛然发现自己的思想是如此浅薄。正如书中所言，只有伴随着内心幸福的成功，才是真正的满足。因此，与其说塞缪尔在书中娓娓讲述了各行各业的名人如何战胜艰难险阻，最终开创卓越人生的鲜活事例，不如说他想告诉人们故事背后的真理——只有自强自立、坚忍不拔、刻苦勤奋、诚实公正才能获得幸福与成功。客观地说，在励志书如此风靡的时代，塞缪尔的书，正如一股清澈的泉水，洗涤着人们的思想，从而使人们重新认识自己、认识成功，脚踏实地用实力体现自己的人生价值和精彩意义。社会的喧嚣，对于当今的大学生来说，影响很大。塞缪尔的书朴素地阐明了深刻的人生道理，从而让大学生们在他们的人生观、价值观和世界观初步成形的关键时期，把握好自己的人生方向，不迷失、不退缩，勇敢接受现在和未来的人生挑战，从而执着地前行。

  阅读的目的，多种多样。阅读，不仅让我们从中获取知识，开阔视野，还让我们从中汲取快乐和力量，从而丰富我们的人生。阅读的力量无处不在，只要你还在坚持阅读，那么你的内心就是快乐的。阅读，就如一扇窗户，打开了我们看向外面世界的窗口。因此，即便不是为学习知识，阅读也在一定程度上造就了我们的人生观、世界观和价值观。记得读大学的时候，一天里最惬意的事情，对于我来说，就是拿上一本书，肆意浏览。即使心情再糟糕，阅读也能让心情平静下来。其实对于我而言，从小最大的快乐，莫过于从母亲手中接过一笔钱，然后满怀兴奋的心情去县城的新华书店买梦寐以求的书籍。现在想来，阅读的快乐从那时起就已经在我的心底生根发芽了。在读小学的时候，老师更是培养了我们的阅读兴趣。各种各样的故事，从老师的嘴里讲述出来，就像窗外那快乐的百灵鸟，丰富了我们的童年时光。在读初中时，每当班里来了新书（老师为我们专门订购的课外读物），我就迫不及待地先睹为快。在读高中时，我已经学会了如何用课外书来调节繁重的课业所带来的巨大精神压力。工作后，虽然沉溺于琐事缠身的生活中，但阅读仍然可以带给我巨大的精神满足。所以，我常常在课堂上询问学生最近读过的书，并给学生推荐我喜欢的一些书。有时，看着他们困惑的眼神，我有些许失落。其实，我无意批评他们，也许他们读过的书，我也未曾读过。由于大部分在校生是理工类专业的学生，所以我希望他们在掌握科学文化知识的同时，还要提高自己的人文素养。实际上，理性的思维，加上感性的认知，更能充实和丰富一个人的人生。著名的科学家们都用自己的切身经历证明了科学素养和人文素养的重要性。而阅读，无疑是开启人文素养的一把钥匙。2013年全国两会期间，115位政协委员联名签署了《关于制定实施国家全民阅读战略的提案》，建议政府立法保障阅读、设立专门机构推动阅读，引起了媒体和社会各界的广泛关注。其实，这一提案意义深远，全民阅读不仅有助于提高国民的素质，还让人们养成一定的阅读习惯，激发人们对阅读的热爱。

阅读，也是有选择性的。在长期的阅读实践中，我发现只有阅读经典的书籍，才会真正从中获益。因此，如何从纷繁复杂的书籍中挑选出自己喜欢的好书，是需要时间和经验的。有时，看到一本自己喜欢的书，我立刻有种欣喜若狂的感觉。正如《自助》这本书，它一下子就吸引了我，就像见到许久不见的知己或老友，怦然心动又满怀喜悦。然而，有些书是需要浏览的。只要翻开它们，抓住主要的信息就足够了。对于特别乏味的书，就只有束之高阁了。所以，阅读不是浮于表面的阅读，而是深入灵魂深处的阅读。浮于表面的阅读或者目前流行的浅阅读，是不能被称为真阅读的。而好书的选择，则让我们更接近阅读的目的，进而从中受益。选择好书，根据我的经验，就是进行阅读实践以及关注报刊上的好书推荐。

阅读兴趣是可以传染的。因为我爱读书，家中的孩子也爱上了阅读。在感到欣喜的同时，我也在思考阅读的魅力。身为一名母亲，我总是有意无意地关注育儿知识。其实，无数的专家和学者都在强调阅读的重要性以及从小培养孩子阅读习惯的重要性。尽管我们都意识到了这一点，但是应该以怎样的方式培养孩子呢？并没有所谓的标准答案，而耳濡目染，身教重于言传，就是最好的佐证。同时，作为一名英语教师，在教学实践中我越来越明白一点，那就是阅读促进学习。困扰学生许久的英语词汇和语法知识，其实都可以在阅读的过程中逐步学会。如此坚持下去，语言的学习，对于学生来说就不再是折磨，而是一种快乐。因此，基于学会的语言知识，未来的知识应用不再是难题。道理如此简单易懂，但是让学生静下心来，养成英文阅读习惯，并每天坚持一定的阅读量，却不是容易的事情。阅读兴趣是可以传染的，但关键在于坚持。而坚持的前提，就是人们在生活中意识到阅读的力量。在聆听过的无数次专家和学者的讲座之后，我越来越明白，一个人浅薄或深刻，不在于他的身份，而在于他读的书够不够多。然而，一切正如同事的那句话，教师在课堂中强调阅读的重要性，而身为教师的我们，又读了多少书呢？每每想到这，我就觉得无比羞愧。

阅读,从教师做起,从学生做起。因为,环境的力量,足以改变一个人。

以"自助"的方式,领会人生的哲理,明晓内心的需求,无论是对于当今的大学生,还是对于身为教师的我们,都有着积极的探索意义和现实意义。最后我以塞缪尔的话,结束这篇文章:"伟大的行为会留给世人宝贵的财富,后人将从中获益无穷。"让我们行动起来,让阅读充实人生,从而绽放精彩。

2013 年 11 月 25 日

"悦读"改变人生

信息时代,刷微博、看微信似乎已经成为人们的一种常态化生活方式。也许有人会说:虽然我们每天都在阅读,但我们不是每天都在"悦读",所以拜托不要将阅读谈论得太深奥。的确,在如今的 21 世纪,谈阅读习惯、阅读兴趣,似乎有点不那么合宜。在手机、平板电脑等各种电子设备席卷而来,无孔不入地进入人们的生活的时候,阅读似乎已成为一种时尚。忙碌的人们借助电子设备随时可以了解相关的新闻资讯,从这个角度来看,阅读似乎已经渗透我们的生活。可是,在阅读的背后,人们是在被动地践行阅读计划,还是在畅快地享受"悦读"人生?

在江西新华文化广场的微信平台上,我曾经看到过这样一句话:阅读,是一种精神上的越狱。是的,当阅读发挥着这样的作用时,我们就已经开始"悦读"了。阅读,改变着灵魂。在如今的社会压力下,当心灵无处安放时,阅读,它如一缕沁人心脾的春风,涤荡着你和我的灵魂,抚慰着我们的不安,从而让我们的心情趋于平静,最后找到真正的自我所在。写到这里,我也在思索,不知道阅读在你的生活中是否扮演着这样快乐的角色呢?不过,至少对于我来说,它是如此。当心情烦躁时,当生活中找不到情绪的出口时,我常常会去附近的图书馆或者新华书店,搜寻自己很久以来一直想阅读的书籍,从而在阅读中让心情愉悦起来,让生活再次充满平静。

阅读的作用有很多,远远不止如此。今年的世界读书日主题为"因为读书,所以快乐"。可见,阅读在我们的日常生活中扮演着重要的角色。只是无论是何种形式的阅读,都不应流于表面的形式,而应让它成为一种习惯,从而让自己的人生愉悦起来。

阅读,在一定程度上是可以影响他人的。家里的宝贝从小就在我的"书香"影响下爱上了阅读。我清楚地记得,大约是在她四五岁的时候,她开始模仿我,在书上勾勾画画。在此之前,她总是充满好奇地问我:"妈妈,你怎么把书画成这样呢?"弯弯曲曲的线条,既显示了孩子的童真和好奇,也反映了孩子对读书的兴趣。我怎么也想不到,我无形中的"插柳",竟然"柳成荫"了。她竟然把一整本书都这样断断续续地画完了,而且每次读书前,她都会很郑重地对我说:"妈妈,我今天要读书了。"因此,在这样的影响下,我一点儿也不担心她的学习问题。即使在幼儿园没教什么知识的情况下,我仍旧很坦然地面对略微紧张和忙碌的一年级。因为我相信一个喜爱阅读的孩子,无论如何也不会对学习有多厌烦,从而让父母担心她的学习。同时,也是在这个暑假,为了一个妈妈要在暑假读二十本书,不会写作文的"谎言",她教会了我如何写作文:由她口授,然后我在电脑上记录。看着那些稚嫩的文字,身为妈妈的我既想笑又感动。也许,阅读给了她所谓的灵感。看似"流水账"的语言表述,无不充斥着阅读带给她的乐趣。所以,在那一刻,我做了一个重大的决定:只要是她喜欢的书,我都开开心心地帮她买下来,不会再因为任何理由而拒绝她。一颗充满好奇的阅读之心,又怎能轻易破坏?对于她来说,今后的人生,也许就沉浸在快乐的阅读里了。

此外,分享自己的阅读经历,也是很必要的。在近十年的阅读中,我似乎抓住了一点阅读的体会。体会是深刻的,是长久的,更是快乐的。我发现,有些书是可读可不读的,而有些书是可分主次的;有些书是需要用心来阅读的,而有些书则只需浅尝辄止;有些书是用来多次阅读的,有些书则是仅供娱乐的。因此,我将我的书一一分类,希望在不同的心情下,阅读不同的书,从而体会和感受不同的人生。我学会了如何在合适的时间静下心来读一本合适的书。由此,我学会了如何安排时间来进行阅读。心情平静的时候,我会仔细阅读有关教学理论的重要书籍;心情不好的时候,我只是浏览一下轻松的书籍。更重要的是,在这样的阅读体验下,在反复研究作者的思路后,我学会了如何有效地编写一本书。在不同的阅读体验下,我学会了如何有效阅读以及有效甄别不同类型的书籍。总之，在读书的日子里，我学会了从书中搜集有用的信息，并且拿来为我所用。所以，由阅读转为"悦读"，这是一个过程，我们需要努力地完成。

阅读，是一生的实践。而"悦读"让我们享受阅读的快乐，改变我们的人生，让我们享受人生之趣味。

2015 年 8 月 31 日

精神的远游——读《文学：八个关键词》有感

当我在新华书店看到张炜的《文学：八个关键词》这本书时，我随手翻看了几页，就被其中的一些内容吸引。于是，我毫不犹豫地将它买了下来。其一，我对书中的内容非常有好奇心，我想看看作者在书中表达的主要是什么。其二，有一定功利心的驱使。最近我想写一篇关于文学的论文，但缺乏写作灵感和思路。

当我在春日阳光灿烂的下午打开这本书时，我瞬间被吸引了。书中的八个关键词，涉及不同的作家和作品，作者娓娓道来，信手拈来，将我之前从没想到的一些东西，那么豪放而自如地展现在我面前，令我大开眼界。一些熟悉的中外作品，在我准备汉语言文学自考的时候，我曾经把它们当作知识点来记忆。但仅仅是知识点，考试过后，这些东西似乎就从头脑中烟消云散了。现在经过作者张炜的分析，我似乎又重新找回一些作品的意义和背后的人文情怀。如果说那时候的记忆只限于表面，那么现在的我对它们的认识则开始加深，甚至有了重新阅读的欲望。每个人对作品都有自己的解读，但当作品如此深刻地被几个关键词所定义时，就不再是传统意义上的类型化解读，而是从一种新的见解、观点和视角出发，督促我们从旁观者的角度，去看待我们曾经读过的文学作品以及作品的意义和内涵。同时，它们使我回忆起，读本科时所学的一门课程——外国文学鉴赏。当时的任课老师不仅知识渊博，而且上课经验丰富、流畅自如，让我颇为折服，因此我越发喜欢上了这门课。虽然对于那时候的我来说，生活经验、社会经验，还有学习经验，都有所欠缺。但到现在，我仍然清晰地记得课堂上任课老师对作品如瀑布一般的流畅解读。世事皆是缘分。在张炜的作品中，我读到了他对作品的创造性解读以及对作品中的人物人格特质的分析。他就像当年的任课老师一样，在对八个关键词的文学观点的解读中，做到了自然、轻松和舒适，因此我迫不及待地要读懂书中所表达的深意。

这个下午，我没有如往常一样，忙于修改论文。在精神世界里，我读到了文学的力量、作家的喜好以及文学承载的社会意义。这场精神的远游，让我在思想上变得轻松和舒适。虽然我没有从张炜的书中读到我最想要的文学作品和分析对象，但我似乎掌握了一些文学技巧，那就是去类型化。在对作品的解读中，要明晰时代赋予的文学意义，而非功利化地为了达到一定的目的，而去空洞地分析文学作品。同时，最难能可贵的在于，他对于信息时代下文学阅读的反思和讨论。他倡导在智能手机占据上风的时代，让孩子们回归自然，回归生活，获取精神上的力量，不要沉溺于现代智能技术和手段中，让精神无处可寻。这是一个作家最朴实的思考，它带来力量，带来责任，带来反省。

在考研究生的时候，我报了最喜欢的翻译专业。后来在复试的时候，我被调剂到了文学专业，再后来我转到语言学专业。在被调剂到文学专业的时候，心中很是窃喜，研读文学对我来说也是不错的选择。只是我没有想到后来被转到语言学专业，从此我与文学的缘分就这样被切断了。这么多年，我极少关注文学，对于文学术语虽有耳闻，但并不熟悉。不过，这些年，我常常写随笔和感想，记录日常的教学和生活。客观地说，这也算是一种心灵的抚慰。

其实，文学是很有趣的，它代表一个人的精神信仰和追求。去年，出于孩子的原因，我读了《黑猫》这部短篇小说，因此内心受到很大的震撼。究竟是什么样的力量，让我对这部短篇小说有了读下去的欲望？于是我"顺藤摸瓜"，读了作者写的其他短篇小说，此后我开始试图分析他的小说所体现的哥特式风格以及赋予我们生活的价值。其实，我更想看到的是我的学生作为新时代的大学生，他们对于这部小说的所想所感。于是，寒假的时候，我特意给学生们布置了这一阅读任务。从学生的阅读实践中，我捕捉到了一些亮点和带来深刻启发的地方，这让我很欣慰。同时，开学的时候，我在学生的作文中读到这样一句话："What makes life dreary is the want of motive."。于是，我追本溯源，找到了这句话的作者。所以，在课堂上，我把这句话强调了很多次，希望学生们在生活中做有目标的人，不要辜负自己的大好青春。初春伊始，天空竟然飘起雪花来。这在不经常下雪的南方，堪称难得的一景。在朋友圈里，我看到了朗费罗（Longfellow）的《初雪》（*The First Snow*）。于是，我建议学生课后去阅读一下，体会诗人笔下初雪的美好意境。同时，在上课讲精读课文的时候，在灵感的驱动下，我忽然想到了《未选择的路》（*The Road not taken*）这首诗，因此我建议学生课后认真研读一下。在这一个月的在线教学中，正好讲到第三单元课文，里面有梭罗说过的一句谚语，于是我趁机让学生课后去读一读梭罗的《瓦尔登湖》（*Walden Pond*）。一方面，我希望学生认真感受作者在书中表达的观点以及传递的思想；另一方面，我迫切地希望学生静下心来，去除浮躁、焦虑和担心，在书香的世界中思考和领悟生活的本质。

综上所述，来自文学的期待，正一步步在我眼前展开。对于我来说，用文学的语言，追问生活和记录生活已经是一种习惯。其实，文学的魅力还在于赋予我们力量，让我们拥有正确的价值观，能够守住生命中最可贵也最容易丢失的淳朴。因此，我希望在接下来的教学中，与学生一起探讨我们偶拾的文学作品，在不断地分析和思考中，获取文学带给我们的精神力量，提高文学素养，从而真正成为被文学赋予精神内涵的人，勇敢和坦然地面对生活。这将成为学生核心素养的一部分，并在今后的学习和生活中，使学生被文学滋润和丰富自己的精神内涵。

2022 年 4 月 17 日

大爱无边　精神永恒

自从石老师的先进事迹传播开来，我无时无刻不在为之感动。心里总有一个声音在回响：人生的意义究竟是什么？石老师用她的实际行动给了我们最好的答案——人不单为自己而活。有时候就像石老师一样，很多教育工作者为学生、为祖国的教育事业而活。这样的大爱精神，总是让人敬重无比。

每次走过学校教学楼前的宣传栏，看到石老师身着实验服，我总是很动容。如果说刚刚听闻石老师的先进事迹时在心里涌起的是一种最直接和最感性的体会,那么现在,在经历了几个月的洗礼之后,我对石老师的精神则有了更深刻和更理性的认识。在教学过程中,难免遇到一些挫折,难免有一些灰心,可是只要走过石老师的宣传栏,我的心头顿时就有一丝羞愧之情。相比石老师面对困难、面对疾病的乐观和坚强,我的那一点点烦恼,又算得了什么呢?所以,学习石老师的精神,绝不是浅层次的、表面的认识,而是嵌入我们每个人的内心的深刻体会。在脆弱的时候,石老师的精神时常提醒我们、鼓励我们和警醒我们,生命是如此值得敬畏,所以我们应用我们健康的体魄,做好自己的本职工作,无愧于人民教师的光荣称号。

从石老师身上汲取的精神力量,不仅有益于教师自我灵魂的升华,还有助于教师在教学中更好地服务学生,引导学生。当学生在学习中遇到问题时,我认真对待,及时给予解答和帮助。当学生存在学习以外的问题时,我及时引导和耐心帮助。当学生存在思想上的疑惑时,我给予力所能及的解答。当然作为教师,有时候我还要认真观察学生,探究其学习问题之外的深层次的问题。只有这样,才能"对症下药",而不是简单粗暴地对待学生身上出现的问题。所以,无论做什么,教师在处理教与学的问题时,"爱"这一个简单的字,所有的内涵都融入其中了。就像石老师一样,在生命的最后时刻,还在为学生认真细致地修改论文。这样的大爱,如照片一样,定格在学生的心里,定格在每一位老师的记忆里,大家以此为楷模,继往开来。

在安静的夜晚,我写下这些文字,既为石老师的精神而感动,也为自己的前行之路点亮明灯。这辈子,既为从事教育事业而骄傲,也为从事教育事业而努力。无论做什么,无论做出什么样的努力,其实只有一个简单的字——爱。用爱去引导学生,做知识的传授者,做行动的引路人,做思想的航灯,正如石老师一样,用行动阐释教育的内涵。

大爱无边,精神永恒。希望石老师的精神之灯,照亮我们每一个人前进的方向。

2012 年 2 月 22 日

成长·感恩

晚春的一个下午,我坐在家里,听着窗外叽叽喳喳的鸟鸣,很是惬意。在这样舒适的日子里,我打开学校网站,开始看学校的各种重要新闻,教学的、科研的,想想自己的得与失,然后便有了前行的力量。当然,我偶尔也会怀念进入学校第一年的日子。因为要坐班,所以我经常从学院个人邮箱里领来还浸着墨汁香味的报纸,各种消息和新闻让我在报纸的香气里领会大学的精神。时光催促着人不断前行,转眼间我来到昌航已经有六个年头了。过去的日子,既充满了挑战,又充满了热情。我不由得感叹:青春的岁月,是如此经不起时光的流逝。可是回头想想曾经走过的日子,有两个词始终出现在脑海里,那就是"成长"与"感恩"。

记得来学校之前,我对它的一切都很陌生。但是,在我打开电脑查看学校信息,试图更深入地了解它的时候,我看到了一个惊人的数字,那就是图书馆的藏书有50万册之多。在那一刻,我对学校有了亲近之感。我觉得,一个有着如此多藏书的学校,一定有其迷人的魅力所在。其实,书在我的生活中扮演着很重要的角色。在工作之余,我经常买书,以此获取知识或者减轻来自生活的压力。所以,在课堂上我常常告诫我的学生,多读书、读好书,更要了解我们的图书馆。读书的日子,一定是充实的。我希望学生能珍惜青春的岁月,用精神的财富来充实人生、充实思想。实际上,在与图书馆打交道的日子里,我发现了图书馆对学生成长的重要作用。首先,图书馆善于推荐好书给学生们,从而帮助他们筛选图书。在举办各类书展时,图书馆的工作人员也会认真仔细地征求师生们的意见。其次,图书馆会定期举办各类讲座。最重要的是,它对如何查找资料总是给予适时的引导。因此,在学校的官方网站上,看到类似的信息,我总是很感动。客观地说,引导比其他都重要。在教书的过程中,我深刻地体会到了这一点。学生的想象力和创造力,在老师的引导下,会很极致地凸显出来。学生身上潜藏的巨大能量会突然迸发出来。它如喷泉,一过临界点,就会酣畅淋漓地释放,最终不可阻挡。最后,图书馆的工作人员以他们的热情和敬业的精神感染了我。与他们一样拥有教师身份的我,做好自己的本职工作,勤勉地工作、热情地工作,这也许就是快乐和幸福的含义。

然而,不是所有的日子都浸满了欢乐。在刚开始教学的时候,我的神经无时无刻不在紧绷着。所以,曾经有一段时间,闹钟已经失去了它应有的作用。因为,在闹钟还没有响起时,我就已经变得很清醒了。当时的我有很多担心,怕学生不信任自己,怕自己上课临时卡壳,怕有专家来进行教学检查等。因此,在相当长的一段时间里,我变得谨小慎微。人,如摇摇晃晃的稻草,脆弱不堪。直到有一天,我才猛然发现,所有的经历,都是成长的催化剂。虽然艰难,但是很有效。对于那些来听课的专家,我满怀感激之情。他们提出的意见,非常中肯。因此,当我静下心来,总结他们给出的意见的时候,那些话似乎还在我耳边,让我深刻而清醒地思考。这样的场景,很难从记忆中抹去。就像是我教给学生的知识,如果给学生提供一个适合的场景——在具体的语境中使用,而不只是授予知识,那么一切要来得深刻得多、有效得多。至今,我还记得一次有趣的专家听课体验。在去教室的楼梯上,我忽然看到了一位戴着漂亮鸭舌帽的老师。我敏锐地意识到,他一定是听课的专家。于是,我小心翼翼地跟在他身后,心里暗想千万别来我的教室听课。结果,一声响亮的"老师"打断了我的思路。我回头一看,原来是学生。他正要问我今天在哪里上课,我赶紧向他示意,并且小声说:"有专家听课。"后来我惊喜地发现专家去了三楼,而我和学生则去了四楼。再后来发生的事情,是如此令人惊奇。在我们走进教室开始上课的瞬间,我忽然发现那位专家已坐到了我们教室的后面。在紧张的氛围中上完了那一堂课,但是,我至今还记得专家的建议:黑板字要写得清楚工整,努力调动学生的积极性。这些建议,我曾经在书上读过。然而在真正的实践过后,我才终于明白了简单道理背后的深层含义。内心的感激不言而喻。在脱离学生的角色之后,有一些专家和同行能以这样的方式如此真诚地帮助我成长,除了感激,就是珍惜。

改变,究竟以怎样的方式进行,每个人不一定都有前瞻的能力。但是,在匆匆而逝的日子里,有些人、有些事,注定会成为记忆中的永恒,成就生活和教学的美好。曾经的学生,在记忆里留下了深刻的一笔。所以,我仍然记得那个英语基础不好,整天抱着初中课本的羞涩男孩,不知道毕业之后他有了怎样的人生。曾经在课堂上，看着他眉头紧锁的样子，我试图给予他一些英语学习的信心，鼓励他一定要相信自己。然而，每个人都有自己的局限，他的英语还是没有日渐一日的进步。甚至在大二的时候，他还曾经打电话问我有两次考试不及格，该怎么办。在我苍白的鼓励中，我也渐渐有了胆怯之心。我很困惑：是充分发挥一个人的潜力更好，还是不顾一切地弥补不足更好？那个漂亮的、有着有趣的灵魂并且与每一个同学都相处不错的女孩，在毕业后发短信给我，感谢我曾经对她的帮助和鼓励，言辞切切。其实，我也没做什么。仅仅是因为那次期中考试，她考得不好，在她落泪的时候，我不失时机地对她进行了鼓励，她就一直感激在心。甚至在我艰难的日子里，她来到我的宿舍，给我做了一顿午饭，然后下午才匆匆地赶去上课。还有那个利用课余时间兼职赚钱的女孩，她特意买了牛奶给我，仅仅是因为她觉得老师太瘦了。甚至在我记忆中已经有些模糊的两个男生，从各自的家乡坐火车带来苹果和鸡蛋给我。还有毕业之后，一直都在跟我联系的那个男生，虽然我们从未再交流过什么，但是他一毕业，就将新的电话号码告诉我，甚至换了几次号码，他都会及时通知我。还有很多……我亲爱的学生们，他们以各种各样的方式呵护着我。因此，在开心或难过的时候，我常常会想起他们。我不知道，大学四年里，他们在学业上的收获有多少。但是，从他们身上折射出来的品德，在物欲横流的社会里，显得如此珍贵。在以后的人生里，不管怎样，他们都会有巨大的成就。因此，我从内心坚信，曾经在南昌航空大学里，他们收获的又何止是知识呢？偶尔在路上，也会遇到装作不认识老师的学生，我也不会因此而懊恼。也许是自己做得不好，也许是学生的个性使然，也许是学生与老师交流有压力。在他们慢慢长大、慢慢成熟的时候，他们自然会意识到自己的行为欠妥。所以，在青春的日子里，有成长，也有缺憾。这就是青春。

　　从去年校庆倒计时开始，我的心里就一直涌动着一种快乐和兴奋，等待着校庆那个庄严而欢乐的日子的到来。人们常说，人是活在希望里的。确实如此，有希望，生活就有奔头。在与昌航相伴的日子里，我惊喜地发现和分享着昌航的变化。学校有了宽敞明亮的第三食堂，实验大楼基本竣工，青年教工宿舍也已建成，昌航和大家一起在变化、发展，更令人惊喜的是我们的昌航幼儿园也要开始建设了。每次走到那里，女儿都会说这是我们的幼儿园。言语之中流露着自豪,很是让人开心。学校每一项民心工程,都会让教职工和学生开心不已。对于未来,我还有很多期盼。昌航附校,如果也能开工,那就更美好了。没有了后顾之忧的教职工,一定会发挥更大的潜力,更好地为学校服务。学校也会变得更加欣欣向荣。

我在课堂上常常告诫学生要经常反思和总结学习,对于我自己,又何尝不是如此呢?写下这段文字的时候,我发现自己好像意犹未尽。六年的时光匆匆而逝,在昌航的日子里,见证着昌航的变化,也见证着自己的变化。感谢,不能用语言表达。感谢专家,感谢同事,感谢学生,更感谢学校,因为你们,我的生活才充满了色彩;因为你们,我的生活才有了乐趣;因为你们,我的生活才有了韵味。

最后,以清华大学新任校长陈吉宁的话结束本文,与大家共勉。"大学不仅是传授知识和技能的场所,更是培养人的思想、情感、意志、品质之所在,是铸造灵魂的地方,因此,大学的根本不在于'大',而在于'学'。"因此,在大学这个庄严的殿堂里,让我们每一位师生员工,时刻铭记这句话,共同铸造我们的大学之灵魂和精神。

2012 年 5 月 11 日

人民满意的教育之我见

教育自古以来,就是高尚的事业。自 2006 年从事教育行业以来,随着不断磨炼,我自身的业务水平有了很大的提高。这不仅要感谢国家的培养,还要感谢陪在我身边,与我一起成长的朋友——亲爱的学生们。所谓的教学相长,也即如此。人民满意的教育,从大的方面来说,就是不断提高新时代学生的知识水平、思想道德素质和修养,从而不断提高整个国家的道德文化素养,为社会主义事业添砖加瓦。从小的方面来说,就是将家庭和学校有机结合起来,从而培养身体健康、业务过硬、精神健全的学生,使学生在离开学校,走向社会时,能够健康地生活,开心地学习和工作。

一、学生装作不认识

尊师重教,自古以来就被奉为美德。在平时的教学中,我经常遇到学生热情地与我打招呼。每每如此,心里总是乐滋滋的。可是,有时候也会遇到个别已经毕业的学生,在路上与我相逢时,装作不认识的样子。所以,我也会拿来与学生在课堂上进行探讨。学生的解释看似很合理:男生跟女朋友在一起,与老师在同住的小区里偶遇自然会有点不好意思打招呼。这也可以理解,毕竟我们在路上碰到上级领导,也会很不好意思打招呼。但这会让我经常反思是不是在平时的教学中亏欠或者忽略了学生,所以学生才会耿耿于怀。后来我终于明白了,身为老师,怎么能一味地怪罪学生呢?首先是老师没做好,教育是智育和德育相结合的产物。老师上课,如果只注重智育,忽略了德育,又怎能要求学生全面发展呢?课堂、家庭、学校和社会是一个整体。整体中的任何一部分缺失,都有可能产生这样的结果。所以,我开始释然了。但是,释然的同时,我也不忘提醒自己:在上课的时候,插入一些类似的例子,不在于教授知识,而在于启发学生,难道不算强烈的、教条的说教吗?学生不是完人,教师也不是完人。有时候,于教师而言,以身作则,让学生在耳濡目染中感受道德的力量,未尝不是一种好方法。学校是象牙塔,是知识的宝殿,但学校不是永久的"避风港"。学生在获取知识时,老师应引导学生认识真实的社会。对于社会中的不良现象,可以抨击,可以讨论,但应敢于担当,不逃避。那么在学生走向社会的时候,因为有了充分的思想准备,所以他们才能在社会的洪流中,沉着冷静、轻松自若地去应对各种事情。

二、学生不上课

学生不上课的理由有很多:生病、睡懒觉、成绩差、喜欢自学、对专业不感兴趣,诸如此类的理由。每每教师精心准备了一堂课,意气风发地走进教室时,看到渐少的学生时,心情难免沮丧。于是,生气和自我怀疑等不良情绪混在一起。在老师的威慑之下,学生往往借助上述理由为自己开脱,为此,双方都有点生气和难堪。其实静下心来,仔细分析这一现象,就会发现其背后蕴含的故事。几年的教学实践告诉我,学生的行为背后有"动机"二字。因此,或简单或复杂的动机,常常构成课堂缺席的原因之一。为此,身为教师,不能一概而论。事实上,我也曾与某些学生谈话,希望能够感动学生,从而鼓励学生前来上课。但结果是,有些做法很有成效,有些做法毫无效果。这个时候,我的心情就难免沮丧。其实,后来我发现自己真的用心不够。比如,曾经教过的班级里有一个不爱上课的学生,三番五次地选择逃课。于是,我心里难免窝火。后来,经过与他本人以及周围学生的深入谈话,我才得知他此刻正处在迷茫阶段。所学的专业对他来说,并非自己喜欢的,而且学起来也很有难度。相反,另外的专业是他喜欢的,同时该专业对他自己的家族企业也很有帮助。在喜欢与困难面前,他很迷茫,转专业还是退学一直困扰着他。于是,学生对上课也失去了兴趣。最终,权衡利弊,学生还是选择转专业,去追寻自己喜欢且以后对家族企业有帮助的专业。因此,不得不说,有一段时间,我对他不上课的行为很有偏见。其实,在他看似不守规矩、很"出格"的行为背后,有着自己内心的挣扎。这让我不由得想起,当年读大学的时候,我也曾有过一段很迷茫的时期。幸亏在体贴的老师和友好的同学的帮助下,我才有勇气挑战自己,内心逐渐变得强大起来。然而,如今身为人师的我,似乎忘记了曾经的自己。当我用所谓的"好学生"的教条去束缚未来可能有潜力的学生时,难道不是做错了吗?因此,学生们的背后,都藏着一个个生动的故事。所以,这就需要靠老师们努力去挖掘,挖掘学生们背后隐藏的一股股潜力。所以,从这个角度来看,学生们的表现,不是某一个因素决定的,即它不是非此即彼的事情。虽然我不是辅导员,不是班主任,仅仅是任课老师,但我仍然需要在课堂上耐心地对待每一个学生。只有师生的心灵相通,上课才能自然而流畅。

三、老师本身所传递的东西——正能量

社会正能量是比较流行的词汇。最近,同事戴老师的故事,传遍了大江南北。被他人撞倒,理应得到赔偿。但念及撞人者本人的实际情况,戴老师不但婉拒了他人的赔偿,还主动上门去看望。听到她的故事,每个人都有很深刻的思考。这样的故事,就如一朵小花,芬芳了我们很多人的内心世界。其实,身为她的同事,听到她的故事,我一点儿也不惊讶,一切都是顺其自然的事。一个人的高尚行为,不是偶尔发光,而是汇聚在平时的点点滴滴。在平时的生活

中,她传递给我们的就是这样一种博爱之心。在校园里相遇,她常常热情地邀请我们搭顺风车。与她的交流中,她总能让你的内心很温暖。因此,一个善良的老师,不仅能教好课程,还能将内心的美好传递出来,让社会上各行各业的人向她学习,这本身就激发了我们身为教师的责任感。至于另一同事拾金不昧的故事,也是众人皆知。在为他们感到骄傲的同时,我们也应积极向他们学习,不仅努力传授知识,而且积极传递正能量,从而让世界变得更美好。

四、学生应具备的素质

在近七年的教学中,我总结了以下要点,作为新时代大学生应具备的优秀品质。

（一）责任感

责任感,对于大学生来说,是很必要的。在四年的大学生活中,如何度过有意义的青春时光,"责任感"这三个字担负着重大的使命。本着为自己负责的精神,无论是在校的学习、生活还是娱乐,学生都能拿捏得恰到好处。有些学生之所以在大学四年里很迷茫、很无奈,重要的原因在于缺乏目标,而失去了目标的学生,就像铅锤一样,容易左右摇摆。摇来摆去,学生就忘记了自己肩负的责任、使命以及家长和学校的殷切期望。所以,作为一名新时代的大学生,要具有一定的责任感,充分发挥自觉性,协调好学习和生活的关系,从而做到学有所成、学有所乐。

（二）独立精神

如果说责任感意味着对自己的青春负责任,那么与之密切相关的独立精神,在生活中同样扮演着重要的角色。有时候,教师为了表明负责的精神,常常控制着课堂,使学生只能被动地聆听。甚至,对于擦黑板这样的小事,我也经常亲力亲为。但后来,我慢慢地意识到自己错了。虽然我们经常倡导"以人为本"的精神和"以学生为中心"的课堂教学模式,但是在实际的教学过程中,我们常常忘记这一理念,任由自己在课堂上填鸭式地喂饱学生。在一次课堂表演活动中,我深刻地意识到这一做法是多么愚蠢和不必要。当我仔细聆听学生在课堂上对课文内容的理解时,当我观察学生在讲台上不同风格的讲解时,当我仔细观摩小组制作的精美课件时,我幡然醒悟。学生的潜力,被教师不自觉地埋藏起来。如今当学生的潜力被挖掘出来时，给老师带来的何止是惊喜，还有震撼。教师要放开双手，让学生独立自主起来，用知识的头脑武装急需补充的内容。当学生在课堂内外主动去学习、讨论和探究并且补充所需的养分时，知识就如一股清泉，汩汩而来，教师又何必担心学生学不到知识呢？

（三）批判性思维能力

知识的接受，像容器，又像过滤器。全盘接受课本中的知识或者来自周围的信息，对于大学生来说，是很容易做到的。但是，对于接收到的信息，进行深度理解并且适当甄别，就需要学生拥有一点智慧了。在课堂上，每当谈到作者的写作目的或观点的时候，我通常要求学生带着批判的眼光去看待，而不是囫囵吞枣，全盘接受。事实上，只有经过了独立思考，并且进行了批判性的解读得出的观点才是学生本人的。如果学生对所学的东西不能辩证地看待，就很难从自我的局限中脱离出来，也很难体会和理解作者的用意。那么，基于肤浅的思考而接受的知识，不会长久，也不会深刻，更别提在今后的生活中灵活运用了。因此，我常常鼓励学生学习辩论或演讲，以明晰自己的观点（在我个人看来，这两种形式都是表达自我和探讨他人观点的有效方式）。其实，无论学生在课堂上的表现如何，只要有了积极的思考，适时批判的概念就会很深刻，这对学生今后的人生也是一种积极的提升。所以，大学生在面对周围以及复杂的社会坏境时，有了思考就不会盲从甚至盲目信任他人，从而上当受骗甚至掉入陷阱。这虽然是后话，但无论怎样，有着独立思考的学生，不仅思维活跃而且成绩斐然。最近刚刚为我校师生做过讲座的江枫教授，在他的演讲中，非常明确地阐述了他对独立思考和批判能力的深刻见解。我在为江枫教授的知识和才华所折服的同时，也深深感受到此理念的重要性。

（四）自主学习能力

对于学生来说，今天学不会英语，不等于明天也学不会。关键在于培养学生的学习能力和终身学习的意识和能力。比如，老师教的词汇、短语等，其实学生自己课后也可以采取一定的方法和策略，或者在老师的方法和策略的引导下自主掌握。对于学生来说，重要的是善于从老师那里学习。就我而言，读研究生的最大感受是我掌握了自学能力以及未来继续学习的能力。虽然读本科时我也经常自学，但那时的自学更注重知识的掌握，是一种无意识的行为。读大学的时候，教英语的孙老师是一位年轻的老师。她经常在课堂上做的一件事情，就是邀请部分同学对每单元的翻译内容，在黑板上进行抄写，然后针对翻译中的问题，让我们进行自主修改。这么多年过去了，对于她的很多教学方法，我都已经记忆模糊了。但是，这一做法至今让我印象深刻。但在那个时候，我一度认为孙老师好像有点不负责任，老师怎么能总是叫学生上去抄写翻译答案呢？如今，当我自己开始做英语老师时，我却很惊讶地发现当年孙老师的做法也是有一定道理的。通过对照答案，然后进行自主修改，学生做到为自己的学习负责，这是一种提高自主学习能力的方法。而研究生阶段的学习为我打开了一扇自学的窗户，对我此后的学习和工作意义深远。读研究生的时候，有一位辜老师，她的教学做法同样让我印象深刻。她在课堂上常常分享她读博时或生活中的一些事情，让我们对学习或生活开始有了一些深入的思考。此外，对于我们科研论文写作中出现的问题，她会把所有同学的问题集中起来，然后让同学们采取课后自主改错的方式，以此纠正写作中的不良现象。客观地说，这些老师的教学做法，不是纯粹的填鸭式教学。在教学实践中，她们不仅让学生体会到学习是自己的事情，而且让学生发现有些学习是完全可以自己完成的。通过自主学习，学生不仅充分发挥了自主性和积极性，还加强了同学间的小组合作，从而进一步促进学习的发生。所以，对自主学习能力的培养，不仅在于意识的觉醒，还在于行动的发生。

  在课堂上，我常常告诫学生不要太依赖老师，老师的主要作用是适度引导和启发，而不是知识的传递。与此同时，在课堂上我也常常观察不同类型学生的不同学习方式。总的来说，善于学习的学生思维活跃，知识丰富，成绩优异。相反，不善于学习的学生表现就不太出彩，不要说让他人满意了，让自己满意都很难。21世纪是信息时代。因此，用好的学习方法以及正确的自学方式，从纷繁复杂的知识体系中提取对自我有益的东西，这在一定程度上决定着一个人的成就感。因此，学会学习，培养一定的自主学习能力，对于学生来说意义非凡。其实，自主不仅体现在学习中，在生活中也同样适用。比如，刚上大学时是被父母送到大学的，之后便是自己独立坐火车上学和回家。这些经历，让我们不再依赖父母，也让我们在旅途中，见识不同的风景，结识不同的人，体验不同的人生，别有一番滋味在心头。

（五）动手实践能力

任何知识回归到本质上，都会落实到实践中。人们常说理论与实践相结合，强调二者相结合的重要性。因此在教学中，我经常有意识地向学生传递实践的重要性。学生常常抱怨单词不会用或者语法不会用，其实无非就是没有体会到知识和实践练习相结合的重要性。这类似于人们常说的学会游泳规则和实际会游泳是两码事。因此，无论掌握多么丰富的语法规则，一旦落实到练习中就变了样，这需要学生仔细体会和理解。基于此，我特别希望学生能在学习中意识到这一点，并且达到灵活运用的程度。有时，我也会在课堂上给学生分享来自爱人工作中的例子。我爱人他们单位拟招聘的设计师，竟然连简单的图纸都不会画。这看似荒谬，实则正常。应聘者由于缺乏相应的动手实践能力，因而成为别人的笑柄，这对应聘者是一个重大的教训。所以，即使学生过了英语四、六级考试，身为教师，在为他们感到高兴的同时，我也不忘提醒他们注重口头表达能力和书面表达能力，毕竟四、六级考试证书与实际水平只存在着一定的相关性。

（六）小组合作精神

未来的世界是需要协调发展、共同促进的。合作精神不仅体现于此，在平时的学习和工作中，合作意识和合作精神也扮演着重要的角色。由于学生的个性不同，合作学习有时也会遇冷。比如，口语考试中总有那么几名学生在他人兴高采烈的合作活动中显得格格不入。作为老师，我感同身受。曾经的我，也属于这一类。但是，随着人生阅历的丰富，我在尝试着慢慢改变自己。所以，在平时的教学中，我更重视此类学生的感受。只有教师感同身受，学生才能在你的鼓励下，顺利融入课堂合作学习活动中去。其实，培养合作精神，可以先从学着与他人建立良好关系开始。最简单的，就是从与同学和老师的关系开始。由于家庭事务繁重，我也曾被学生误解过。一个学生在作文中告诉我："老师，你太懒惰了，都没好好批改我的作文。"看到这样的话，我既委屈又无奈。每次改作文都是艰难的。仅仅批改学生的作文是不够的，我还需要及时记录学生的典型错误。三个班级的作文批改下来，负担确实很重。如果有个别学生不及时交作文，那么老师改到他作文的概率就会降低，所以学生才产生这样的抱怨。针对此事，我特意跟学生进行了及时而有效的沟通。在交流中我发现他是一名性格内向的学生，但对学习比较负责和自主。于是，我开始有意识地让他在课堂上回答问题，及时关注他的作业，后来我惊喜地发现他上课时的眼神闪亮了许多。再后来，这名学生顺利通过了英语四级考试。为此，我感到很欣慰。学生的变化就在一瞬间，即使老师受到误解，也不应灰心。因为双方的立场不同，站在学生的角度思考问题和站在教师的角度思考问题，自然会产生不同的感悟。曾经一名学生无限感慨地对我说："老师，你真的不理解我们的难处啊。"因此，重视学生的感觉，让学生成为集体的一部分，有一种学习和合作的归属感，也是一种良好的沟通方式。尽管这种沟通方式不太符合团队精神的定义，但是我仍然愿意在此提及，以此告诉大家任何形式的合作，只要有动力，就能让我们有所进步和改变。

（七）创造力和想象力

创造力和想象力是一对同胞兄弟。在接受知识的同时，有意识地开发自己的创造力并且培养想象力比什么都重要。如果说创造力给了我们智慧，那么想象力则扩大了创造力带来的智慧空间。每每听到学生参加科技比赛或者三小项目时，我总是充满了无限的期待。不囿于所学的知识，用创造力和想象力来体现大脑的智慧，无论怎样的学生，前途都是光明的，至少在学业上或者未来的工作上表现不俗。有时候，看到女儿画的画，我也会无限感慨。它不禁使我想起爱因斯坦的话："想象力比知识更重要。"的确，在女儿的画作中，她用图画表达着她的所思、所想和所感。当所有的感情都融入一幅画作时，于她则是一种思维的表达。所以，在课堂上分析课文的时候，我常常引领学生透过文章，创造一种故事的氛围，从而用想象力和创造力去体现文章的意境和内涵。在想象力和创造力的辅助下，学生的思维得到了极大的开拓，英语学习的动力和兴趣更加充足和浓厚。

（八）抗挫折能力

大学是学生走向社会的中转站。就像刘同的《谁的青春不迷茫》一样，在亮丽的青春中，总是混杂着一些青春的烦恼。有些烦恼来自现实生活，比较残酷甚至无法逃脱。有些烦恼却是只属于青春的小秘密，看似有无病呻吟之嫌，但又很真实。面对这些问题，想要有效地处理，就需要一些抗挫折能力。有些学生一路走来非常顺利，突然在大学碰到以前从未有过的问题，就会显得有点慌乱。在此情况下，有些学生会借助外部的力量，比如父母、同学或者老师的帮助来顺利渡过困境，有些学生则选择自我消化。由于外部压力的大小不同，自我消化的能力也不同，因此，积极的人会越挫越勇，消极的人则越挫越颓。如果在此过程中，教师忽视了部分学生脆弱的心理，就容易产生问题。前段时间，我从媒体上看到华东交通大学成立了专门的青少年心理辅导中心，感觉很兴奋。这非常有必要。树立对生活的信心，做健康自信的学生，比什么都重要。当然，昌航也专门设置了相应的心理辅导室并定期刊发心理辅导报。我个人认为，这对提高学生的抗挫折能力非常有帮助。逆商，即所谓的抗挫折能力，值得在生活中通过不断实践去提高。有了抗挫折能力，学生无论是在学校还是身处社会，都能冷静地处理问题和困难，从而成为自己的主人。

（九）时间管理能力

时间是无形的小偷，总是悄悄偷走属于我们的青春时光。常常有学生感叹时间过得飞快，而我还在原地等待成长。从毕业到昌航工作，已经有七年时间了。最美好的青春时光，我都干了什么？我常常这样问自己。幸运的是，我的时光没有虚度，除了一起成长的可爱宝贝，教学经验的积累是另外一笔宝贵的财富。所以，享受青春，努力做事，摒弃拖延的坏习惯，幸运和成功自然也就相伴而来。

培养时间管理能力，做时间的主人，跟前面提到的责任感和独立精神紧密相关。培养良好的个人习惯，包括学习和生活习惯，对自己的成长非常有必要。在现实生活中，成功的决定性因素有很多，比如勤奋、性格、能力、资源、机遇等。但是，在我看来，最重要也最基本的一个因素，就在于学会尊重他人。谁的青春不迷茫？在青春的迷茫中前进，有这些好习惯的加持，会推进未来的个人成长和发展。

（十）其他能力

作为一名在校大学生，要想在今后的社会中表现优异，一些基本的品质是必要的。如勤劳，对待生活中的事情，总是那么勤勤恳恳，不偷懒，不要滑，无论老师还是学生都会喜欢这样的人。如善良，有一颗仁慈之心，对待他人的境遇常怀同理之心，不落井下石，为他人的成功而喝彩，为他人的失败而加油。如感恩，对待来自他人的帮助，不视作理所当然的事情，常常怀着感激之情对待他人的馈赠,并且适时地给他人提供自己的帮助。这样的学生走入社会,社会也会因此增添很多和谐的音符。如谦逊,对待自己暂时的成功,不居功自傲,而时常反思不足之处。每个能力很强的人都是靠自己的努力,而非只依靠所谓的天分。谦逊地做人,谦逊地做事,善于向他人学习,从而为自己赢得不断上升的空间。客观地说,世界上的很多事情,并不是以我们的意志为转移的。每个人的生活背景不同,个性脾气不同,聚在一起难免会有摩擦。在这种情况下,要拥有一颗敞亮的宽容之心。其实,何必睚眦必报?世界如此之大,总有再相逢之时。遇到不愉快的事情时,适度的宽容和忍让,会让他人的内心充满感动。所以,在未来,表现出众的学生身上总会有那么一抹亮丽的风景:包容他人的缺点,宽容来自他人的伤害。其实,原谅比计较更易打动人,触及人心中柔软的地方,从而让矛盾化解,让彼此释然。

　　以上几点是我在教学中的体悟。我认为,从学生自身来说,认识自我很重要。清醒地认识自我,能够让学生对自己有一个客观的评价,从而不断推动今后的进步。作为在校大学生,他们正处在人生观、世界观和价值观逐步形成和完善的阶段。面对社会中的复杂现象,从学生的角度看社会和从成年人的角度看社会,必然会有差别。在这种情况下,身为教师,我们的责任就是积极引导和帮助学生。对于他们的想法,在肯定的同时,教师应给予必要的提醒和引导。学生的责任,从根本上来说,在于顺利地完成学业,在思想上和人格上实现自我完善,从而拥有进入社会的勇气和决心。因此,针对社会中的不良风气,学校、教师和家长,应如一面旗帜,对学生起着积极的引导作用。对于学生而言,进入社会虽好,但若能时刻发现身上存在的不足,并逐步改善,又何尝不是锦上添花的事情呢?曾经众人仰慕的象牙塔,以我的理解,不再是过去所比喻的脱离现实生活的文学家和艺术家的小天地,而是用勤奋和努力实现梦想的地方。每个人都有自己的梦想,在知识的世界里,做好自己的梦,偶尔探出头来,欣赏一下外面的世界。外面的世界,或许没有梦中那么美妙,但它同样给予我们一些启发。所以,真正的大学是没有围墙的,学生不仅在大学里做梦,也在大学外做梦,从而实现真正的梦想。

　　从某种程度上来说,教师的影响是潜移默化的。在教师的影响下,学生的思想发生着巨大的改变,并逐渐体现在行为上,从而决定着学生未来的方向和自我发展。记得研究生毕业之时，一位老师语重心长地对我说："其实，我对你的期望不高，那就是八个字：真诚做人，努力做事。"在这几年的磨炼中，我对自己的表现还不甚满意，甚至有时会自惭形秽。但是，这八个字始终盘旋在我的脑海里，督促着我不断前进，并逐渐内化成日常行为的准则。所以，我的一言一行，力争无愧于老师的殷切期望。

总之，办人民满意的教育，是家庭、学校和社会相互结合的教育，而不是孤立的。将各方的力量协同起来，使学生往好的方向发展。教师的成就感，既不在于收入的高低，也不在于个人的成就，而在于学生在情感上的回报。最后，以昌航的校训"日新自强，知行合一"结尾，希望学生在勤奋、文明、求实、创新的校风里，不断提升自我。

2013年4月17日

毕业季——青春不散场

转眼，又是毕业季，又是离别的日子。转眼，你我就要各奔东西。一切都如英国剧作家莎士比亚所言的："时间是无声的脚步，它不会因为我们有许多事情需要处理而稍停片刻。"

一、两次毕业

2003年本科毕业的时候，正值SARS冠状病毒肆虐。同学们不敢聚在一起，毕业酒会也因非典疫情而被取消。所以，毕业前好像少了点什么，既没有伤感，也没有难过。相反，要去读研究生的我，对即将开始的研究生学习生涯充满了期待。然而，毕业的前一天，在夜晚来临的时候，系里的男生坐在女生宿舍楼下，伴随着悦耳的乐器声，唱了一晚上的毕业歌曲。我在离别的歌声里沉沉睡去，这一辈子，我都不会忘记那晚的歌声。第二天，我们互相道别。令我意外的是，隔壁学校的军人哥哥来了，他特意送了我一床毡子，说盖着暖和。但是，后来那毡子再也找不到了，为此我很是难过。那毡子不是普通的毡子，它是一种切切实实的温暖。后来的很多年，我都被这温暖包围着。即便是在人生艰难的日子里，因为这份温暖，我也没有放弃对生活的希望。其实，与这位军人哥哥的相识很偶然。研究生考试结束后，我去车站买回家的火车票。没想到，车票很紧张。但是，在茫茫人海中，我碰到了帮同学买车票的军人哥哥。后来，我们互留电话，一起赶早买票，争取早日回到心心念念的家乡。再后来，就有了朋友淡如水的交往。我们甚至还会彼此写信，讲述一些学习和生活的事情。至今我还保留着当时我们的通信记录，不舍丢弃，只因为这种真诚的交往承载了青春的记忆。2006年硕士毕业的时候，同学们似乎也忘记了伤感。毕业前我们聚在一起，到处吃吃喝喝，走走逛逛，所有的不舍和留恋都留在了镜头里，留在了记忆里。唯一的心事，可能就是对即将为人师，有种莫名的担心和恐慌。虽然我已经在中学实习过，也在大学任教过，可我还是惴惴不安，唯恐辜负了课堂上那些充满期盼的眼睛。

就这样，从一个学校，到另一个学校，再到另一个学校，我的青春就这样远去了。毕业前所有的留恋和不舍，都被我保存在了记忆中。来到昌航，在忙忙碌碌的生活中，我不断接受着来自工作和生活的挑战。我有过迷茫，有过困惑，有过伤心，更有过崩溃。这时我才明白，毕业不仅是学业的结束，也是另外一种新生活的开始。毕业之后，脱离父母和老师的保护，我开始学着独立成长。成长不仅包括自身业务水平的成长，更多的则是心理上的成长。所以有人说，社会是最好的大学。在生活中，你要不断接受来自它的打磨和锤炼，一点点、一步步将你塑造成现在的样子。坦诚地说，以前的我，特别喜欢依赖别人；现在的我，已经学会独立。这种独立，使我勇敢地摆脱了先前的害怕和恐慌，获得了一种心理上的坦然和自信。

二、青春无悔

刚来到昌航的时候，有同事请我帮忙做评委。我爽快地答应了，在比赛结束后，我一直被一种情绪引导着，我知道那是曾经的青春激情，弥足珍贵。与其说我在帮同事的忙，倒不如说他在帮我。这让我想起了我的青春，有鲁莽、有任性、有激动、有开心。所以，我也想告诉即将毕业的学生们，不要怕犯错误，勇敢地面对属于自己的青春。因此，在这里我也想分享两则属于我的青春故事。刚读研究生那会儿，有段时间我很迷茫。凑巧的是，我看到了学校海报上心理疗愈的专家讲座，旨在教我们如何正确对待人生。于是，我毫不犹豫地去听了那个讲座。没想到，讲座期间，同学打来了电话。她着急地对我说："导师的课你怎么不来上？导师在问你呢。"我对她说："我好想听完这个讲座，你能不能帮忙跟导师请一下假呢？"后来，我忐忑不安地准备去导师那里挨训。结果导师很淡然地对我说："听听这样的讲座很好。"导师的一句话，就打消了我所有的顾虑。在万分羞愧中，我从导师那里学会了两个字——宽容。当初因为喜欢翻译专业，结果因为竞争激烈，复试时我被调剂到了文学专业。出乎意料的是，开学之初我又被调剂到了应用语言学专业。因为幻想着我还能有机会学翻译，所以在懵懵懂懂中，我对导师说的第一句话就是："老师，我不想学语言学专业，我想学翻译。"真是青春无敌啊，听到我冒失的话后，导师并没有生气，而是继续认真地给予我们专业指导。导师以博大的胸怀包容了我的无知和鲁莽，我从导师身上也学会了做人的道理。许多年过去，导师教过的知识有些或许早已经忘记了，但我特别记住了他教我的"what""why""how"问题法。不管是在研究中，还是在生活中，我发现我已经习惯了这样的思维模式。实际上，在生活中遇到问题的时候，多问问自己这几个问题，有些问题就会迎刃而解。所以，我很庆幸，在那样的年纪遇到了这样有智慧的导师。总之，在导师的身上，我不仅学会了专业知识和学习方法，更学会了做人的道理。

一次做评委的经历，让我联想到了许多往事。希望透过青春时光的间隙，我还能看到曾经的那个自己，正因为青春，所以才会不顾一切地去做一些现在看来很不合时宜的事情，但是它终是一种经历。属于青春的经历，曾经拥有过，再未相逢过。

三、人文情怀

前几天，以前教过的一个学生打电话给我，邀请我参加他们在学校图书馆举办的书法展。我愉快地答应了，心想可以顺便带孩子过去，让她也学习学习。后来在图书馆里，看到他们的作品，我很是震惊和高兴。作品的质量，作为外行人我不敢妄加评判。但他们的努力和真诚，我看在了眼里。平时有空的时候，他们就到图书馆三楼练习。在那里，没有强迫，只有自愿。四年下来，他们也有不小的收获。他们告诉我，书法最好每天练习两个小时左右，时间太短或太长，都不利于练习的效果。更让我感动的是，他们的老师——省书协李老师，长期免费为他们指导。李老师说："我想为他们营造这样一种人文的氛围。"是啊，学理科的他们，不仅要有科学的素养，也应有一种人文的情怀。除了这几名学生，我也意外地碰到了其他几名学生。她们也一样，在李老师的悉心指导下，浸润在人文的氛围中。所以，他们是幸福的，我想即便多年以后，他们还会想起图书馆练习书法的点点滴滴，想起属于他们的青春记忆，想起曾经的兴趣和情怀。有着这样的情怀，生活里也是充满乐趣。另外，国家艺术基金2016年度资助项目——跨界戏剧《杜丽娘和朱丽叶》在学校进行专场演出。我带了女儿一同观看，希望借此培养她的艺术情操。演出非常成功，在他们精湛的艺术表演中，我感觉自己的灵魂得到了空前的净化。整日沉溺在凡尘琐事中，竟忘记了世间还有这样一片天地。所以，生活，不仅仅是按部就班，还包含思想上的净化和升华，从而铸造属于自己的精神家园。留点人文主义和理想主义的情怀在心中，能够在平凡的生活中，把我们的希望和梦想抬高，同时也体现出生活的趣味。

四、感恩之心

2016年，距离毕业已经十年了，我很想写点什么，记录自己毕业后十年间的生活。结果还没有来得及写点什么，就已经来到了第十一年。时间，就这样偷走了属于我们的记忆。在生活的洪流里，保持一份内心的纯真，这样可以在内心寻得一份安静、一份安逸。在这十年里，我读了很多的书，有些是专业的书籍，有些却是非专业的书籍。它们开阔了我的视野，让我看到了许许多多各有特色的人生。即便是无法到处旅行的日子，我的内心也是安宁的。对于生活中的各种窘境，我已可以坦然接受。当然，成长也是需要代价的。在成长的过程中，我最想表达的是感恩。在艰难的生活里，相识的、不相识的人们都向我伸出了友好的手。我在他们为我架起的桥上，自信而又坦然地走过人生的每一步。只是这一路走来，我甚至没来得及对他们说声"谢谢"。但是无论如何，感恩之情已然留在心中。在他人有困难的时候，我也不会袖手旁观，我愿意把这感恩之心传递下去，也希望借此把它教给学生还有孩子。无论世事如何变化，我们总是在无形中接受着来自他人的帮助和呵护。存留一份感恩的心，并且及时传递出去，会让彼此的心灵滋生美好和快乐。在教学中,我们常常强调师生互动,而传递感恩之心,又何尝不是另一种形式的互动呢?我们不仅传递了爱,更传递了生活的美好。

五、结语

有人说,人最大的恐惧,就是对未知的恐惧。可是我想说,人生最大的乐趣,也在于生活中的未知。未知总是与诸多的可能性联系在一起,而可能性也总是与未来相伴。亲爱的同学们,在你们即将毕业的日子里,好好享受属于你们的大学时光吧!老师教你们的专业知识,将会在日后的工作实践中继续得到磨炼,直到精准。老师教你们的做人的道理,如真诚、善良、正直、坚持、谦虚、宽容等,将随你们的人生经历一起,融入你们的血液里,直到完美。而你们自己的个性、品质、爱好等,将永远属于你们自己。它们将伴随着你们,让你们做自己,做自己人生的主人。无论顺境还是逆境,都坦然接受,并用一颗勇敢的心,坚强面对。正如今天在毕业酒会上流泪的你一样,有过感动,有过伤感,更多的是对自己的激励,勇敢做自己,自信面对自己的人生。没有人可以复制你的人生,正如大学生活也无法复制一样,爱自己,爱未来。

2017年的毕业季已经来临。在拍毕业照的那个上午,学生给了我一封信。信中表达了对我的感激之情,所以当我看到那些文字的时候,我很感动。当时学校图书馆有毕业季的书法展,于是,我带着孩子参观了那些技艺精湛的书法作品。中午时分,毕业班的班长问我是否可以跟他们一起拍毕业照,出于个人原因我礼貌地拒绝了。现在想来,真是一种遗憾。在外国语学院毕业酒会结束后回家的路上,我的心情莫名难过。那种情绪持续了整整一个晚上,我始终无法面对甚至有些抗拒毕业别离的时刻。无论怎样,亲爱的孩子们,祝福你们毕业快乐,前程似锦!正如院长所言,无论什么时候回到这里,外院都是你们永远的家。爱你们!最好的祝福送给你们!

自从孩子们毕业又是五年有余,与他们的联系逐渐减少,在少数学生的朋友圈里,看到他们的成长,我很是为他们高兴。只是毕业季一到来,我就有一种莫名的伤感。人总要学着去长大,总要学着去经历,总要学着去成长,总要学着去放飞梦想。所以,我把内心最真诚的祝福送给远在四面八方的学生,希望他们在人生的路上,经历风雨之后总有彩虹。正如这炎热的夏季一样,火热而深沉。因为，青春的日子里，再难过的离别终是为了更好的相聚。

2022 年 6 月 14 日

南昌之秋

今年南昌的秋天，如往年一样，来得似乎特别早。还在八月的时候，秋天就悄无声息地来了。这让我觉得有点惊讶的同时，也让我感受到了属于秋天的气息。

南昌的秋天，天高气爽。瞩目望去，天空中总有一朵朵纯净而洁白的云。一朵朵云，排列成各种不同的形状。用孩子的话来讲，它们就像是一团团棉花糖。因此，她总是天真无邪地期盼着如果有一天下雨了，云朵就会像棉花糖一样飘下来。而她，则刚好能吃到那团美味的棉花糖。这当然是一份属于小孩子的畅想，但是总会让人感觉到属于生活的那份美好。天高云淡的日子里，时光总是那么悠长。用手机随手一拍，便是一幅绝美的图画。它不断提醒着我们，秋天真的来了，就在我们身边。南昌的秋天，不仅有白云和晴空，还有属于"秋老虎"的炎热以及无常的天气变幻。于是，在出门的时候，人们又重新戴起了遮阳帽。人们疾行而过，似乎要远远躲开秋天的炎热。偶尔，人们也会聚在一起，感叹着天气太热。在略有抱怨之意的声音中，我分明感觉到属于南昌的秋天特色——炎热。南昌的秋天，除了上述特点，还伴随着不可缺少的雨。雨，来得突然，但是远远没有冬天和初春的严寒以及晚春和盛夏的庄重。所以，南昌秋天的雨，来得似乎刚刚好，消除炎热带来凉爽。

南昌的秋天，来得迅疾，也走得迅疾。国庆节一过，它似乎就杳无踪影了。所以，生活在这里的人们，常常感叹：南昌的秋天，时间太短，也太宝贵。不过，秋天虽短，但是，它至少给我们带来了舒适、快乐和满足，这称得上南昌秋天的特色了。

南昌的秋天，值得细细品味。它如从我们身边倏忽消失的路人，提醒着我们，珍惜一切属于秋天的味道。

2021 年 10 月 2 日

<<< 第六章 在阅读中探寻成长的意义

南昌的天气和生活

　　天气总是在很大程度上影响心情，至少对于我来说，确实如此。年前一段时间，冬日的暖阳一直高照，它驱逐了冬天的严寒与萧瑟，人们也感觉很舒服。舒服之余，担心也随之而来。接下来的日子，天气会不会急剧发生变化，甚至变得糟糕？事实果然如此。从年前某一个时间点开始，天气突然变得阴沉沉的。雨水不时造访，温度更是断崖式降至最低，甚至雪花也赶来凑热闹。南方下雪并不多见。因此，朋友圈里到处晒着下雪时嬉戏的欢欣和快乐。作为一个北方人，我早已没有初见雪景时的激动心情。因此，在雪花造访的时候，我跟平常一样忙着自己的事情，甚至还没有来得及带孩子们去玩雪，雪就已经融化了。那时我在心里思考的主要问题是什么时候才会有晴朗的天气。于是，我不停地摆弄着手机，查看近十五日的天气变化。与此同时，心也在一点点变凉。在接下来的十五天里，只有一天是晴天。虽然很无奈，但我也要学着接受现实。过年的时候，在婆家住了五天，我们被寒冷包围着，节日似乎也没有了往年熙来攘往的热闹场景。因此，我不时紧缩着脖子，在火炉边不停地烤火。等我们一家人回到南昌，我竟然发现我和孩子们的脚和手生了冻疮。我赶紧打来热水，让孩子们取暖。2月5日那天，正如天气预报所言，天气放晴了。出去走走看到久违的阳光，我竟有一种恍惚和莫名的愉悦。可是，愉悦终究是持续不了多久的。第二天，雨水如期而至。天，又开始变得阴沉沉的，寒冷开始加剧。躲在温暖的被窝里，我被这天气彻底打败，只有不停地感叹：什么时候天气才会好起来！虽然我知道这是一份难得的奢望，但总还是忍不住充满希望地畅想一番。对于一个喜欢温暖和好天气的人来说，一整个冬天见不到太阳简直太难熬了。于是，我只有拼命告诉自己，要稳住，不要急躁。这就是南方的湿冷天气，独有的南方特色。

　　2022年的生活还在一如既往地继续。很多要做的事情，累积在手头和心头。于是，我告诉自己要坚持。大宝的学习和生活，还是如往常一样，充斥着紧张和繁重的任务。小宝虽然还没有这样的压力，但已经开始去兴趣班学东西。目前,她对画画的热爱到了极点。因此,家里的卧室和客厅,几乎每一面墙上都有她的涂鸦作品。本来我预留了家里的一面墙供她画画专用,结果涂鸦还是势不可当地来了。她用画画的热情,包揽了家里几乎所有墙壁的涂鸦。喜爱画画的天性,在这段时间里被她释放得淋漓尽致。至于画画的纸张,她更是一张接一张地抽去,直至得到父母夸张的鼓励和表扬:"哇,你好厉害,简直是大画家!"不过客观来说,她画画的水平确实比以往有所进步。至于爱人的工作问题,在保持顺其自然的心态的同时,仍然要有目标。生活,总是与劳动同行。劳动虽给人们带来一定程度上的艰辛,但同时也会给人们一定的存在感和成就感。健康问题的重要性就更不用说了。拥有健康的身体,才能拥有健康的生活。

希望今年暑假,我能回老家看望一下父母和兄弟姐妹。远嫁的女儿,真的有很多无奈!对于常常的身不由己,我的心间生出很多惭愧。照顾父母的责任,只能由远在家乡的姐姐和姐夫亲力亲为。对于他们,我只有无限的感激!这正应了人们常说的一句话:"哪有什么岁月静好?只不过是有人替你负重前行!"

生活的色彩和味道,正如这变化多端的天气一样,有遗憾,也有满足。终究,人要学着面对各种境况,坦然和冷静地对待不如意。岁月,一天天无情逝去,面对青春不再,更要建立起好的心态。哪怕天气再糟糕,一切美好的日子,总要像久违的太阳一样,来得那么开心和满足。

2022 年 4 月 26 日

后　记

学会教学　成就人生

　　客观地说，在这么多年的大学英语教学历程中，酸甜苦辣都有。但是，令我倍感欣慰的是，在我的教学反思和日志中，我客观而真实地记录了课堂上发生的一切。虽然略显琐碎，但如今回看这些片段，我仍然觉得它们弥足珍贵。记得2006年写毕业论文的时候，我曾经把写好的论文一股脑儿地提交给导师，然后开心地去参加了朋友的婚礼。结果婚礼刚刚开始，导师就给我打电话，让我赶紧回去修改论文。当时的我心有不甘，但是从导师的语气中我听出了严肃，于是只好灰溜溜地回去修改论文。当时论文的主要问题在于，我在论文中只是把教学的相关素材拼凑在一起，并没有进行归纳和凝练。因此，在我的论文中，只有一些基于事实的陈述，完全看不到事实背后的观点以及理论。因此，这次经历给我留下了深刻的印象。所以，在我的大学英语教学中，我常常告诫学生要学会及时记录和适时总结。客观地说，对于教师和学生来说，总结也是一种基本的写作能力。当时间停留在2014年和2015年的时候，我曾经尝试去出版社询问如何出版一本有关这样素材的书。那时候，我很胆怯，也很忐忑，不知道这样的教学记录有没有真正的价值。最后，这件事情自然不了了之。然而，我并没有放弃写作和思考的机会。只要想写，我就会心无旁骛地记录下来。至于其中的价值和意义，我不再多想。所以，等我在2022年又有出版的想法时，我发现我的大学英语教学记录或日志又增添了很多内容。此时，我的内心仍然很忐忑。但是这次在中央编译出版社，以及光明日报出版社学术出版中心樊老师的倾心支持下，我开始有信心和勇气将这些材料整理在一起，并且进行适当的增补或删除，以此达到写作本书的目的。其实，在修改本书的过程中，我同样发现了总结的力量。比如，对于我做导师和班主任的经历，虽然彼时的教学工作日志很多，但我不可能将所有的素材都整理进来，只能有重点地进行选择。但是，在选择的过程中，我发现有些日志，哪怕是已经被我删掉的日志，它们仍然有着积极的意义和价值，有些日志，甚至在无形中记录了我的教师职业发展心路历程。所以，我突然有了一个大胆的想法，那就是把这些素材整理成一篇文章。当事实被凝练成观点，事实背后的意义就更加有价值了。再回到前文，这一切都说明总结和思考的作用非常大。基于此，在我选择的文章中，不仅有事实，也有观点。它们是我身为教师在十几年的叙事教学中，所经历的一切以及承载的教师专业发展。它们是宝贵的素材，也将作为我今后教学的参考，从而支撑我不断地探究下去。要说这些年的大学英语教学带给我最大的启发，那就是在教学和科研中，我终于走出了"只见树木，不见森林"的局限，我开始从宏观的视角审视教学中的优缺点，并且学会自主改进和自我修正。所有的变化，都来自我曾经的大学英语教学记录、反思和总结。

感谢所有给予我帮助和支持，以及我爱的和爱我的人。

首先，我要真诚地感谢我所教过的所有学生。他们用他们的真诚和宽容，给了我坚持教学的勇气和信心；他们用他们的热情和努力，给了我青春的激情和美好；他们用他们的创新和进步，给了我教学的灵感和思路。

其次，我要感谢南昌航空大学外国语学院的所有领导和同事，正是在讨论、鼓励和探究的教学与科研的氛围中，我才能够不断地坚持和努力，并且永不放弃。此外，我要特别感谢进入昌航后我的第一任导师万教授，是她在我最困难的时候，给了我心灵的慰藉。我还要感谢赵老师，他用优雅的行为和亲切的话语，温暖和激励了求学时的我，让我在挣扎中不放弃，永远向前看。

再次，我还要感谢我的家人，他们用他们的鼓励和支持，让我心无旁骛地坚持下来，直到本书出版。当然，我还要感谢一直努力的自己。虽有坎坷、挣扎和纠结，但我还是坚持下来了。所以，我希望自己能一如既往地坚持下去，从而在教学和科研上有新的突破。哪怕只是微小的突破，也是一种进步。

最后，我要郑重地感谢南昌航空大学对我的科研课题的大力支持和赞助。正是在这些科研课题的实践和思考中，我更明确了大学英语教学的目标和方向，从而掌握有效进行科研的一些方法和路径，进而对今后的大学英语教学起到促进作用。同时，我要感谢本书中提到的大学英语教学以及其他专业领域的专家和教授，正是通过他们一场又一场的讲座，我一次又一次地刷新了对大学英语教学的认识，获得了教学的灵感和启发，激发了科研的信心和勇气！

在忐忑中，静候您对本书的反馈和建议！

2022 年 9 月 16 日

参考文献

一、专著

[1][德]雅斯贝尔斯:《什么是教育》,邹进译,北京:生活·读书·新知三联书店1991年版。

[2][美]雷夫·艾斯奎斯:《成功无捷径:第56号教室的奇迹》,李弘善译,北京:光明日报出版社2015年版。

[3][美]帕克·帕尔默:《教学勇气——漫步教师心灵》,吴国珍等译,上海:华东师范大学出版社2000年版。

[4]徐玉苏、陈明瑶:《"后方法"时代大学英语教师专业发展的叙事探究》,杭州:浙江工商大学出版社2017年版。

[5]刘熠:《叙事视角下的大学公共英语教师职业认同建构研究》,北京:外语教学与研究出版社2011年版。

[6]卢彩虹、陈明瑶:《高校优秀英语教师学术发展叙事研究》,杭州:浙江工商大学出版社2013年版。

[7]芮燕萍:《大学英语教师专业发展状况实证研究》,北京:国防工业出版社2011年版。

[8]李晓博:《有心流动的课堂:教师专业知识的叙事探究》,北京:外语教学与研究出版社2011年版。

[9]黄源深:《黄源深学术研究文集》,上海:上海外语教育出版社2017年版。

[10]丁钢:《声音与经验:教育叙事探究》,北京:教育科学出版社2008年版。

[11] 刘良华：《叙事教育学》，上海：华东师范大学出版社2011年版。

[12] 李颖：《翻转的课堂，智慧的教师：高校外语课堂中的自我指导式学习》，北京：外语教学与研究出版社2016年版。

[13] [英] 怀特海：《教育的目的》，庄莲平、王立中译，上海：文汇出版社2012年版。

[14] 罗少茜、黄剑、马晓蕾：《促进学习：二语教学中的形成性评价》，北京：外语教学与研究出版社2015年版。

[15] 夏纪梅：《外语教师发展的知与行》，上海：上海教育出版社2012年版。

[16] [美] 约翰·库奇、[美] 贾森·汤、栗浩洋：《学习的升级》，徐烨华译，杭州：浙江人民出版社2019年版。

[17] [美] 肯·贝恩：《如何成为卓越的大学教师》，明廷雄、彭汉良译，北京：北京大学出版社2007年版。

[18] 谢贵华：《外语课堂游戏——设计与应用》，广州：中山大学出版社2006年版。

[19] 余立中：《师·范——华东师范大学教授风采》，上海：华东师范大学出版社2006年版。

[20] 张宗庆：《外语学与教的心理学原理》，北京：外语教学与研究出版社2011年版。

[21] 闫洪勇：《大学英语教学与教师专业发展研究》，西安：西安交通大学出版社2017年版。

[22] [美] 尼尔·布朗、[美] 斯图尔特·基利：《学会提问》，吴礼敬译，北京：机械工业出版社2013年版。

[23] 朱永新：《教育：创造无限可能》，青岛：青岛出版社2020年版。

[24] 教育部高等学校外语教学指导委员会：《2020大学英语教学指南》，北京：高等教育出版社2020年版。

[25] 葛炳芳：《外语教师的专业成长：阅读教研与行动改进》，浙江：浙江大学出版社2013年版。

[26] [日] 佐藤学：《静悄悄的革命》，李季湄译，北京：教育科学出版社

2014年版。

[27] 顾佩娅：《中国高校英语教师专业发展环境研究》，北京：外语教学与研究出版社2017年版。

[28] 朱永新：《走向学习中心——未来学校构想》，北京：中国人民大学出版社2020年版。

[29] [日] 佐藤学：《学校的挑战：创建学习共同体》，钟启泉译，上海：华东师范大学出版社2010年版。

[30] 魏书生：《享受学习：魏书生与陶继新的教育智慧》，福州：福建教育出版社2016年版。

[31] [日] 村上春树：《当我跑步时我谈些什么》，施小炜译，海口：南海出版公司2009年版。

[32] [美] 詹姆斯·M.朗：《如何设计教学细节：好课堂是设计出来的》，黄程雅淑译，北京：中国青年出版社2018年版。

[33] 刘波：《教师，以研究的姿态成长》，太原：山西教育出版社2021年版。

二、期刊

[1] 赵忠德：《中国英语教学的症结思考》，载《中学外语教学》，2001年第10期。

[2] 杨连瑞：《英语教师素质"退缩"与发展》，载《高师英语教学》，2002年第5期。

[3] 王栋：《语言学习策略，我们了解多少——一项有关非英语专业学生外语学习策略运用情况的调查报告》，载《外语界》，2003年第5期。